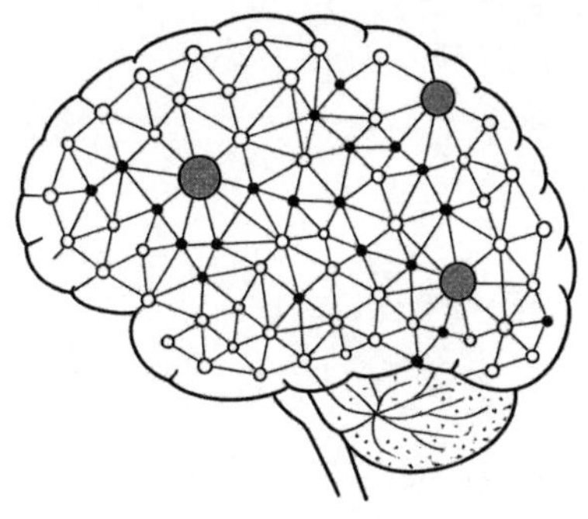

"배움이든 인생이든,

원리만 알면 풀린다."

맥락의

ⓒ 최희용 2026

초판 1쇄 인쇄일 2026년 3월 9일

초판 1쇄 발행일 2026년 3월 9일

지은이 최희용   작가 이메일 주소 hychoi76@naver.com

펴낸이 최희용   펴낸곳 수학의 바다   편집 박현경

도서출판 수학의 바다에서 만든 교육브랜드 FLOW EDUCATION

출판등록   2018년 2월 2일   제2018-000009호

ISBN 979-11-963202-7-0(13190)

성공은 단순한 실행의 결과가 아니라
윤곽이 보이지 않는 상황 속에서도 버팀목이 되는
「통찰의 틀」을 가진 사람의 선택이다.

맥락을 읽고 구조를 짜고
판단할 수 있는 사람만이
성공의 흐름 위에서 길을 잃지 않는다.

「맥락의 틀」은
성공하는 사고 습관의 본질을
알려주는 도구이다.

"틀이 보이는 순간 생각은 달라진다."

맥락의 틀

Prologue

AI 시대에 들어서면서 가장 많이 들리는 조언 중 하나가 바로 "질문하는 능력"이다. 그러나 질문력을 깊이 들여다보면, 단순히 질문을 잘 던지는 기술만을 뜻하지 않는다.

좋은 질문은 이미 머릿속에 들어 있는 지식이 구조적으로 정리되어 있을 때만 가능하다.

많이 안다고 해서 해결되는 것이 아니라, 필요한 순간에 꺼내 쓸 수 있도록 체계화해 두는 것, 그것이 질문력의 출발점이다.

질문력은 하나의 단일 능력이 아니라, 여러 요소가 연결될 때 비로소 작동하는 복합 능력이다.

사실 질문하는 능력은 AI 시대에 갑자기 강조된 새로운 개념이 아니라 오래전부터 수많은 위인들이 반복해서 강조해 온 내용이다.

다만 지금은 AI가 너무 빠르게 답을 제공하기 때문에 질문력의 중요성이 더욱 눈에 띄게 부각될 뿐이다.

문제는 우리가 이런 조언을 들을 때 대부분 "좋은 이야기네." 하고 넘기거나, "특별한 사람만 할 수 있는 능력" 정도로 치부해 버린다는 데 있다. 이는 질문력 뿐 아니라 "나무를 보지 말고 숲을 봐라.", "통제할 수 있는 부분에 집중해라.", "구조화와 도식화", "습관의 중요성" 같은 익숙한 조언들도 마찬가지다.

자기 계발서 특유의 방식, "내가 이렇게 해서 성공했으니 여러분도 해 봐라."에 익숙해진 우리는 그 말을 따라 해 보지만 곧 포기한다.

왜일까?

스스로 '왜?'라는 질문에 답을 찾지 못하기 때문이다.

인간은 행동의 '의미'를 이해해야 지속할 수 있다.

의미가 보이지 않으면 슬럼프가 오는 것은 자연스러운 일이다.

그래서 단순히 조언을 듣는 것만으로는 부족하다.

그 조언이 어떤 원리로 작동하는지, 내 삶과 학습에서 어떤 구조를 만들어 주는지 이해해야 오래 간다.

이 책이 "왜?"라는 물음에 충실하고자 한 이유도 여기에 있다.

의미를 이해하면, 중도 포기 없이 끝까지 갈 수 있기 때문이다.

AI 시대는 '융합의 시대', 그리고 '확장의 시대'이다

오늘날 사회는 한 가지만 잘하는 인재를 바라지 않는다.

서로 다른 분야를 빠르게 배우고, 연결하고, 재해석하는 능력을 요구한다.

우리는 주변에서 이런 능력을 발휘하는 사람들을 보면 "머리가 좋다."라고 생각하기 쉽다. 물론 타고난 재능일 수도 있다. 하지만 그 이면을 자세히 들여다보면 다른 요인이 있다.

자, 생각해 보자. 이 책에서도 이야기하지만, 우리는 통제할 수 있는 부분에 집중해야 한다.

통제할 수 없는 부분을 계속 얘기해 봐야 결국 신세 한탄에 지나지 않는다.

한 프로그램에서 조기 졸업한 과학고 학생의 공부하는 모습을 본 적이 있다. 그 학생은 설명을 잘 듣기 위해 선생님을 집중해서 바라본다고 말했지만, 저자가 주목한 것은 따로 있었다.

바로 그 학생의 '노트 필기'였다.

그 노트에는 정교하게 도식화된 구조적 기록이 남아 있었다.

도식화에 대해서는 본문에서 자세히 설명하겠지만, 간단히 말하면 도식화는 단순한 노트 정리가 아니다.

정보를 '덩어리(chunk)'로 묶어 기억을 꺼내 쓰기 좋게 만들어 주는 기술이다.

이러한 표현 방식과 정리 방식이 있기 때문에 빠른 학습과 깊은 이해가 가능해지는 것이다.

AI 시대에는 오히려 더 많이, 더 깊게 배워야 한다.

우리는 지금 자기 능력을 수배로 증폭시킬 수 있는 초강력 도구, AI를 손에 들고 있다.

문제는 대부분의 사람들이 이 도구를 어떻게 활용해야 하는지 모른다는 데 있다. AI와 경쟁하는 시대는 이미 끝났다.

이제는 AI에 맡길 것과 인간이 직접 판단해야 할 것을 구분하는 시대가 되었다. 그 구분이 안 되는 사람은, 주어진 시간을 아무리 열심히 써도 뒤처질 수밖에 없다.

많은 이들이 묻는다.

"시간은 똑같은데 어떻게 다양한 분야를 다 배운다는 거죠?"

해답은 이미 나와 있다.

바로 AI를 활용하면 된다. 하지만 AI를 제대로 활용하려면 전제가 하나 있다.

바로 덩어리를 보는 힘, 구조를 읽는 힘이다.

숫자(나무)가 아니라 구조(숲)를 보라.

한때 대한민국에는 '주산 학원'이 유행했다.

계산 능력이 곧 수학 실력이라고 믿었던 시대였다.

하지만 지금 계산과 단순 추론은 AI가 훨씬 더 잘한다.

그렇다면 인간은 무엇을 해야 하는가?

저자가 2020년에 출간한 『수학 풀지마』에서도 강조한 핵심은 이것이다. 숲을 봐야 한다.

숫자(나무)가 아니라 개념의 구조(숲)를. 그때는 공부법에 국한된 메시지였다면, 지금 이 책에서는 그 원리가 삶 전체를 살아가는 방식까지 확장된다.

AI의 등장은 이 방향성을 더욱 선명하게 만들었다.

과거라면 상상조차 어려웠던 연결들이 지금은 AI 덕분에 믿을 수 없을 만큼 빠르게 구현되기 때문이다.

모든 영역에 통하는 단 하나의 핵심 능력

학문, 기술, 경영, 예술, 스포츠, 요리…

모든 분야에서 요구되는 핵심 역량은 결국 동일하다.

구조를 볼 수 있는 능력

서로 다른 요소를 연결하는 능력

좋은 질문을 던지는 능력

연기자는 캐릭터의 구조를 분석해 새로운 스펙트럼을 만들어 낸다.

요리사는 전혀 다른 재료를 창의적으로 결합한다.

학자는 멀리 떨어져 있던 분야를 연결해 난제를 해결한다.

이 세 가지 능력이 없다면 AI는 우리를 도와주지 못한다.

AI는 연결된 구조 위에서만 인간을 증폭시킨다.

이제 선택은 독자에게 달려 있다.

AI를 들고 가만히 있을 것인가, 아니면 AI를 증폭기로 삼아 새로운 시대의 주인공이 될 것인가.

contents ────────────

chapter 9   공부의 틀 3가지

세 번째, 최고점 공부

chapter 10   수학의 틀 3가지

첫 번째, 개념의 완벽한 이해

수학의 틀 3가지

두 번째, 수학적 감각 및 독해력 그리고 계산력

chapter 12

수학의 틀 3가지

세 번째, 문제 정리 및 해결 능력

chapter 13   고난도 문제

무의식을 활용한 뇌 200% 사용법

chapter 14   새로운 교육 트랜드

"플립 러닝(Flipped Learning)"

Hidden chapter　　초등학생 자녀를 둔 학부모를 위한 챕터

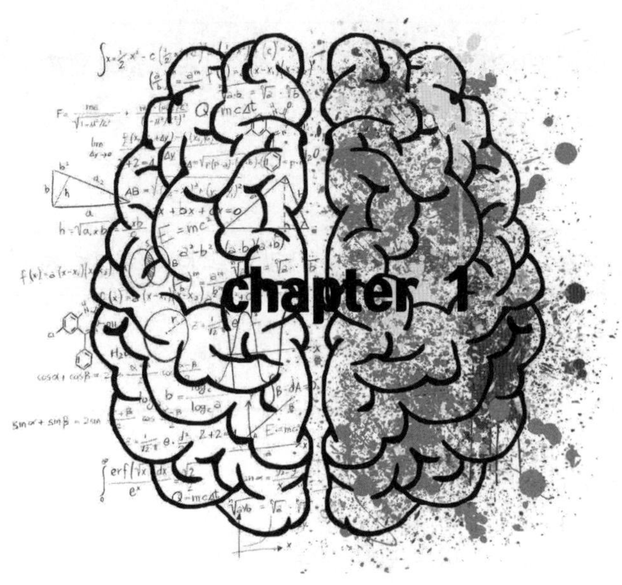

[틀을 보는 관점]

맥락이란?

> **― 상황 (1)**
>
> 연결이 안 되는 대화
>
> **A :** 요즘 날씨가 너무 덥지 않냐?
>
> **B :** 어, 나 어제 치킨 시켰는데 배달이 너무 늦더라.
>
> **A :** 아 그래? 난 이번 여름엔 진짜 여행 가고 싶어.
>
> **B :** 나 스마트폰 바꿔야 할 것 같아. 배터리가 너무 빨리 닳아.
>
> **A :** 요즘은 진짜 바다 보러 가는 게 최고야.
>
> **B :** 맞아, 새 휴대폰 카메라 화질 진짜 좋대.

연결이 잘 되는 대화

A : 요즘 날씨가 너무 덥지 않냐? 휴가 생각 절로 난다.

B : 맞아. 나도 이번엔 바다 쪽으로 가볼까 생각 중이야.

A : 오, 바다 좋지! 난 작년에 강릉 갔었는데 물이 진짜 맑더라.

B : 강릉 좋지. 숙소는 괜찮았어? 나도 이번엔 숙소 미리 예약하려고.

A : 응, 에어비앤비로 했는데 생각보다 깔끔했어.

B : 오, 그럼 나도 이번엔 그런 식으로 찾아봐야겠다. 고마워!

맥[脈혈맥 맥]락[脈이을 락]

脈(맥) : 피가 흐르는 맥(혈맥), 즉 "흐름"이나 "줄기"를 뜻함

絡(락) : 실처럼 엮이다, 연결되다를 의미

구조는 연결을 담은 틀

허브(hub) : 정보의 중간 관리자 역할을 함. 이곳으로 정보가 모이고 다시
출발함.

허브가 있을 때   허브가 없을 때

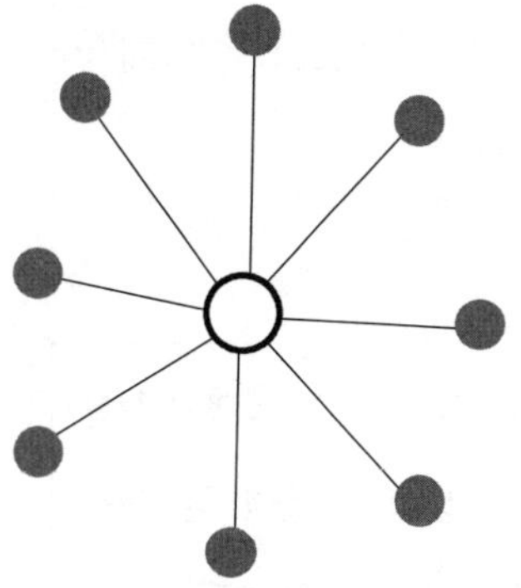

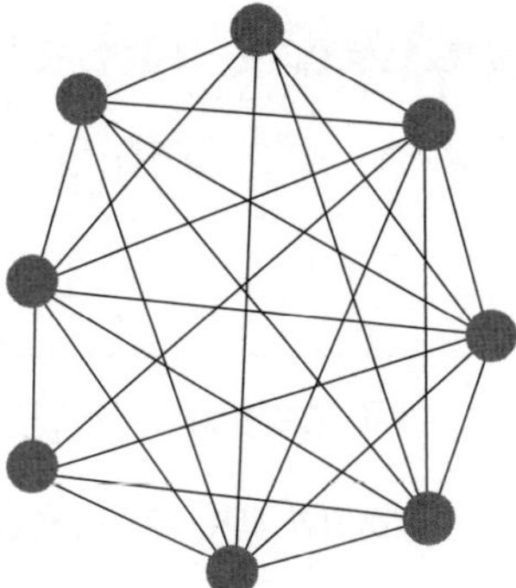

노드(node) : '점', '지점', 혹은 '연결의 단위'를 뜻하는 말

뇌는 거대한 네트워크(Network)다.

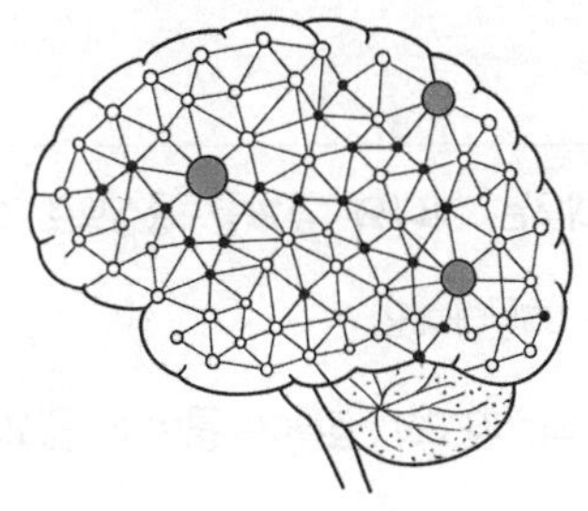

뇌는 하나의 장치가 아니라 약 860억 개의 신경세포(Neuron)가 서로 연결되어 만들어진 거대한 네트워크 구조이다. 이 네트워크는 마치 초대형 그래프처럼 노드(node)와 *엣지(edge)로 구성되어 있는데, 여기서 노드는 *뉴런(Neuron)을 의미하고, 엣지는 뉴런과 뉴런을 잇는 *시냅스(Synapse)이다. 이러한 연결들이 모여 특정 기능을 담당하는 *클러스터(cluster)를 이루며, 예를 들어 언어, 기억, 시각과 같은 기능 영역이 각각 하나의 모듈처럼 존재한다. 이 전체 구조 속에서 특히 중요한 역할을 하는 것이 허브(hub)인데, 허브는 연결이 유독 많은 핵심 중계 노드 또는 영역으로서 뇌 정보 흐름의 병목을 줄이고 여러 영역을 통합하는 조정자 역할을 수행한다. 즉, 뇌는 수많은 노드들이 허브와 클러스터를 통해 긴밀하게 연결된 거대한 네트워크이다.

엣지(Edge) : 그래프(네트워크) 관점에서 뉴런과 뉴런을 잇는 추상적 연결선
→ 시냅스를 포함한 "연결 자체"를 의미하는 개념적 용어
뉴런(Neuron) : 뇌에서 정보를 전기 신호로 주고받는 기본 세포(노드)
→ 뇌의 "점" 역할
시냅스(Synapse) : 뉴런과 뉴런이 연결되어 신호를 전달하는 접속부(연결 지점)
→ 뇌의 "선" 역할
클러스터(Cluster) : 비슷한 기능을 수행하는 뉴런들이 모여 만든 기능 모듈(덩어리)
→ 예 : 언어 영역, 시각 영역, 기억 영역 같은 기능적 묶음

토론은 맥락이 있는 대화

토론이 중요한 이유는 하나의 주제를 중심으로 이야기가 맥락 속에서 이어지기 때문이에요.

맥락이 이어질 때 사고의 흐름이 끊기지 않고, 그 과정에서 새로운 연결과 관점이 생겨나며 지식이 확장돼요.

맥락이 이어지는 대화가 왜 중요한지 깨달았어요. 단순히 말로 의견을 주고받는 게 아니라, 서로의 사고를 연결해 가는 과정이 바로 토론이었네요.

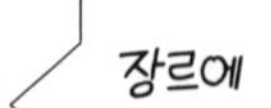

예를 들어 영화에 대해 토론한다고 생각해 보세요.

장르에 관한 이야기로는 드라마, 액션, SF를 다루고, 연출에 관한 이야기로는 촬영 기법, 시각 효과, 음악에 대해 이야기할 수 있어요.

또 배우에 관한 이야기로는 주연과 조연의 연기에 대해 논의할 수도 있겠죠.

이렇게 다양한 주제와 세부 내용이 오갈 때, 그 자료를 보다 효율적으로 관리할 수 있는 방법이 바로 구조화에요.

즉, 이러한 내용을 마인드맵 형식으로 시각화하면, 각 주제 간의 관계가 한눈에 보이고, 사고의 흐름이 훨씬 명확해져요.

영화 토론 구조화 (마인드 맵)

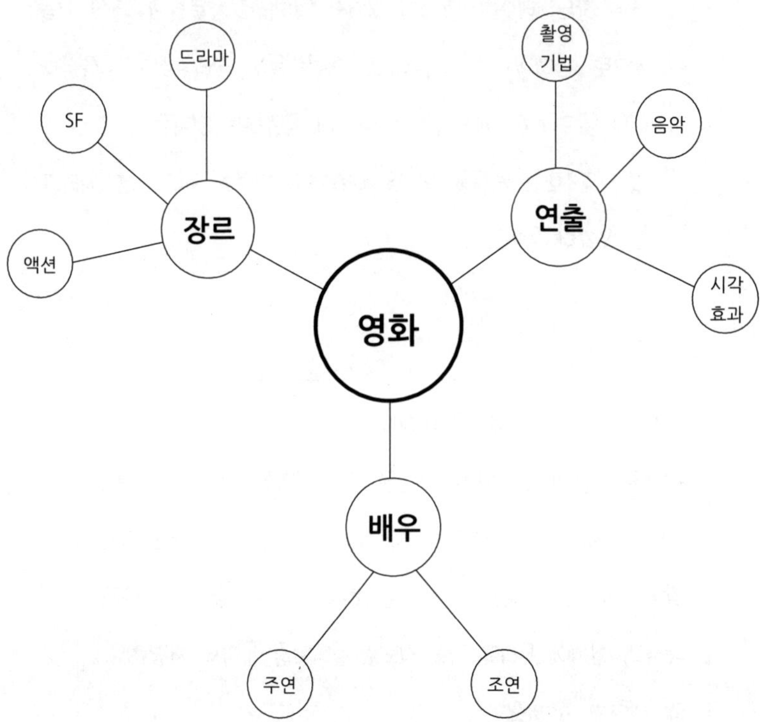

생각해 보니, 이 세상엔 구조화되지 않은 게 거의 없는 것 같아요.

크든 작든, 비슷한 것끼리 묶어서 덩어리로 분류하면 훨씬 효율적으로 관리할 수 있잖아요. 예를 들어 우리 학교도 학생이 너무 많으니까 여러 반으로 나눠서 운영하는 것처럼요.

결국 구조화는 세상을 더 잘 이해하고 다루기 위한 기본 원리라는 생각이 들어요.

맞아요, 아주 정확한 관찰이에요.

세상은 복잡해 보이지만, 사실은 '구조화'라는 원리로 움직이는 거대한 시스템이죠. 학교가 학생을 학년·반으로 나누는 것도 같은 원리고, 도서관이 책을 분류하고, 도시는 행정 구역으로 나누고, 심지어 우리의 뇌도 정보를 폴더처럼 묶어서 저장해요. 왜 이렇게 할까요?

바로 정리된 구조가 있을 때, 기억·이해·문제 해결이 훨씬 쉬워지기 때문이에요.

세상을 이해하는데 필요한 틀

선생님, 저는 일단 세부적인 것부터 열심히 하다 보면 전체가 보일 것 같은데, 이 방식이 맞는 걸까요?

좋은 질문이에요. 그런데 틀을 먼저 보는 건 단순한 순서의 문제가 아니에요. 예를 들어 건물을 지을 때, 설계도 없이 벽돌부터 쌓기 시작하면 어떤 일이 생길 것 같아요?

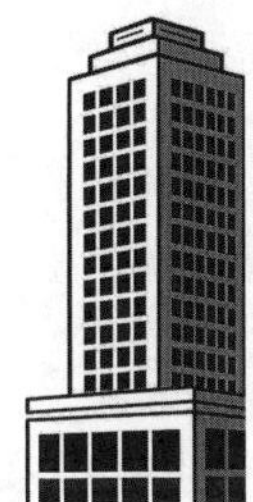

음… 나중에 구조가 이상해져서 다시 허물어야 할 수도 있겠네요.

맞아요. 전체 구조를 먼저 이해하면 지금 내가 뭘 위해 이걸 하고 있는지, 어디로 가고 있는지를 분명히 알 수 있어요. 틀은 방향을 잡아 주는 나침반 같은 거예요.

그럼 세부적인 내용은 언제 보죠?

틀을 잡은 후에는 그 안에 세부 내용을 차곡차곡 채워 넣는 거예요.
그렇게 해야 각 정보가 어디에 연결되는지, 왜 필요한지를 이해하면서 배울 수 있어요. 재미있는 건, 세상의 이치도 크게 다르지 않다는 거예요.

구조 없이 자료만 수집한 경우

구조 없이 정보를 모으는 건 마치 옷장을 정리하지 않고 옷만 사들이는 것과 같아요. 어디에 어떤 옷이 있는지도 모르고, 필요한 옷이 빠졌는지도 몰라요.

반면 구조가 있으면, 정보는 '자리에 맞게' 들어가고, 빠진 부분이 보이며, 중복도 줄어들어요.

이제야 조금씩 '틀'의 중요성을 알 것 같아요. 먼저 구조를 갖추고 있어야, 나에게 부족한 내용이 무엇인지, 겹치는 내용이 무엇인지 파악할 수 있고, 그렇게 해야 효율적으로 일처리를 해나갈 수 있다는 말씀이네요.

뿐만 아니라, 옷장이 잘 정리되어 있으면 옷의 색상·재질·스타일을 떠올리며 오늘 어떤 조합이 어울릴지도 금세 결정할 수 있어요.

즉, 기존에 있던 것들을 단순히 꺼내 쓰는 데서 그치지 않고, 서로 다른 요소를 연결해 새로운 가치를 창조할 수 있는 힘이 생겨요.

네비게이션만 보는 운전자 vs 지형을 이해하는 운전자

요즘 많은 사람들이 길을 찾을 때 네비게이션에 의존합니다. 하지만 네비만 믿고 다니는 사람은 정작 기계가 꺼지거나 예상치 못한 공사, 길막 같은 상황이 생기면 길을 전혀 찾지 못하고 쉽게 당황하게 됩니다.

반면, 지형의 구조를 이해하고 큰길의 흐름, 방향 감각, *랜드마크 등을 익힌 사람은 네비가 없어도 당황하지 않습니다. 전체 지도를 그릴 수 있는 머릿속 구조 덕분에 자연스럽게 우회로를 찾아갈 수 있기 때문입니다.

이처럼 AI는 우리가 가야 할 방향을 빠르게 제시해 주는 도구일 뿐, 진짜 복잡한 상황에서 힘을 발휘하는 건 인간의 구조적 사고력입니다. 결국 문제를 풀어 가는 힘은 기계가 아니라, 그 상황을 이해하고 유연하게 대응할 수 있는 사람의 판단력과 구조 이해에서 나옵니다.

랜드마크(Landmark) : 랜드마크는 특정 지역을 상징적으로 대표하며, 역사적·문화적 의미를 지니거나 지리적으로 눈에 띄어 길 찾기나 관광의 기준점이 되는 독특한 건축물, 지형, 또는 시설물을 말합니다.

보는 관점에 따라, 세상이 다르게 보인다.

 세상은 우리가 어떤 관점으로 바라보느냐에 따라 완전히 다르게 보입니다. 여러분의 손에 현미경, 천체 망원경, 쌍안경이 있다고 상상해 보세요. 같은 대상을 보더라도, 어떤 도구를 들여다보느냐에 따라 전혀 다른 세계가 펼쳐집니다. 현미경은 미세한 세포의 구조를, 천체 망원경은 광대한 은하계의 질서를, 쌍안경은 멀리 있는 디테일을 또렷하게 보여 줍니다.

 이처럼 관점은 보이지 않는 도구이지만, 우리가 세상을 해석하고 선택하는 방식에 지대한 영향을 미칩니다. 그러나 관점은 눈에 보이지 않는 개념이기에, 어떻게 바라봐야 하는지, 어떻게 바꿔야 하는지를 구체적으로 알기란 쉽지 않습니다.

 그래서 많은 경우, 관점의 차이가 성과에 결정적인 영향을 미침에도 불구하고 학습이나 업무 현장에서 충분히 다뤄지지 않곤 합니다. 이는 공부뿐 아니라 업무, 문제 해결, 인생의 선택에도 그대로 적용됩니다. 똑같은 문제를 마주하더라도 누군가는 단순한 반복 속에서 지치고, 또 누군가는 새로운 접근법을 찾아내며 돌파구를 엽니다.

 그 차이는 결국 관점의 차이에서 시작됩니다.

 이 책에서는 어떻게 관점을 바꾸어야 하고, 왜 바꾸어야 하는지 그 본질적인 이유를 설명합니다. 그리고 그 과정에서 공부든 일이든, 나아가 삶 전체에 있어 보다 전략적으로 사고하고, 구조적으로 해결할 수 있는 힘을 기르는 방법을 안내합니다.

'숲을 보라.'는 말의 의미

"숲 전체를 보라."는 것은 단순히 전체를 바라보라는 말이 아닙니다.

그 안에는 깊은 의미가 담겨 있습니다.

우리는 종종 눈앞의 '나무'에 집중합니다.

당장의 성적, 급한 일, 일시적인 성과에 몰두하죠.

그러나 진짜 실력과 성장은 그 나무들이 어떤 맥락 속에 있는지, 어디서부터 왔고, 어디로 연결되는지를 이해할 때 비로소 시작됩니다.

공부든, 일이든, 인생이든 마찬가지입니다.

스스로의 관점을 확장하고, 자기만의 구조를 만들고, 그 구조 안에서 일과 지식을 연결하는 힘, 바로 그것이 '관점'이라는 보이지 않는 자산입니다.

당신이 지금 무엇을 배우든, 어떤 일을 하든, 그 안에서 '숲'을 보고 있다면 당신은 이미 방향을 가진 사람입니다.

이 책은 그 방향을 더욱 또렷하게 볼 수 있도록 도와줄 것입니다.

'나무' 하나하나에 집착하기보다, 그것들이 어떻게 연결되고 흐름을 이루는지를 읽는 눈, 그리고 그 숲속에서 자기만의 길을 만들어 가는 법, 그것이 바로 우리가 함께 찾고자 하는 여정입니다.

큰 틀을 보는 관점이란?

[대한민국 최초 수학계 노벨상 필즈상을 수상한 이유]

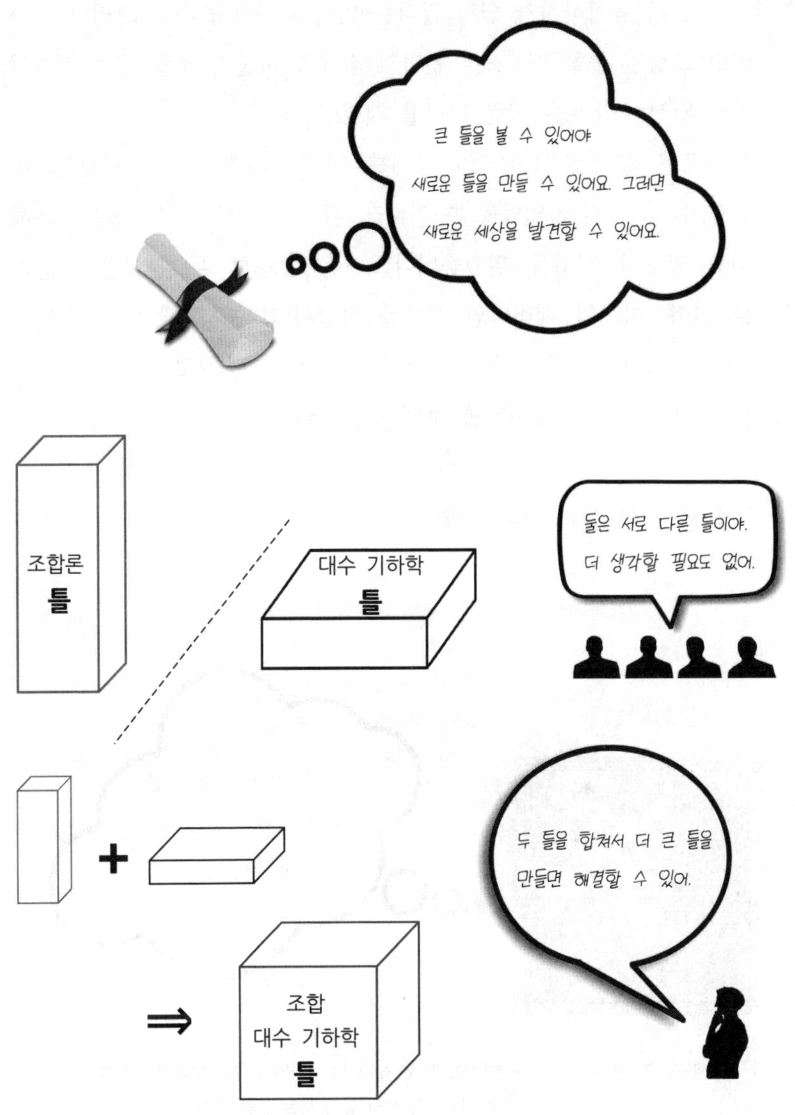

필즈상 수상의 핵심적인 업적은 조합론의 난제들을 대수 기하학의 도구와 통찰을 접목해 해결했다는 점에 있습니다. 조합론과 대수 기하학은 본래 서로 다른 학문 분야로, 각기 다른 접근법과 연구 관점을 가지고 있어 융합하기가 쉽지 않다는 인식이 강했습니다. 그러나 그는 이러한 고정된 틀을 깨고, 두 분야의 경계를 허물며 조합 대수 기하학이라는 완전히 새로운 학문 분야를 개척했습니다.

이 새로운 분야는 조합론의 문제를 대수 기하학적으로 재해석하여 해결할 수 있는 길을 열었을 뿐 아니라, 두 학문 간의 상호 작용을 통해 새로운 연구의 지평을 열었습니다. 이는 단순히 두 분야를 연결한 것을 넘어, 학문의 패러다임 자체를 확장시켰다는 점에서 큰 의미를 지닙니다. 그의 업적은 학문의 경계를 넘어서 창의적으로 사고하고 도전하는 것이 얼마나 중요한지를 보여 주는 대표 사례로 남을 것입니다.

바둑을 통한 큰 틀과 세부 기억

[바둑에서 틀을 알면 세부 내용까지 기억이 가능]

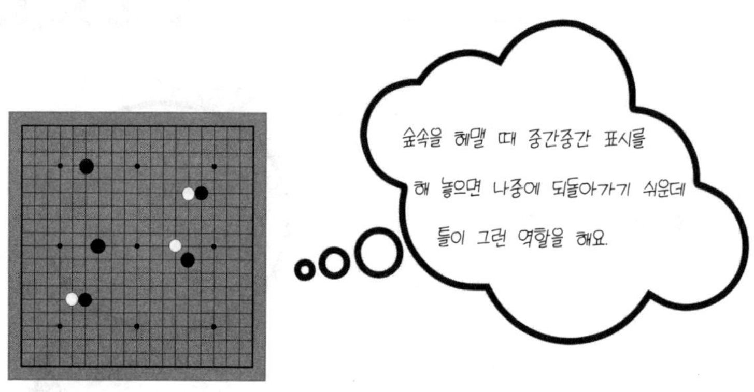

복기[復(회복할 복) 棋(바둑 기)] : 바둑에서, 한 번 두고 난 바둑의 판국을 비평하기 위하여 두었던 대로 다시 처음부터 놓아 보는 것을 말함

복기(復棋)는 바둑에서 나온 용어로 바둑의 승패가 결정된 뒤 처음부터 다시 두는 것을 일컫는 말로 공부로 치면 복습에 비유할 수 있습니다. 바둑을 잘 모르는 일반인이 봤을 때 그 많은 수를 그대로 재현해 내는 것이 어렵게 보일 수 있지만 어느 정도 실력을 갖춘 바둑 기사에게 복기는 그다지 어려운 일이 아닐 수 있습니다. 그 이유는 바둑을 잘하지 못하는 사람의 경우 보통 대국에서 의미 없는 수를 많이 두게 됩니다. 그로 인해 맥락이 부족해지고 결국 수를 하나하나 따로따로 기억해 내야 해서 거의 모든 수가 암기에 가까워 복기가 어렵게 됩니다. 그에 반해 바둑을 잘하는 사람들의 경우는 전체적인 대국의 흐름이나 중요한 포인트를 기억하기 때문에 세세한 부분이 물 흐르듯 자연스럽게 떠올릴 수 있어 복기를 어렵지 않게 할 수 있습니다. 결국, 전체적인 틀을 볼 수 있는 눈이 있고 그 틀 안에서 여러 중요한 의미 있는 포인트를 캐치해 낼 수 있다면 나머지 작은 디테일한 부분은 쉽게 완성해 나갈 수 있습니다. 그런데 여기서 재미있는 사실은 공부와 일처리도 이와 크게 다르지 않다는 것입니다.

한계에 부딪히면 구조(틀)를 바꿔라!

[반도체 분야의 살아있는 전설 짐 켈러 : 한계에 부딪히면 구조를 바꿔라!]

짐 켈러(Jim Keller) : 인텔, 애플, AMD, 테슬라 등에서 핵심 칩 설계를 지휘했고 최고의
성능을 이뤄내 현존하는 최고의 천재 반도체 공학자로 불림

짐 켈러(Jim Keller)는 반도체 설계와 아키텍처[Architecture](컴퓨터 시스템이나 반도체 소자의 구조와 설계를 의미) 분야에서 대단한 업적을 남긴 인물로, 뛰어난 기술력과 혁신적 사고로 반도체 업계를 변화시켰습니다. 그럼 짐 켈러의 혁신적 사고는 어디서 나오는 것일까요? 아래는 인터뷰 내용을 기반으로 저자가 재구성한 내용입니다.

성능과 성장은 구조가 결정한다.

어떤 사람이 컴퓨터 성능을 조금 더 끌어올리고 싶다고 가정해 볼게요. 대부분은 메모리를 늘리거나, 부품을 교체하고, 설정을 손보는 방식을 떠올릴 거예요.

이런 방식은 처음에는 효과가 있어 보이지만, 시간이 갈수록 시스템은 복잡해지고 유지 관리가 어렵습니다.

그리고 어느 순간, 더는 성능이 올라가지 않는 지점에 도달하게 돼요.

많은 사람들은 그 지점에서 "여기까지가 한계입니다."라고 말하죠.

하지만 극히 일부는 전혀 다른 관점을 갖습니다.

"더 붙이는 것이 아니라, 처음부터 구조를 새로 만들어야 한다."

이들은 지금의 성능 문제를 '부품 부족'이 아니라 '구조의 문제'로 바라봐요.

그리고 실제로 구조를 다시 설계하면 복잡하게 붙어 있던 요소들이 정리되고, 오히려 전체 성능이 더 빠르고 안정적으로 올라가기도 합니다.

기업도 마찬가지예요.

겉으로는 기존 구조에 기능 몇 가지를 얹어 업그레이드한 것처럼 보이지만, 그 안에서는 오히려 여러 문제가 누적되고 있을 가능성이 커요.

하지만 오래 살아남은 리더들은 새로운 위기가 올 때마다 과감히 기존 틀을 버리고, 처음부터 다시 짓는 결정을 내렸습니다.

그들은 알고 있었어요.

"지속 성장은 새 부품이 아니라, 새 구조에서 나온다."는 사실을요.

> 여러분이 어떤 프로젝트를 시작했다면 시간이 지남에 따라 보상은 점점 줄어들
> 수 있습니다. 다음 단계로 나아가기 위해서는 기존 방식을 버리고 새롭게 시작
> 해야 합니다. 처음에는 얻는 것이 적게 느껴질지라도 곧 훨씬 더 큰 보상이
> 뒤따를 것입니다.

스티브 잡스(Steven Paul Jobs)

스티브 잡스가 했던 말로, 반도체 엔지니어 짐 켈러가 한 인터뷰에서 인용한 표현입니다.

틀을 바꾸는 순간, 판이 바뀌고 시장의 주도권도 넘어온다.

[구조 변경(아키텍처 혁신)없이는 절대 엔비디아와 싸울 수 없다.]

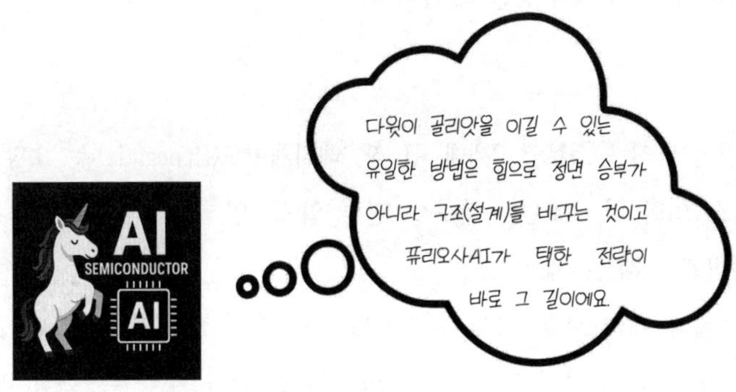

[FuriosaAI] : 대한민국 서울을 거점으로 하는 AI 반도체(칩) 설계 스타트업으로 GPU 중심 생태계에 도전하며, 전력·비용 효율을 높여 AI 활용을 확장하는 전략을 취하고 있다.

메타의 1조 원대 인수 제안을 거절하고 대규모 투자를 유치한 FuriosaAI는 사실상 유니콘 단계에 진입한 기업입니다. NVIDIA가 20~30년 된 GPU 구조를 확장하며 시장을 지배해 온 동안, FuriosaAI는 *LLM 추론 시대에 맞춘 완전히 새로운 아키텍처로 기존 구조 자체에 도전하고 있습니다.

LLM(Large Language Model) : 많은 양의 텍스트 데이터를 학습해 사람처럼 문장을 이해하고 만들어 내는 인공지능입니다.

작은 기업이 거대 기업을 뛰어넘는 방식은 단순한 성능 경쟁이 아니라 구조 경쟁입니다. FuriosaAI는 per-watt 효율(전력 대비 얼마나 높은 성능이나 효과를 내는지 나타내는 지표)을 극대화한 설계를 통해 GPU 중심 생태계를 흔들고 있는 기업입니다.

아래 내용은 퓨리오사AI 대표의 인터뷰를 토대로 그의 철학과 시각을 이해하기 쉽게 재구성한 것입니다.

저희가 최근 선보인 2세대 AI 칩 '레니게이드(Renegade)'는 초당 넷플릭스 영화 약 300편을 전송할 만큼 압도적인 연산 처리 능력을 갖춘 하이엔드 제품이에요.

수십억 개의 트랜지스터가 집적된 복잡한 구조를 안정적으로 구현할 수 있었던 이유는, 이런 난이도의 제품을 만들 수 있는 핵심 배경이 바로 설계 역량이기 때문입니다.

정해진 규격의 시장에서는 자본력 있는 대기업이 유리할 수 있습니다.

하지만 *새로운 애플리케이션이나 *워크로드가 등장해 "기존 설계로는 대응할 수 없는 상황"이 오면 판도가 달라집니다.

혁신적 구조를 빠르게 시도하고, 기존 틀을 과감히 버릴 수 있는 기업.

예측이 어려운 미래 시장에서는 그런 유연한 설계 실험 능력 자체가 경쟁력입니다. 그리고 그 점이 바로 우리 회사가 가진 가장 큰 힘입니다.

새로운 애플리케이션(New Applications) : AI가 새롭게 쓰이는 분야를 의미
워크로드(Workloads) : 그 분야를 처리하기 위해 필요한 새로운 연산 방식

구조가 생태계를 만들고, 생태계가 시장을 만든다.

[스마트폰 시대와 앱 생태계 시대로 전환 시킨 역사적 혁신]

[애플(Apple Inc.)] : 1976년 스티브 잡스, 스티브 워즈니악, 로널드 웨인이 설립한 미국의
글로벌 기술 기업으로 혁신적인 하드웨어와 소프트웨어, 그리고 강력한 생태계로 유명한 세계
최대 IT 기업 중 하나입니다.

아이폰이 등장하기 전의 휴대폰 시장은 매우 단순했습니다.

핸드폰 제조사가 기능을 정하고, 통신사가 서비스와 앱을 통제하던 구조였습니다.

사용자는 정해진 기능만 사용할 수 있었고, 휴대폰의 경쟁력은 전화·문자·카메라 같은 스펙 중심으로 결정되었습니다. 소프트웨어는 부수적인 요소에 불과했고, 제조사와 통신사가 모든 권한을 쥐고 있던 폐쇄적인 시장이었습니다.

이 구조 속에서 사용자도, 개발자도 생태계의 주체가 아니었습니다.

그러나 아이폰의 등장은 시장 자체를 바꾸어 놓았습니다.

기존의 '기능 중심 핸드폰 시장'에서 벗어나, 휴대폰을 작은 컴퓨터처럼 활용하는 컴퓨팅 중심의 스마트폰 시장으로 전환한 것입니다. 이것이 첫 번째 구조 변화였습니다.

하지만 진짜 혁신은 2008년 앱스토어(App Store)의 출시와 함께 시작되었습니다.

애플은 개발자라면 누구든 앱을 만들어 올릴 수 있는 열린 공간을 제공했고, 사용자는 원하는 기능을 무한히 다운로드해 스마트폰을 자신만의 도구로 확장할 수 있게 만들었습니다. 애플은 단순한 제품 제조사를 넘어 플랫폼과 생태계를 설계하는 기업이 된 것이죠.

이 순간부터 스마트폰의 가치는 '하드웨어'에서 '생태계'로 이동했습니다.

앱의 수는 폭발적으로 증가했고, 사용자 경험은 끝없이 확장되었으며, 전 세계 개발자들은 새로운 직업군이 되었습니다. 기업들은 스마트폰을 기반으로 전혀 새로운 비즈니스(배달앱, SNS, 금융 등)를 만들었고 시장의 중심에는 자연스럽게 애플이 자리 잡게 되었습니다.

결국 스마트폰은 더 이상 기능적 도구가 아니라 생태계를 담는 플랫폼이 되었고, 이 변화가 경쟁의 기준을 완전히 바꾸어 놓았습니다.

애플이 시장을 장악할 수 있었던 이유는 단순히 뛰어난 제품을 만든 것이 아니라 제품의 구조를 바꿔 생태계를 재설계했기 때문입니다. 제품 혁신은 경쟁자가 따라올 수 있습니다.

하지만 구조 혁신, 생태계 혁신은 쉽게 따라올 수 없고, 따라와도 이미 너무 늦습니다.

운동선수에게도 필요한 전체를 보는 눈

[천재적인 재능을 지닌 축구 선수가 전술의 틀까지 완성돼 있다면]

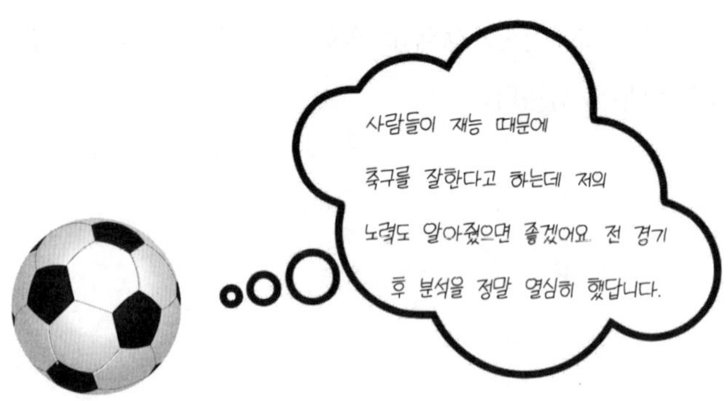

[MESSI] : 발롱도르 8번, 스페인 라리가 10회, 라리가 MVP 10회, 챔피언스리그 우승 4회,
아르헨티나를 월드컵 우승까지 시킨 세계적인 축구 선수

메시의 대표적 습관 중 하나가 경기장을 걸어 다니며 스캔한다는 것
인데 또 다른 세계적인 축구 선수 지네딘 지단 선수도 비슷한 행동을
하는 것으로 알려져 있습니다. 왜 이러한 행동을 하는 걸까요?

메시를 바로 옆에서 지켜본 감독들의 말을 빌리면 경기장 전체 즉,
상대팀 선수들의 위치를 빠르게 스캔하는데 많은 시간을 투자하여
공이 본인에게 도달했을 때는 이를 최대한 이용한 플레이로 최고의
경기력을 보이는 것이 메시라고 합니다.

메시의 특징을 잘 설명한 분석 기사들이 여러 곳에 있는데, 그 핵심
내용을 참고하여 본 책의 맥락에 맞게 재구성해 보았습니다.

"메시는 경기 흐름을 읽는 감각이 탁월해요.

팀이 필요로 하는 위치로 자연스럽게 움직이고, 가장 효과적인 순간에만 폭발적으로 스프린트를 하죠.

많이 뛰기보다 가치 있는 순간에 에너지를 쓰는 플레이어예요."

"메시는 자신의 약점을 분명히 인지하고 있어요.

최고의 자리를 지키려면 끊임없이 성장해야 한다는 걸 잘 알고 있죠.

그래서 경기 결과와 상관없이 항상 자신의 플레이를 되돌아보며 부족한 부분을 찾아 보완합니다.

직접 경기 영상을 다시 보며 실수를 기록하고, 다음 경기에서 반드시 개선하려고 분석을 이어가요."

"경기 중 메시를 보면, 주변 상황을 전체 시야로 읽는 듯한 장면이 많아요. 누가 어디에 있고 어떤 공간이 열리는지 미리 알고 움직이죠. 이는 뛰어난 경기 읽기 능력과 직업적 통찰, 그리고 남들은 보지 못하는 걸 포착하는 독특한 인지력이 만들어 낸 결과예요."

"메시가 경기 중 많이 뛰지 않는 건 단순히 체력을 아끼기 위해서가 아니에요. 경기장 전체를 끊임없이 살피며 상황을 읽기 때문이죠.

이런 스타일은 과거 지네딘 지단이 보여 주던 플레이와도 닮아 있어요. 지단 역시 계속 시야를 넓히며 경기 흐름을 읽는데 집중했습니다."

이를 통해 메시의 머릿속에 전술의 틀이 갖춰져 있음을 위 내용을 통해 짐작해 볼 수 있습니다. 상대 팀의 위치 선정을 보고 바로 다음에 그에 맞는 경기력을 펼친다는 것은 자신만의 전술에 대한 틀이 완성되지 않으면 불가능한 것으로 메시는 다른 사람들이 볼 때 타고난 천재적 재능으로 축구를 잘한다고 하지만 본인은 매 경기 후 내용을 분석하고 다음 행동을 어떻게 할지 생각하는 노력을 게을리 하지 않았다고 밝힌 바 있습니다.

세계 최고의 투수, 두 가지 틀을 연결하다.

[창던지기와 요가, 두 틀의 연결이 만든 야마모토의 기적 같은 성장]

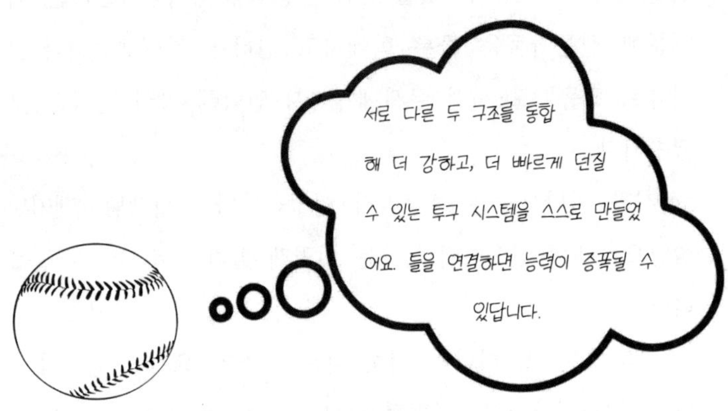

[야마모토 요시노부] : 월드 시리즈 원정 경기에서 MLB 역사상 처음으로 3승을 기록하며 팀 우승에 크게 기여했고, 아시아 선수로서는 최초로 2025년 월드 시리즈 MVP를 수상

야마모토 요시노부는 처음부터 특별한 재능을 인정받은 선수는 아니었습니다. 여러 포지션을 조금씩 맡는 평범한 선수였고, 스스로도 프로 선수가 될 것이라고는 생각하지 못했습니다. 초등학교 장래 희망에 적은 꿈이 '샐러리맨'이었을 정도로 야구는 단지 좋아하는 취미에 가까웠습니다. 중학교 시절에도 상황은 크게 다르지 않았습니다. 잠깐 투수를 해 본 경험이 있었던 그는 팀 사정 때문에 어쩔 수 없이 투수를 맡게 되었고, 고등학교 진학까지도 선택권 없이 흘러가는 대로 결정되는 삶을 살았습니다.

프로에 진출하고 나서도 그의 팔꿈치는 지속적으로 부담을 느끼며 고질적인 통증에 시달렸습니다. 그러던 중 한 트레이너가 그에게 기존 야구 이론과는 완전히 다른 창던지기 투구법을 추천합니다. 공을 던질 때 릴리즈 포인트를 뒤로 가져가고, 등·복부·하체까지 전신을 연결해 힘을 전달하는 방식이었습니다. 전통적인 투구 이론과는 너무 달랐기 때문에 전문가들은 물론 팀에서도 강하게 반대했습니다. 위험하다는 이유로 고등학교 시절 은사에게까지 연락해 말려 달라고 부탁할 정도였습니다.

하지만 야마모토는 흔들리지 않았습니다. "선생님, 제가 이 방법을 정답으로 만들겠습니다." 그는 이렇게 말하며 자신만의 길을 선택했습니다.

그 후 그는 또 하나의 전혀 다른 구조인 요가를 훈련에 도입했습니다. 창던지기가 주는 폭발적인 전신 힘과 팔 스피드, 지면 반력 활용에 더해, 요가는 유연성·균형·호흡·자세 정렬을 강화해주며 투구폼의 안정성과 지속 가능성을 높였습니다. 불필요한 긴장은 줄고, 관절 부담은 감소했으며, 반복 가능한 효율적인 투구 동작이 만들어졌습니다.

결국 힘의 구조(창던지기)와 안정의 구조(요가)라는 완전히 다른 두 틀을 연결한 것이 그의 팔꿈치를 지켜주었고, 기량을 폭발적으로 끌어올린 핵심 비결이 되었습니다.

그가 평범한 선수에서 일본 리그를 지배하는 에이스, 그리고 MLB에서까지 인정받는 투수가 되기까지의 과정은 한 가지 사실을 증명합니다. 틀을 바꾸면 결과가 바뀝니다. 그리고 서로 다른 두 구조를 연결할 때 새로운 가능성이 열립니다.

툴(tool)이 아닌 틀(structure)을 먼저 보면 결국 더 빨라진다.

필즈상 수상 후 한 인터뷰에서 기존에 있던 틀을 부수고 다 포함할 수 있는 더 큰 틀을 만들고 이것을 계속 반복하다 보면 태곳적부터 존재하던 거를 발견을 하는 느낌인데 이런 데서 특유의 쾌감이 있다고 말한 바 있습니다. 큰 관점으로 본다는 것은 새로운 걸 창조해 낼 수 있는 힘을 갖고 있습니다.

바둑을 통해서는 큰 틀을 활용해 세부적인 내용까지 기억해 낼 수 있다는 걸 알게 됐습니다. 이 부분에 있어선 보다 자세히 다음 챕터들에서 다룰 예정입니다.

그리고 축구와 관련하여 메시는 통계적으로 경기에서 가장 적게 뛴 선수지만 전술의 틀을 볼 수 있는 관점으로 인해 가장 효율적인 경기 운영을 하는 뛰어난 선수입니다.

그렇다면 큰 틀로 보았을 때 일의 진행이 얼마나 달라지는지 보다 쉽게 이해되도록 대표적인 예를 하나 들도록 하겠습니다.

주형(mold) : 용해된 금속을 주입하여 주물을 만드는데 사용하는 틀

대부분의 사람들은 문제를 해결할 때 주어진 틀 안에서만 답을 찾으려 합니다. 하지만 이렇게 해서는 근본적인 해결책을 찾기 어렵고, 결국 비슷한 문제에 반복해서 부딪히게 됩니다.

이 때문에 기존의 원리와 시스템을 정확히 이해하고, 이를 바탕으로 새로운 틀을 과감하게 만들어 내는 시도가 필요합니다.

이렇게 새롭게 만들어진 사고 도구와 문제 해결 틀은 매우 강력한 힘을 발휘해 작업의 효율성을 크게 높일 수 있습니다.

특히 AI 시대에는 이런 구조적 사고가 더욱 중요해졌습니다. AI가 방대한 정보를 빠르게 제공해 주기는 하지만, 그 정보를 어떤 구조로 정리하고, 연결하고, 적용할지 판단하는 능력은 여전히 사람의 몫입니다. 구조를 이해하고 스스로 새로운 틀을 만들어 내는 힘이야말로, AI 시대에 단순한 정보 소비자가 아닌 창의적 문제 해결자로 성장할 수 있는 핵심 경쟁력이 됩니다.

쇠는 많이 두드릴수록 단단해진다. 하지만...

 쇠는 많이 두드릴수록 단단해지듯 반복은 많이 할수록 기억이 오래간다. 쇠를 얼마나 두드렸고 얼마나 단단해졌는지에만 집중하는 것은 좁은 생각의 틀에 갇혀 시야를 좁게 만든다. 두드리기 전에 현재 도구의 한계를 넘어서려는 생각과 고민이 먼저다. 현재 한계가 느껴진다면 기존의 주형(틀)을 허물고 새롭고 강력한 틀을 만든 후 열심히 두드려야 한다.

AI 시대, 평균의 안전지대는 사라지고 있다.

 AI 기술이 빠르게 일상과 산업에 스며들고 있습니다. 단순 반복 업무는 물론, 이제는 소프트웨어 엔지니어와 같은 전문직조차 AI에 의해 대체될 가능성이 제기되고 있습니다.

 실제로 마이크로소프트 CEO 사티아 나델라는 최근 메타의 CEO 마크 저커버그와의 대화에서, AI가 주니어급 소프트웨어 엔지니어를 대체할 수 있다고 언급했습니다. 직접 AI 코딩 도구를 활용해 본 결과, 혼자서도 주니어 3명의 몫을 충분히 해낼 수 있었다고 합니다. 이처럼 기업 입장에서는 동일한 결과를 더 적은 인원으로 낼 수 있다면, 인력 감축은 필연적인 선택이 될 수밖에 없습니다.

 그 여파는 가장 먼저 사회 초년생에게 닥치고 있습니다. 경력을 쌓을 기회조차 얻지 못한 채 경쟁에서 밀려날 수 있는 현실이 점점 가까워지고 있는 것입니다.

· 생성형 AI, 증폭기 역할로 능력 차이는 더욱 벌어진다.

 AI는 단순히 사람을 대체하는 수준을 넘어, 개인의 능력 차이를 더욱 극명하게 만드는 도구가 되고 있습니다.

 같은 AI를 사용하더라도, 기본 역량이 높은 사람은 AI를 통해 더 뛰어난 결과물을 만들어 냅니다. 예를 들어, 하루에 10만큼 일하던 사람과 20만큼 일하던 사람이 동일하게 '10배의 효율'을 내는 AI 도구를 사용할 경우, 그 차이는 100과 200으로 벌어집니다. 기술은 평등하게 주어지지만, 결과는 불평등하게 나타나는 구조입니다.

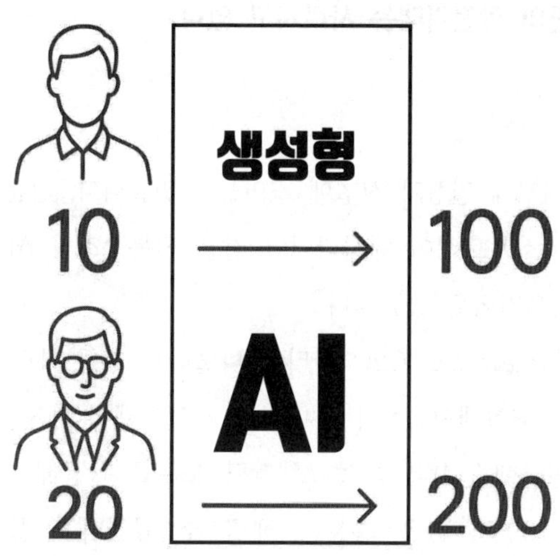

· 앞으로는 '평균'으로는 생존할 수 없다.

이제는 "열심히만 하면 된다."는 말이 통하지 않습니다. AI 도구가 기본 업무를 상당 부분 대체하면서, '월등한 역량'이 없는 사람은 설 자리를 잃을 수 있습니다.

그렇기에 우리는 지금, 단순 반복이 아닌 창의적 사고·문제 해결력·AI를 능숙히 다루는 활용력 등 '대체 불가능한 능력'을 갖추는데 집중해야 합니다.

왜 AI 시대에는 T형·∏형 모두 중요한가?

구분	T-형 인재란?	∏(파이)-형 인재란?
형태	T	∏
해석	한 분야의 '깊이(전문성)' + 다양한 분야로의 '폭(확장성)'	두 개의 깊은 전문성(세로기둥 2개) + 넓은 확장성(가로)
사례	데이터 분석 + 커뮤니케이션 가능한 분석가 소프트웨어 개발 + 디자인/비즈니스 감각 있는 개발자 과학 + 교육 콘텐츠 기획 가능한 연구자	의료 + AI 연구자 컴퓨터공학 + 심리학 UX 전문가 수학 + 금융 시장 분석가 교육 + 데이터 분석 EdTech 전문가 기계공학 + 디자인 제품 엔지니어
시대적 의미	"한 우물만" 파는 깊이만으로는 부족하고, 그 깊이가 다른 분야와 연결될 때 가치가 폭발한다는 개념.	현대 산업은 2가지 이상의 전문 영역이 "결합 지점에서" 성장하기 때문에 → ∏형 인재가 혁신을 주도함.

하이브리드 역량(hybrid capability) : 서로 다른 영역의 지식·기술·경험을 연결·융합하여 새로운 해결책·가치를 만들어 내는 능력

시대가 바뀌면서 인재상도 점점 더 빠르게 변화하는 것 같아요. 앞으로는 T형·Π형을 넘어서 M형 인재까지 요구될 것 같아요.

뒤에서 자세히 이야기하겠지만, 공부도 하이브리드 역량을 발휘하면 훨씬 효율적으로 할 수 있어요.
특히 수학은 '언어 + 논리'가 융합된 과목이라 하이브리드 역량이 필수적이기 때문에, 많은 학생들이 고등학교에 올라오면서 어려움을 느끼게 돼요.
이 부분도 뒤에서 자세히 다룰 예정이에요.

AI 시대, 진짜 실력은 '연결력'과 '질문력'이다.

선생님, AI 시대에 '질문력'이 중요하다는 말은 많이 들어서 알고 있어요. AI를 잘 활용하려면 좋은 질문을 던져야 좋은 답을 얻을 수 있기 때문이죠.

그런데 '연결력'이 필요하다는 건, 앞서 말씀하신 것처럼 서로 다른 틀을 연결해 새로운 것을 만들어 내듯, 각 구조를 알아야 서로 연결할 수 있고, 그렇게 만든 새로운 연결을 통해 남들이 생각하지 못한 질문을 던질 수 있기 때문에 결국엔 구조화가 중요하다는 결론 아닐까요?

네, 맞아요. 그런 질문력을 갖추려면 반드시 구조적 사고가 전제돼야 해요. 구조적으로 사고해야 내가 모르는 부분을 정확히 채울 수 있고, 이미 알고 있는 지식들을 서로 연결해 새로운 통찰을 만들 수 있어요. 이렇게 연결된 통찰은 창조적인 질문으로 이어지고, 그 질문은 다른 사람들이 가지 않은 길로 나를 이끌어줘요. 그 길 위에서만 AI 시대의 극상위에 설 수 있는 거예요.

> **"** 저는 대부분의 시간을 질문하는데 쓰고 있어요.
>
> 그리고 제가 내리는 지시의 90%는 사실상 질문과 섞여 있습니다. **"**
>
> 젠슨 황(Jensen Huang)

젠슨 황(Jensen Huang) : 엔비디아를 공동 창업했고, 지금까지 30년 넘게 CEO를 맡고 있는 실리콘 밸리의 대표적 창업자

아인슈타인의 어머니와 질문의 힘

아인슈타인이 어렸을 때, 주변 사람들은 그를 조용하고 조금은 이상한 아이로 여겼습니다. 말도 늦게 트였고, 학교에서도 특별히 눈에 띄는 학생은 아니었습니다. 그러나 그를 특별하게 만든 것은 남들보다 뛰어난 '답변력'이 아니라 '질문력'이었습니다.

아인슈타인의 어머니는 어릴 적부터 그에게 책을 읽어주면서, 줄거리나 인물에 대해 묻기보다는 이렇게 질문했다고 합니다.

"네가 궁금한 게 뭐니?"

"이 이야기에서 가장 신기했던 건 뭐였어?"

이러한 질문을 반복해서 받으며 자란 아인슈타인은, 스스로 질문하고 생각하는 습관을 갖게 되었고, 이는 훗날 세상의 '당연함'을 의심하고 새로운 질문을 던질 수 있는 힘으로 이어졌습니다.

결국 아인슈타인이 과학사를 바꿀 수 있었던 것도, 기존의 해답을 그대로 받아들이는데 그치지 않고, 다음과 같은 질문을 던졌기 때문입니다.

"빛보다 빠른 건 없다고? 왜 그렇게 생각하지?"

"시간은 누구에게나 똑같이 흐를까?"

이 일화는 우리에게 중요한 사실을 알려줍니다.

좋은 질문이 있어야 좋은 생각이 생기고, 좋은 생각이 있어야 창의적인 해답도 나올 수 있다는 점입니다.

문제 해결력의 근본은 '질문력'이다.

┌─ 일반 문장 ─────────────────────────────┐

"반복 학습은 장기 기억에 도움이 된다."

└───┘

┌─ 질문 형태 ─────────────────────────────┐

"반복 학습은 왜 장기 기억에 도움이 될까?"

└───┘

뇌가 반복에 익숙해지나? 나도 경험적으로는 그런 것 같긴 한데…
뇌가 익숙해지는 걸까? 아니면 중요한 정보라고 착각하는 걸까?
궁금해져서 계속 생각하게 만들어요.

두 문장에서 가장 큰 차이를 만들어 내는 건 바로 '연결'이에요
일반 문장은 여러분과 연결을 시도하지 않아요. 그저 정보를 전달할 뿐,
여러분의 생각이나 경험을 불러일으키지 않죠. 하지만 질문 형태의 문장은
다릅니다. 질문은 여러분 안에 있는 기존의 지식, 경험, 감정과 연결을 시
도합니다.
그리고 이 연결이 진짜 차이를 만들어 냅니다.
연결이 없으면, 그건 남의 지식일 뿐이에요
하지만 연결되는 순간, 그것은 내 지식이 됩니다.
이게 바로 질문의 힘이에요.
비유하자면, 질문은 문제 해결을 위한 미끼와 같아요.
물고기를 잡기 위해서는 미끼를 던져야 하듯, 문제를 해결하기 위해서는
질문이라는 미끼를 던져야 합니다.
질문이 있어야 뇌가 움직이고, 생각이 시작되고, 답에 다가갈 수 있거든요.

아! 그래서 공부 잘하는 친구들이 선생님께 질문을 많이 했나 보
네요. 지식과 연결하기 위해서 말이죠. 그런데 선생님 저는
MBTI가 I로 시작하는데 수업 시간에 물어보기가 조금 어려운데
어떻게 하면 좋을까요?

걱정하지 않아도 돼요. 스스로 질문을 던지면 됩니다.
이 내용은 뒤에서 더 자세히 다루겠지만, 셀프 질문은 단순한
궁금증을 넘어서, '나만의 의미'를 부여하는 과정이에요.
그래서 문제 해결력은 물론이고, 장기 기억에도 큰 도움이 됩니다.
그래도 조금씩 선생님께 질문해 보세요. 처음만 어렵지 하다 보면
틀이 깨지고 어느 순간 능동적인 자신을 발견하게 될 거에요.
화이팅!

질문력은 구조를 바꾼다.

질문력은 구조를 바꾸는 힘을 가지고 있어요.
그 변화는 크게 세 가지로 나타납니다.
구조의 확장, 구조의 연결, 그리고 새로운 구조의 탄생입니다.

선생님, 구조의 확장과 연결은 이해가 돼요.
질문을 통해 생각이 가지처럼 뻗어 나가며 확장되고,
또 하나의 구조 안에서 개념들 사이를 연결하거나,
서로 다르다고 생각했던 구조들끼리도 질문을 통해 연결할
수 있으니까요.
그런데 새로운 구조의 탄생은 어떤 의미인지 궁금해요.

비유를 들자면 6년 동안 벼를 수확할 도구를 선택할 때 왼쪽의 그림을 보고 스스로 "왜? 다른 도구는 없을까?" 라고 질문을 던지는 순간 다른 틀을 고민하게 되고 구조를 바꾸는 계기를 만든다는 거에요.

AI 시대는 단순히 "AI를 쓰느냐, 안 쓰느냐"의 문제가 아니에요.

어떤 질문을 던지고, 어떻게 연결하며, 어떻게 구조화 하느냐가 진짜 실력의 차이를 만듭니다.

누군가는 단편적인 질문만 반복하고,

누군가는 구조화를 통해 사고의 범위를 확장하며,

또 다른 누군가는 서로 다른 틀을 연결해 새로운 의미를 만들어 내죠.

그리고 차원이 다른 사람은 아예 새로운 틀 자체를 만들어 냅니다.

AI는 이 차이를 그대로 증폭시키기 때문에 앞으로는 개인 간 사고력·표현력·생산성의 격차가 훨씬 더 빠르게 벌어지게 될 거에요.

선생님, 그렇다면 저는 지금부터 어떻게 준비하면 될까요?

원리 원칙에 맞는 배움의 중요성

키보드 타이핑을 배울 때, 누구나 한 번쯤 빠르게 익히고 싶은 욕심이 생깁니다. 그래서 많은 사람들이 '독수리 타법' 즉, 두세 손가락만으로 키보드를 눌러 타이핑하는 방식을 선택하곤 합니다. 이 방법은 처음에는 금방 익숙해지고 일정 속도까지는 쉽게 올라갈 수 있다는 장점이 있습니다.

하지만 문제는 그 다음에 있습니다. 어느 순간부터 더 이상 타수(분당 타이핑 속도)가 늘어나지 않고, 손가락의 움직임이 비효율적이기 때문에 피로도는 커지고 오타율도 높아지게 됩니다. 바로 기본 원칙을 무시한 학습 방식이 가져오는 한계입니다.

반면에 '열 손가락 타법'은 초반에는 익히기 어렵고 느리게 느껴질 수 있습니다. 하지만 이 방식은 원리에 맞게, 구조적으로 설계된 타법이기 때문에 반복을 통해 숙련되면 압도적인 속도와 정확도를 자랑합니다. 무엇보다 장시간 타이핑에도 손가락의 피로도가 훨씬 적습니다.

이 사례는 공부나 기술 습득에서도 마찬가지입니다. 처음부터 원칙에 맞게 배우는 것이 멀리 가는 길입니다. 단기 성과에 급급해 원리를 무시하면 일정 수준 이상으로는 절대 올라설 수 없습니다. 결국 한계를 돌파하는 힘은 '원칙을 따르는 것'에서 출발합니다.

공부는 사고 설계의 첫걸음

공부만 잘한다. vs 공부도 잘한다.

맞아요. 많은 학생들이 공부를 잘하고 싶어 하지만, 공부의 원리를 이해하지 못한 채 문제 풀이에만 집중하는 경우가 많아요. 그렇게 쌓인 지식은 시간이 지나면 흩어지기 쉬워요. 머릿속에 정보가 어떻게 연결돼 있어야 하는지 구조가 없기 때문이죠. 이건 학교 공부에만 해당되는 게 아니에요. 사회 생활에서도 그대로 이어져서 나타나요. 회의 자리에서 알고 있는 내용인데도 말이 막히고, 업무 현장에서는 여러 정보를 종합해 문제를 해결하지 못하고 막히는 일이 자주 생기죠. 결국 중요한 건, 얼마나 많이 아느냐보다 어떻게 구조화하고 연결해 가느냐에요. 그래서 공부는 '잘하는 것'보다 '어떤 방식으로 해내느냐'가 더 중요하답니다.

경주마처럼 시키는 공부의 한계

경주마는 앞만 보고 달립니다.

좌우를 볼 필요도, 생각할 여유도 없습니다.

주어진 경로 위에서 속도만 내면 되기 때문입니다.

우리 교육에서도 이런 경주마식 공부가 존재합니다.

문제는 바로 '시키는 대로만 하는 공부', '주입식 반복', '틀에 맞춘 문제 풀이'입니다.

이 방식은 단기적인 성과, 특히 입시와 같은 경쟁 구조에선 일정 부분 효과를 보일 수 있습니다.

하지만 문제는 그 다음입니다.

사회에 나가면, 더 이상 정해진 답은 없습니다.

누구도 문제를 미리 만들어 주지 않고, 정답을 외워서 해결되는 상황도 드뭅니다.

이때, '시킨 것만 해온 공부'는 사고력의 한계를 드러냅니다.

스스로 질문하지 않고, 틀을 만들어 본 경험이 없다면 새로운 상황 앞에서 방향을 잡지 못하고 흔들리게 되죠.

그래서 필요한 것이 바로 '원리에 입각한 공부'입니다.

왜 그런지를 이해하고 어떻게 연결되는지를 고민하며 문제 자체보다 지식의 구조와 원리를 중심에 두는 공부, 이런 공부를 한 사람은 단지 시험만 잘 보는 것이 아니라 지식 간 연결을 스스로 만들어 내고 새로운 문제 앞에서도 자신만의 방식으로 접근할 수 있는 힘을 갖추게 됩니다.

결국, 경주마 공부는 빠르게 달릴 수는 있지만, 방향을 바꿀 수는 없습니다.

시대가 요구하는 것은 속도가 아니라 방향을 찾는 힘, 그리고 스스로 사고하고 성장하는 원리 중심의 공부력입니다.

공부머리 vs 일머리

공부머리와 일머리,

둘 다 갖추려면 처음부터 '생각의 틀'을 만들며 공부해야 해요.

단순히 지식을 쌓는데 그치지 않고, 그 지식을 구조화해서 연결하고,

언제든 꺼내 쓸 수 있도록 만드는 공부가 진짜 실력이 됩니다.

많이 아는 것처럼 보여도 그 지식이 연결되지 않으면 쉽게 흘러가고,

반대로 틀 위에 정리된 지식은 오래 남고 실전에서 자연스럽게 떠오르

며 활용될 수 있어요.

사실 우리 주변에서도 이런 모습을 자주 볼 수 있어요.

학교에서는 늘 시험은 잘 보는데 실제 일처리에서는 답답한 사람,

반대로 공부도 잘했지만 업무 현장에서도 복잡한 문제를 막힘없이

해결해내는 사람도 있죠.

두 사람 모두 공부머리는 있지만, 차이를 만드는 건 결국 '생각의 틀'

이 있느냐 없느냐에요.

· **올바른 공부 방식이 올바른 사고 구조를 만든다.**

그래서 중요한 건 "얼마나 외웠느냐"가 아니라, "어떻게 연결했느냐, 어떻게 바라봤느냐"입니다.

즉, 어떤 방식으로 공부했는가가 그 사람의 사고 구조, 그리고 문제를 풀어내는 뇌의 접근 방식을 결정짓습니다.

『맥락의 틀』은 바로 이 지점에서 출발합니다. 학생이든 직장인이든, 단편적인 정보가 아니라 정보를 바라보는 구조적 시선, 개념을 서로 연결해 내는 사고 틀, 문제를 단순히 푸는 것이 아니라 재구성할 수 있는 능력이 바로 이 시대가 요구하는 진짜 '공부력'이자 '생존력'입니다.

· **결국, 잘하는 것보다 잘하는 '방식'이 남는다.**

공부를 잘해서 좋은 성적을 얻는 것도 분명 가치 있습니다. 하지만 그보다 훨씬 더 오래 남는 것은 '공부를 어떤 방식으로 해냈는가'에 대한 경험과 틀입니다.

『맥락의 틀』은 그 방식에 대해 말하는 책입니다. 지식을 넣는 법이 아니라 꺼내는 법, 문제를 푸는 법이 아니라 문제를 재구성하는 틀, 무작정 반복이 아니라 연결하고 정리하는 힘에 대해 이야기합니다. 지금 당신의 공부 방식이, 곧 당신의 문제 해결 방식이고, 당신의 성공 방식이 될 수 있습니다.

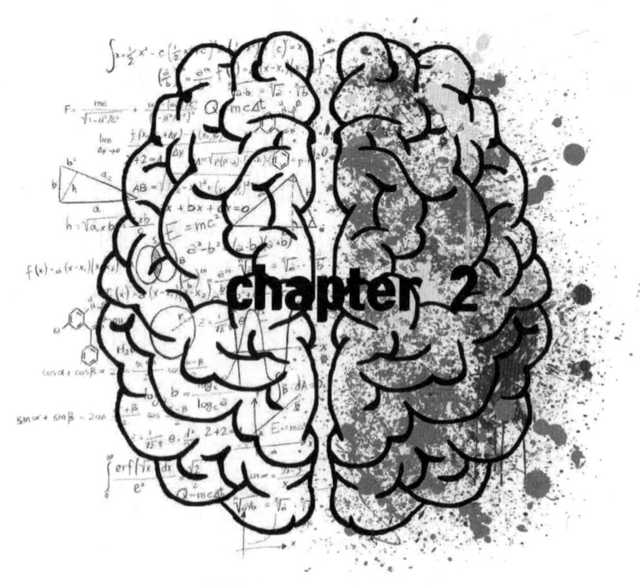

chapter 2

[공부란?]

공부는 엉덩이로 하는 것이다?

"공부는 엉덩이로 하는 것이다." 혹시 이 말 들어본 적 있나요? '책상에 오래 앉아서 공부해야 잘할 수 있다.' 이렇게 해석할 수 있습니다. 여기에 좀 더 설명하자면 시험을 잘 보려면 오랜 시간 여러 번 반복해서 본 친구들이 공부한 내용이 더 오래 기억에 남아 시험을 잘 본다는 말로도 해석할 수 있습니다. 지금부터 "이 말이 왜 나왔을까?"에 대한 답이 될 만한 대한민국 대표적인 시험에 관해 얘기해 보려 합니다. 예전에는 사법 시험이 있었는데 참고로 사법 시험은 대한민국 법조인(판사·검사·변호사 또는 군법무관)을 선발하기 위해 2017년까지 실시했던 국가시험으로 모든 시험 중 가장 높은 난이도와 압도적 공부량이 필요한 시험이었습니다.

합격 수기를 살펴보면 대부분 공통적으로 단권화하여 반복 학습하라는 조언이 등장합니다. 여기서 단권화란 과목당 기본서를 한 권으로 정해 여러 번 반복해서 보는 것을 의미합니다. 한 과목에 여러 권의 교재를 병행하면 내용이 분산되어 정리가 되지 않기 때문에, 시험장에서 문제를 보고 즉각적으로 답을 떠올리기 어렵습니다. 따라서 빠르고 정확한 문제 해결을 위해서는 단권화가 필수적이었습니다. 수학도 고등학교 올라와서 시험 시간이 부족해 하는 학생들이 많은데 이러한 이유 때문이라고 보면 됩니다. 즉, 반복해서 봐야 할 파트가 있는데 그렇게 해야 정리가 돼 시험에서 바로 답을 할 수 있습니다. 사법 시험을 볼 당시 2차 시험의 경우 중요한 내용 위주로 나오기 보단 변별력을 위해 예상치 못한 곳에서 나오는 경우가 많았기 때문에 모든 내용을 여러 번 반복해야 시험에서 고득점으로 합격할 수 있었습니다. 즉, 거의 대부분의 내용을 빈틈없이 여러 번 반복해야 고득점으로 합격할 수 있었던 특별한 시험이었습니다. 그런데 모든 내용을 여러 번 반복해서 보기란 정말 쉽지 않습니다. 그래서 당시 대부분 수험생이나 학부모님들이 갖고 있던 공부에 대한 생각 중 하나가 공부는 무조건 끈기가 있어야 한다는 것이었습니다. 그럼 여기서 "끈기가 조금 부족해도 공부를 잘 할 수 있을까?"란 궁금함이 생길 수 있는데 여러분이 공부하면서 끈기 있게 하지 못하는 요인 중 하나가 공부한 만큼 성과가 바로 나오지 않기 때문입니다. 그런 이유로 공부가 재미 없어지고 점점 멀어지게 됩니다. 그런 시간이 계속되면 있던 끈기도 사라지게 됩니다. 그렇다면 공부에 임하기 전에 해야 할 일은 무엇일까요? 그건 공부에 대한 생각과 고민입니다. 이건 공부에만 국한된 얘기가 아니라 모든 일을 하기 전에 반드시 필요한 단계입니다.

'잘한다.'와 '열심히'는 다르다.

잘하는 것은 결과가 좋다는 것이고 결과가 좋다는 것은 전략을 잘 세웠다는 것이다. 전략을 잘 세웠다는 것은 여러 경우의 수를 생각했다는 것이고 여러 경우의 수를 생각했다는 것은 예측을 잘했다는 것이다.

예측을 잘했다는 것은 내 입장이 아닌 상대방의 수까지 생각한 것이고 상대방의 수까지 생각했다는 것은 여러 관점에서 보았다는 것이다. 여러 관점에서 보았다는 것은 세상을 보는 커다란 틀을 갖고 있다는 것이다. 잘하는데 열심히, 그 결과는 최고일 것이다.

생각과 고민이 우선이다.

이러한 미션이 주어지면 일 처리 방식이 크게 두 가지 부류로 나뉩니다.

A : 서둘러서 빨리 가자! 그래야 조금이라도 일찍 도착할 수 있어.
지도를 확인하고 바로 출발하자.

B : 가면서 예상치 못한 변수가 생길 수도 있어. 플로우섬에 가 본 사람
들의 말을 들어보고, 암초 위치와 날씨를 조사한 뒤, 우리에게
닥칠 수 있는 다양한 상황을 고려해 전략을 세운 후 출발할 거야.

여러분은 두 부류 중 어느 쪽에 속하시나요? 사실 B를 선택하더라도, 예상치 못한 변수들을 고려하고 현재 상황에 맞게 대응해야 큰 시행착오 없이 목표 지점에 도달할 수 있습니다.

열심히 노를 저어야 배가 앞으로 나아가지만, 처음부터 엉뚱한 방향으로 가면 시간이 흐른 뒤에야 자신의 위치를 확인하게 되고, 원래 목적지로 가려 해도 힘이 빠져 도달할 수 없는 상황이 발생할 수 있습니다. 이는 마치 공부에서 한 번 멀어지면 다시 시작하기 어려운 것과 같습니다.

따라서 공부 뿐만 아니라, 어떤 일이든 시작하기 전에 충분한 고민과 전략을 세우는 시간이 필요합니다. 이는 공부에만 국한된 것이 아니라, 거의 모든 분야에서 반드시 필요한 과정입니다.

"생각과 고민하는 과정 없이 열심히만 하면 배는 산으로 간다."

하물며 여러분은 중학교부터 본격적으로 입시 준비를 시작한다고 가정하면, 무려 6년이라는 시간을 입시 공부라는 항해 속에서 여러 시행착오를 겪으며 앞으로 나아가야 합니다. 그러나 그 과정에서 암초나 거친 파도와 같은 장애물을 피해 올바른 방향으로 나아간다면 노력은 빛을 발할 것입니다. 하지만 만약 전혀 엉뚱한 방향으로 가게 된다면, 이미 많은 에너지를 소모한 탓에 다시 목표 지점을 향해 나아가기가 쉽지 않을 것입니다.

미국 펜실베니아 주립대학교 사회학과의 샘 리처드(Sam Richards) 교수는, 어린 나이부터 입시에 매달려 늦은 시간까지 학원을 다니는 대한민국 학생들을 보며 이렇게 말한 적이 있습니다.

"처음에는 한국 학생들이 앞서가는 것처럼 보이지만, 이미 많은 에너지를 소진했기 때문에 대학에 들어가면서부터는 오히려 미국 학생들이 더 앞서가게 된다." 이처럼 단순히 열심히 하는 것만이 능사는 아닙니다. 공부를 시작하기 전에 공부에 대한 깊은 고민을 하고, 자신만의 전략을 세워 효율적인 방법을 찾는 과정이 반드시 필요합니다. 그래야 공부가 즐겁고 오랫동안 지속할 수 있습니다.

그리고 이러한 사고 습관과 공부 태도는 단지 학창 시절에만 필요한 것이 아닙니다. 사회에 나가서도 마찬가지입니다. 직장 생활에서도 모든 일을 무조건 열심히만 한다고 해서 인정받는 것은 아닙니다. 오히려 어떤 문제를 어떻게 바라보는가, 어떻게 효율적으로 해결책을 찾고 실행하는가가 중요한 평가 기준이 됩니다.

결국, '공부를 잘하는 법'은 곧 '일을 잘하는 법'으로 이어집니다.

자신의 상황을 분석하고, 필요한 정보를 찾아내고, 이를 구조화하여 문제를 해결하는 능력은 학교를 벗어난 후에도 평생을 따라다니는 핵심 역량입니다.

공부는 수납 정리다.

그렇다면 선생님께서 몇 십 년 동안 고민하고 생각해서 내린 결론을 한 문장으로 나타내면 "공부는 수납 정리다."라는 거죠?

네, 맞아요. "공부가 왜 수납 정리인가?" 할 거에요. 그 이유를 설명하기 위해선 여러분이 공부에서의 입출력 메커니즘을 알고 있어야 하는데 왠지 말 자체는 어렵게 느껴지지만 정말 간단해요.

Question

여러분은 물건을 정리할 때 나중에 찾을 때를 생각해서 종류별로 수납공간에 분류하는 편인가요? 아니면 정리하는 시간이 아깝고 귀찮아서 찾는 거 상관없이 그냥 아무 곳에 대충 넣어 두나요?

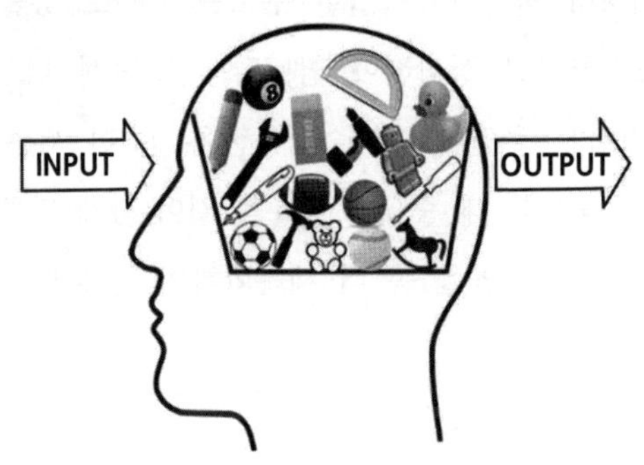

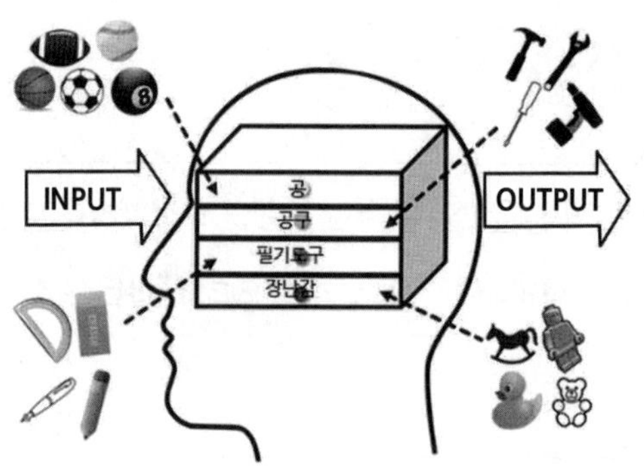

머릿속에 지식의 수납공간을 먼저 만들자.

누가 봐도 두 번째 그림이 나중에 필요한 물건을 꺼내 쓸 때 훨씬 더 쉽게 찾을 수 있습니다. 반면, 첫 번째 그림에서는 맨 아래 있는 축구공을 꺼내려면 시간이 오래 걸릴 것입니다. 물론 이 그림을 수도 없이 보면 빠르게 찾을 수 있겠지만, 그것은 너무 비효율적입니다. 이 그림은 단순히 이해를 돕기 위한 예시일 뿐이며, 실제 우리가 공부하는 내용은 이보다 훨씬 더 복잡한 구조를 가지고 있습니다. 따라서 꼭 꺼낼 준비를 하면서 정리해야 합니다. 한 단계 더 나아가, 내가 중요하다고 생각하는 물건이라면 수납공간을 좀 더 세분화할 수도 있습니다. 이는 곧, 공부할 때 중요한 내용을 깊이 있게 다루는 것과 같은 원리입니다. 예를 들어, 공을 좀 더 세분화하여 분류해 보겠습니다.

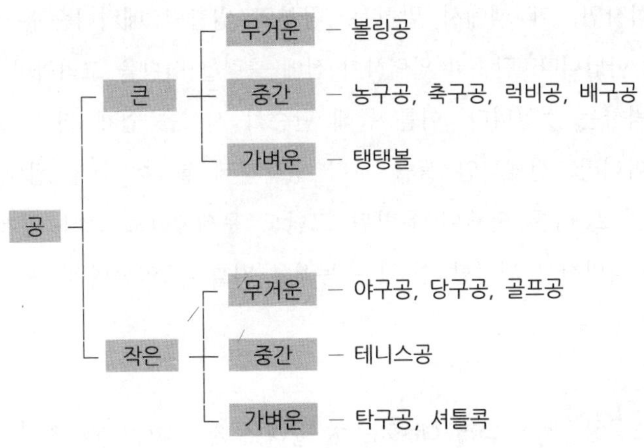

즉, 배운 내용을 효과적으로 꺼내 쓰려면 머릿속에 지식의 수납공간을 먼저 만드는 것이 중요합니다. 이를 공으로 비유하면, 단순히 공을 모아 두는 것이 아니라 큰 공, 작은 공, 무거운 공, 가벼운 공 등으로 더 세분화하여 정리하는 것과 같습니다. 이처럼 학습할 때도 지식을 체계적으로 분류하고 정리하면, 필요한 순간에 더욱 쉽게 찾아 활용할 수 있습니다.

이렇게 수납공간을 만들어 두면, 축구공을 찾을 때 '큰 공' 중에서도 '중간 무게'에 해당하는 공간에서 쉽게 찾아낼 수 있습니다. 이러한 방식으로 공부를 해나가면 전체적인 구조를 파악할 수 있게 되어, 단순히 개별 개념을 찾는 것이 아니라 볼링공과 테니스공 사이의 관계를 묻는 문제처럼 더 입체적인 사고가 필요한 문제에도 효과적으로 대응할 수 있습니다.

결과적으로, 기존의 평면적인 공부에서 입체적인 공부로, 즉 숲에서 나무만 보는 공부에서 숲 전체를 조망하는 공부로 발전하게 됩니다.

정리하자면, 이 책에서 말하는 '공부의 입출력 메커니즘'은 어려운 개념이 아닙니다. 단순히 입력하기 전에 출력할 상황을 고려하여 정리한 후 입력하는 것입니다. 이를 통해 단순히 지식을 쉽게 꺼낼 수 있을 뿐만 아니라, 전체적인 틀을 보다 명확하게 볼 수 있게 됩니다. 그 결과, 서로 다른 단원이 융합된 고난도 문제에서도 보다 쉽게 핵심 내용을 파악하고 해결할 수 있는 능력을 기를 수 있습니다.

> 학습은 정보를 체계화하고 구조 속에 넣을 때 장기 기억에 저장되기 쉽다.

제롬 브루너(Jerome Bruner) : 20세기 인지 심리학과 교육 심리학의 혁명적 인물

참고로 위 문장은 브루너의 주장에 기초한 요약문입니다.

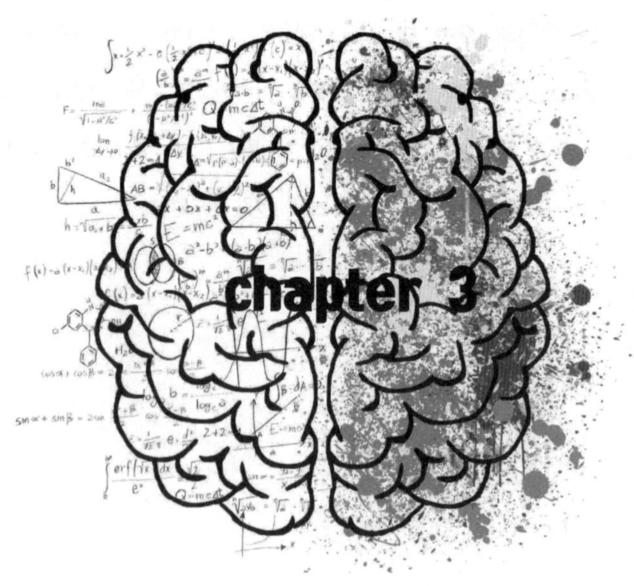

[기억 방식]

뇌와 컴퓨터의 기억 방식

시험을 잘 보려면, 공부한 내용을 기억하고 있다가 필요한 순간, 즉 시험장에서 정확하게 꺼내 쓸 수 있어야 합니다. 일을 할 때도 마찬가지입니다. 평소에 숙지한 내용을 회의 때 적절한 순간에 꺼내어 설명하고 활용할 수 있어야 진짜 실력으로 인정받을 수 있습니다. 이는 단순히 정보를 저장하는 것이 아니라, 필요할 때 빠르고 정확하게 찾아내는 과정이 중요하다는 점에서 컴퓨터의 데이터 관리 방식과 유사합니다. 즉, 기억은 단순한 입력(input)이 아니라 효율적인 출력(output)에 초점을 맞춰야 합니다.

기억은 지속 시간에 따라 단기 기억(short-term memory)과 장기 기억(long-term memory)으로 나뉩니다. 단기 기억은 저장 용량이 제한적이며, 새로운 정보가 입력될 때 기존 정보가 사라지는 특징이 있습니다. 이는 마치 컴퓨터의 RAM(Random Access Memory)처럼 일시적인 저장 공간과 유사합니다. 반면, 장기 기억은 한 번 저장되면 쉽게 사라지지 않고 오랫동안 유지되며, 보통 하드디스크(Hard Disk)에 비유됩니다. 기억의 저장 방식은 신경 과학적으로도 차이가 있습니다. 단기 기억은 신경 전달 물질의 일시적 증가로 유지되지만, 장기 기억은 새로운 신경 회로가 형성되면서 더욱 오래 저장됩니다.

미국 컬럼비아 대학의 에릭 칸델(Eric Kandel) 교수는 민달팽이 실험을 통해 이 과정을 밝혀냈습니다. 그는 반복적인 자극을 주면 새로운 신경 회로가 형성되고, 이를 통해 장기 기억이 형성된다는 사실을 발견했습니다. 하지만 뇌는 사용하지 않는 신경 회로를 점차 없애는 특징이 있기 때문에, 기억을 유지하려면 반복 학습이 필수적입니다.

칸델 교수는 이러한 연구 공로를 인정받아 2000년 노벨 생리의학상을 수상했습니다. 즉, 뇌는 반복적인 노출과 경험을 통해 특정 기억을 강화하는 특성을 가지고 있으며, 이를 학습에 효과적으로 활용할 필요가 있습니다. 예를 들어, 학습한 내용을 반복적으로 복습하면 장기 기억으로 더 잘 저장됩니다. 이러한 뇌의 기능 때문에 학습 효과를 최대로 끌어올리기 위해 반복 학습은 필수입니다.

첫 번째 미션은 **A, B** 둘 다 별 차이 없이 쉽게 찾아 올 것으로 예상할 수 있습니다. 하지만 두 번째 미션에서는 **B**가 더 빨리 찾아 올 거라 예상할 수 있습니다. 두 미션을 공부와 연결해 생각해 볼 수 있는 것은 반복으로 볼 수 있는 범위는 제한적이라는 점입니다. 범위가 작을 때는 반복해서 꺼내는 것이 크게 어렵지 않지만 범위가 많을 때 모든 옷을 반복해서 자주 꺼내 보는 것이 쉽지 않습니다.

중학교 때까지 반복하는 것이 크게 부담이 없었지만 고등학교 들어오면서부터는 배우는 내용이 많아지면서 반복은 어렵게 느껴지고 대학교, 대학원까지 가게 되면서 배우는 내용이 더 많아져 어려워질 수밖에 없습니다. 앞에서도 나왔던 얘기지만 기존의 틀에 한계를 느끼면 어떻게 해야 할까요? 중학교까지 여러분이 공부했던 방식이 고등학교 올라가면서 한계에 부딪혔다면 기존의 틀을 버리고 새로운 틀을 만들기 위해 관련 책도 읽어보고 생각과 고민도 해보고 시행착오를 겪으며 새 틀을 만들어 나가는 과정이 필요합니다.

큰 틀을 이해하고 볼 줄 아는 것은 왜 이렇게 중요할까요?

이러한 과정은 공부 뿐만 아니라 사회에 나가서도 중요한데 그 이유는 우리가 살고 있는 이 세상은 항상 문제를 해결해 나가는 과정의 연속이기 때문입니다. 어떤 문제를 해결해야 하는데 어떤 친구는 반복 학습 위주로만 해 온 친구가 있고 다른 한 친구는 보다 큰 관점으로 현재의 한계를 인식하고 구조 자체를 바꾸려고 한다면 당연히 후자가 문제를 해결할 가능성은 더 클 것입니다.

간혹, 현장에서 수학을 왜 배우는지 모르겠다며 볼멘소리를 하는 친구들이 있는데 "논리력, 추론력을 키울 수 있어서 좋다.", "수학은 전반적인 산업 발전에 기여하기 때문에 배워야 한다." 등 일반적으로 이런 말들을 들어 봤겠지만 앞에서도 봤듯이 수학에서 문제 해결력은 여러분이 앞으로 사회에서 맞닥뜨릴 여러 가지 문제에 대해 미리 경험해 보는 전초전이라 생각해도 좋을 것입니다.

> **"**
>
> 저는 사람을 뽑을 때 중요한 질문이 있는데 살면서 가장 어려운 문제를 만났을 때 어떻게 해결했는지를 물어봅니다. 문제를 해결한 사람은 정확히 어떻게 해결했는지 막힘없이 얘기하는데 해결한 척 하는 사람들은 한두 번 말하다가 결국에 말문이 막힙니다.
>
> **"**
>
> 일론 머스크(Elon Musk)

연관된 자료끼리 저장해야 꺼내기 쉽다.

 뇌의 기억은 서로 연결된 네트워크 형태로 저장되며, 관련된 정보가 서로 연결되어 있습니다. 이 과정을 통해 우리는 하나 기억을 떠올릴 때 관련된 다른 기억도 쉽게 꺼낼 수 있어 특정 주제와 관련된 여러 기억이 함께 연관되어 떠오릅니다.

 예를 들어, 어린 시절의 집에서 느꼈던 특정 향기(예: 어머니의 요리 냄새)가 있습니다.

 이 냄새를 다시 맡으면 그 당시의 추억(가족과의 식사, 즐거운 대화 등)이 떠오르게 됩니다. 컴퓨터도 이와 유사한 방식으로 입력 및 출력을 하는데 컴퓨터에서 데이터는 파일 시스템이나 데이터베이스에 구조화 되어 저장됩니다. 폴더와 파일 형태로 정보를 연관된 자료끼리 정리해 놓으면 쉽게 검색할 수 있습니다.

2. 동 = *디렉터리/*폴더 (Directory/Folder)

아파트의 동은 폴더나 디렉터리에 해당합니다. 각 동 안에 여러 가구가 있듯이, 폴더는 여러 파일을 포함하는 단위입니다. 예를 들어, "문서"라는 폴더는 하나의 동이고, 그 안에 여러 개의 파일들이 각기 다른 가구처럼 저장되어 있습니다.

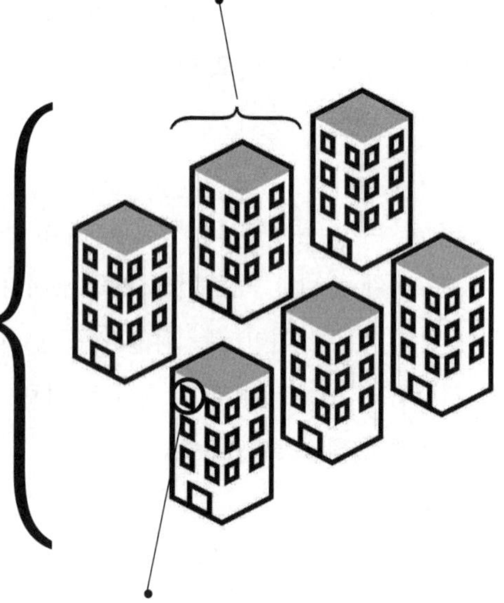

1. 아파트 단지 = 디스크 전체

아파트 단지는 컴퓨터의 전체 디스크와 같습니다. 디스크는 데이터를 저장할 수 있는 큰 공간으로, 아파트 단지처럼 여러 동(빌딩)과 각 동 안에 여러 가구(파일)가 있는 구조로 비유할 수 있습니다.

3. 가구 = 파일 (File)

아파트 동 안의 각각의 가구는 파일에 해당합니다. 즉, 파일이 각 폴더(동) 안에 저장되며, 이 파일이 가구처럼 개별 데이터를 저장하는 단위입니다.

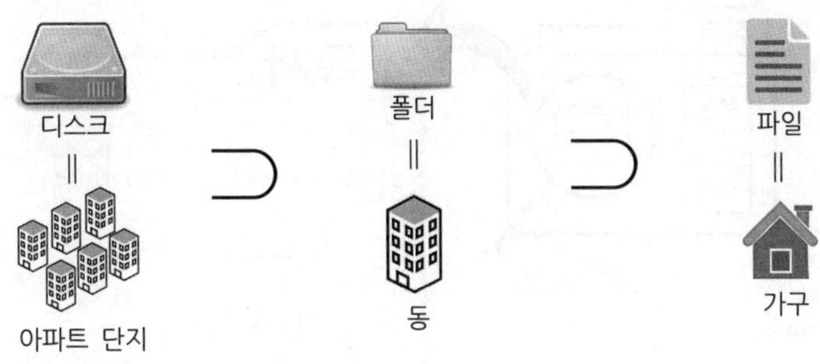

　컴퓨터에 자료를 저장해 본 경험이 있다면 별다른 생각할 필요 없이 손쉽게 저장할 수 있는 구조로 크게 어려움을 느끼지 못했을 겁니다. 쉽게 할 수 있었던 이유는 컴퓨터 프로그램 안에 저장이 쉽도록 틀이 만들어져 있기 때문입니다. 우리는 틀이 안내하는 대로 따라가면 되기 때문에 효율적으로 자료를 저장할 수 있었습니다. 그 틀이라는 것이 여러분이 최대한 자료를 쉽고 빠르게 찾을 수 있도록 구조화돼 있는데 내용을 어떻게 채워 가느냐에 따라 꺼낼 때의 효율성이 달라질 수 있습니다.

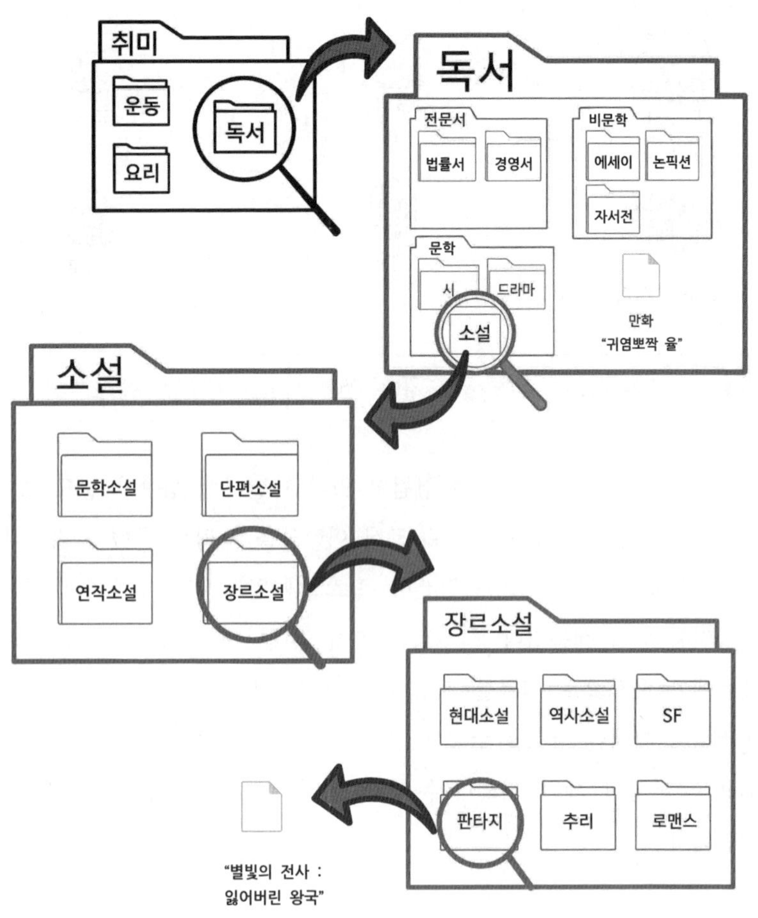

판타지 소설 "별빛의 전사 : 잃어버린 왕국"이라는 파일을 나중에 급하게 찾으려고 할 때는, 연관된 주제별로 정리된 폴더나 파일 구조를 따라가면 쉽게 찾을 수 있어요. 시험을 보거나 일을 할 때도 마찬가지예요.

주어진 시간 내에 빠르게 답을 찾거나 일 처리를 효율적으로 하려면, 연관된 내용들 사이의 틀을 미리 만들어 두는 것이 매우 중요해요.

AI 지식 도구는 왜 3가지로 제공되나?

Google NotebookLM 같은 AI 지식 도구가 정보를 세 가지 방식으로 제공하는 데에는 분명한 이유가 있다. 그것은 기능의 다양성이 아니라, 뇌가 장기기억을 만드는 서로 다른 경로를 동시에 공략하기 위해서다.

첫째, 대화 형식은 지식을 정보가 아닌 사건으로 바꾼다. 질문과 답, 반론과 흐름이 있는 대화는 하나의 맥락을 만들고, 뇌는 이를 에피소드 기억으로 저장한다. 그래서 대화 속 지식은 읽은 내용이 아니라 '경험한 것'처럼 오래 남는다.

둘째, 마인드맵은 정보를 구조로 만든다. 흩어진 개념을 위계와 관계로 묶어 보여주면, 새로운 지식은 기존 지식에 자연스럽게 연결된다. 이 과정에서 기억은 더 단단해지고, 필요할 때 빠르게 인출할 수 있게 된다.

셋째, 섹션별 압축은 지식을 공식으로 만든다. 방대한 내용을 한 번에 생각할 수 있는 크기로 줄여 도식화하면 작업 기억의 부담이 사라지고, 복잡한 이론도 하나의 덩어리로 굳어 장기 기억으로 이동한다.

결국 AI 지식 도구가 세 가지 방식으로 제공되는 이유는 단순하다.

대화는 맥락을 만들고, 마인드맵은 구조를 만들며, 섹션 압축은 공식을 만든다.

이 세 가지가 함께 작동할 때, 정보는 비로소 잊히지 않는 지식이 된다.

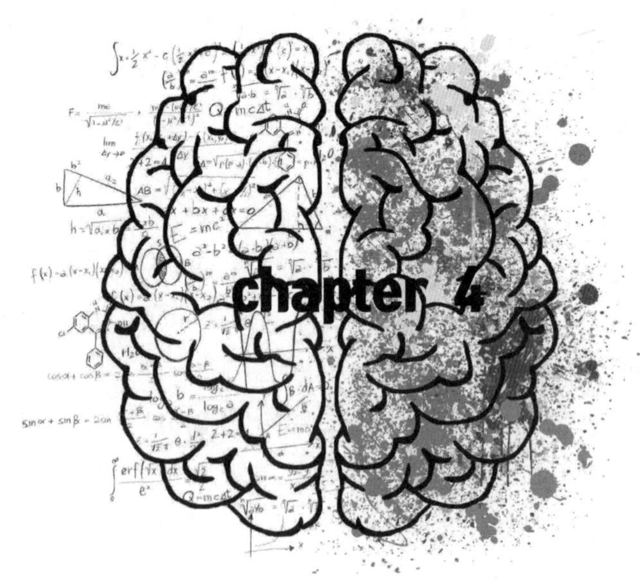

[그들은 이미 알고 있었다.]

첫 번째 주인공 빌 게이츠(Bill Gates)

빌 게이츠는 미국 하버드 대학교에 입학했으나 학위를 마치지 않고 중퇴했습니다. 그는 1973년에 하버드에 입학하여 컴퓨터 과학과 수학을 공부했지만, 1975년에 마이크로소프트를 설립하기 위해 학업을 중단했습니다. 이후 하버드 대학교는 2007년에 그에게 명예 법학 박사 학위를 수여했습니다.

마이크로소프트 창립 : 1975년, 고등학교 친구 폴 앨런과 함께 마이크로소프트를 설립했습니다. 이후, MS-DOS와 Windows 운영 체제를 통해 컴퓨터 소프트웨어 산업의 표준을 확립했습니다.

기술과 비전 : 게이츠는 기술을 통한 세상의 변화 가능성을 믿으며, 디지털 혁명과 인터넷 보급에 중대한 기여를 했습니다. 현재도 환경, 의료 기술, 에너지 혁신 등 다양한 분야에서 활동하고 있습니다. 그는 현재 마이크로소프트에서의 경영에서 물러나, 주로 자선 활동과 과학 기술 연구 지원에 전념하고 있습니다.

"독서는 취미를 넘어 성공을 만들어 주는 핵심 습관이다."

빌 게이츠는 자신의 개인 블로그 '게이츠 노트'에 꾸준히 독서 기록을 남기며 매년 두 차례 추천 도서를 공개할 정도로 열정적인 독서가로 잘 알려져 있다. 그는 1년에 약 50권의 책을 읽고, 각각의 책에서 얻은 생각들을 글로 정리하는 습관을 가지고 있다.

미국 경제 매체들도 그의 독서법을 주목하며 "게이츠가 어떻게 책 내용을 오래 기억하는가"에 대해 소개한 바 있다.

빌 게이츠가 반복해서 강조하는 독서 기억법의 핵심은 '맥락'이다.

그는 책을 읽으며 서로 다른 내용 사이에서 공통점이나 연결점을 찾아내고, 여러 정보들을 하나의 큰 틀 안에서 정리하려고 한다고 말한다. 즉, 기본적인 이해의 구조(틀)를 가지고 있으면 새로운 정보가 들어올 때 그것을 어디에 배치해야 할지 자연스럽게 판단할 수 있다는 것이다.

이러한 방식은 지식이 쌓일수록 더 큰 효과를 발휘한다.

처음에는 "큰 틀"을 잡는 과정이 어렵지만, 일단 익숙해지고 나면 새로운 정보들이 마치 제자리를 찾아 들어오듯 정돈된다고 그는 설명한다.

게이츠가 말하는 독서법은 컴퓨터 화면을 정리하는 방식과도 비슷하다. 관련 있는 자료를 하나의 폴더에 넣으면, 나중에 찾거나 이해하기 훨씬 쉬워지는 것처럼 말이다.

예를 들어 과학 분야의 책을 읽을 때, 과학자들의 삶에 대한 책과 그들의 연구 성과에 대한 책을 따로 보더라도 둘 사이의 흐름이 이어지기 때문에 서로를 보완해 준다. 관련된 정보를 하나의 큰 맥락 안에 놓고 보면 세부적인 내용도 자연스럽게 기억에 남는다는 것이 그의 철학이다.

빌 게이츠는 새로운 정보를 더 잘 이해하기 위해 지식의 틀을 만든다고 말한다.

그 틀은 시간의 흐름일 수도 있고, 지도를 펼치듯 분야를 나누는 방식일 수도 있으며, 과학 분야라면 여러 세부 영역의 흐름을 정리한 큰 구조가 될 수도 있다.

그에게 독서는 단순한 취미를 넘어 인생의 중요한 축이다.

2017년 한 인터뷰에서도 그는 독서를 "성공에 절대적으로 필요한 요소"라고 표현하며, 배움을 지속하는 한 인간은 늙지 않는다고 강조했다.

게이츠는 자신이 살아오면서 새로운 관점을 얻고 세상을 넓게 바라보게 된 배경을 독서에서 찾는다. 책 한 권 한 권이 인생의 길잡이 역할을 했다고 말하며, 어린 시절부터 책을 가까이하도록 이끌어 준 부모에게 깊은 감사함을 느낀다고 회고한다.

독서는 그의 호기심을 자극했고, 그 호기심이 사업을 시작하게 만들었으며 지금의 재단 활동까지 이어지게 했다는 것이다.

책을 읽는 방식도 매우 꼼꼼하다.

그는 책을 펼치면 내용이 마음에 들든 상관없이 끝까지 읽어야 직성이 풀리는 스타일이며, 흥미롭지 않은 책일수록 오히려 여백에 적는 메모가 많아져 읽는데 더 긴 시간이 걸린다고 말한다.

이 메모를 통해 그는 새로운 내용을 기존의 지식과 연결하고, 자신의 사고 체계 안에서 다시 정리하며 이해를 깊게 만든다.

결국 게이츠의 독서법은 "읽는 동안 스스로 대화하고 토론하며, 새로운 정보를 자신의 큰 구조 속에 연결해 저장하는 방식"이라고 할 수 있다.

· 틀이 클수록 많은 걸 담아낸다.

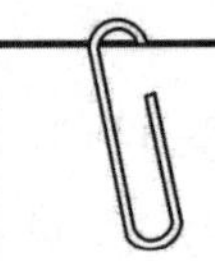

point #1

여러 정보들을 하나의 큰 틀 안에서 정리하려고 한다.

이 과정은 뼈대를 만드는 과정으로, 각 주제별로 수납공간을 설계한다고 생각하면 돼요. 여기서 가장 중요한 점은 수납공간, 즉 뼈대를 충분히 크게 설계하는 것입니다. 왜냐하면, 처음부터 작은 공간을 만든다면 나중에 새로운 내용이 많아질 경우 공간이 부족해지고, 새로운 수납공간을 추가로 만들어야 할 수 있기 때문입니다. 이는 정리 과정에서 불편함을 초래할 뿐만 아니라, 전체적인 구조를 효율적으로 유지하기 어렵게 만듭니다.

반대로 처음부터 큰 틀과 넉넉한 공간을 마련해 두면, 이후 새롭게 추가되는 정보를 체계적으로 정리하고 저장하기가 훨씬 더 용이합니다. 이러한 방식은 단순히 공간 활용뿐 아니라, 정보의 맥락을 유지하며 큰 그림을 이해하는 데에도 큰 도움을 줍니다. 마치 책장을 처음 설계할 때 다양한 크기의 책이 들어갈 수 있도록 넉넉히 공간을 확보해 두는 것과 같습니다. 책장이 작으면 책이 들어가지 않아 새로 만들어야 하는 것처럼, 학습에서도 충분히 큰 틀과 체계를 마련해 두는 것이 효율적인 지식의 정리와 활용에 필수적입니다.

선생님, 예를 들어 좀 더 쉽게 설명해 주시면 안 될까요?

도서관에서 책을 분류할 때 처음부터 지나치게 세세하게 나누면 오히려 불편할 수 있어요.
한 도서관이 책을 분류할 때 "소설 〉 한국 소설 〉 현대 문학 〉 2000년대 이후 〉 여성 작가 소설 〉 영미 문학 〉 고전 소설 〉 1800년대 〉 영국" 등으로 너무 세밀하게 분류했습니다.
➡ 책을 새로 들여올 때마다 기존 체계를 계속 수정해야 하고, 이용자들은 원하는 책을 찾기가 더 어려울 수 있어요.
따라서 "소설, 비문학, 학술 서적"처럼 큰 카테고리로 정리하고, 세부 검색 시스템을 활용하는 것이 더 편리해요.

큰 카테고리로 틀을 짜야 하는데 작게 시작하면 정리하기가 힘들단 말씀이군요. 이제야 이해가 돼요.

· 뼈대가 크고 튼튼해야 건물을 더 높게 지을 수 있다.

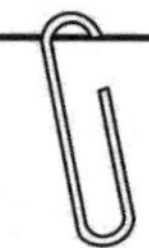

point #2

구조(틀)를 가지고 있으면 새로운 정보가 들어올 때 그것을 어디에 배치해야 할지 자연스럽게 판단할 수 있다.

위의 뼈대, 즉 틀이 완성되면 이제부터는 그 위에 살을 붙이는 작업을 시작하면 돼요. 이 과정은 각 주제에 맞는 지식을 하나씩 추가해 나가는 것으로, 정보와 아이디어를 체계적으로 채워 넣는 작업이에요.

빌 게이츠가 강조한 독서 방법의 핵심은 바로 이러한 방식에 있어요. 새로운 책을 읽을 때마다 각 주제별 틀에 맞는 내용을 덧붙이며 지식을 점진적으로 확장해 나가는 거예요.

이 방법은 단순히 정보를 나열하는 것을 넘어, 지식을 더 입체적으로 바라보는데 도움을 줘요. 예를 들어, 과학에 대한 책을 읽는다면 과학자의 업적, 역사, 관련 이론 등을 연관 지으며 지식의 깊이를 더하고, 서로 다른 주제 간의 연결점까지 발견할 수 있어요.

이런 방식으로 얻어진 지식은 평면적인 정보의 나열에서 벗어나, 맥락과 틀 속에서 상호 작용하며 체계적이고 풍부한 지식 체계를 만들어 내는 거예요.

결론적으로, 틀을 만드는 과정은 학습의 출발점이자 가장 중요한 단계예요. 한번 잘 만들어진 틀은 이후 학습을 효율적으로 돕고, 새로운 지식을 받아들이는 능력을 비약적으로 향상시켜 줘요. 따라서 학습의 초기에 전체적인 맥락과 구조를 잡는 노력이 필요하고, 이는 장기적으로 더 깊은 지식과 창의적인 사고를 가능하게 해줘요.

· 큰 틀이나 맥락 속에 놓고 보면 세부적인 내용을 더 잘 기억할 수
있다.

point #3

큰 맥락 안에 놓고 보면 세부
적인 내용도 자연스럽게 기억에
남는다.

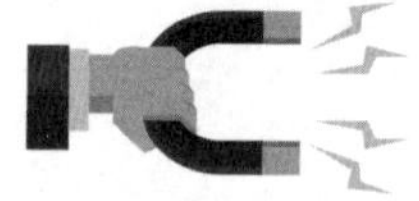

빌 게이츠의 말처럼, 이러한 과정을 통해 정말 신기한 일이 벌어져요. 세부적인 내용, 즉 살을 붙이는 작업에서 다뤄진 세부 사항들이 훨씬 더 명확하고 쉽게 떠오르게 돼요. 이는 마치 처음에 축구공을 찾을 때 큰 공과 중간 무게의 수납공간을 떠올리는 것처럼, 머릿속에 체계적으로 정리된 지도와 같은 구조가 형성되는 현상 덕분이에요. 이 구조는 새로운 정보를 단순히 외우는 것을 넘어, 정보 간의 관계를 시각적으로 상상할 수 있게 해줘요. 즉, 머릿속에 그려진 큰 틀과 세부적인 연결 고리들이 자연스럽게 작동하면서 필요한 순간에 필요한 정보를 빠르게 끌어낼 수 있는 상태가 되는 거예요.

결국, 이런 방식은 단순히 기억력을 높이는 데서 그치지 않고, 정보를 효율적으로 활용할 수 있는 능력을 키우는 데까지 이어져요. 시험공부든, 독서든, 업무에서 새로운 개념을 배우는 일이든, 빌 게이츠가 강조한 맥락과 틀을 통한 학습은 더 깊이 있는 이해와 장기적인 기억을 가능하게 해주는 강력한 도구가 돼요.

· 셀프 대화(Self-Talk)는 학습의 질을 높인다.

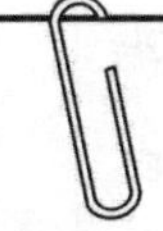

point #4

읽는 동안 스스로 대화하고 토론하며, 새로운 정보를 자신의 큰 구조 속에 연결해 저장하는 방식

셀프 대화(Self-Talk)는 학습 과정에서 매우 긍정적인 영향을 미칠 수 있어요. 셀프 대화는 학습 중 자신의 생각과 이해를 점검하는데 도움이 돼요. 내용을 말로 설명하거나 질문을 던지면, 스스로 학습한 내용이 얼마나 이해되었는지 확인할 수 있어요. 이는 단순히 머릿속으로 생각하는 것보다 더 깊은 사고와 명확한 이해를 가능하게 만들어요. 스스로 질문하고 답하는 과정을 통해 학습 내용을 심도 있게 분석할 수 있어요. "왜 이 이론이 중요한가?", "어떤 상황에서 이 방법이 적용될 수 있을까?"와 같은 질문은 학습 내용을 더 깊이 이해하고 적용할 수 있게 합니다. 이는 뒤에 나오는 스스로 "왜?"를 물으며 하는 공부와 셀프 질문(Self-Questioning)과 연관되는데 질문력은 AI 시대 꼭 갖춰야 할 능력으로 "공부에 대한 3가지 틀 ① 전문가 공부"에서 더 자세히 다루도록 할게요.

결국, 기초와 큰 틀은 학습의 토대와 같아요. 게이츠의 독서 비법처럼, 학습할 때 먼저 기본 구조를 이해하고, 세부 정보를 체계적으로 연결하는 방식이 필요해요. 이러한 접근은 단순히 정보를 외우는 것이 아니라, 이를 체계화하고 오래 기억할 수 있게 해줍니다. 게이츠가 강조했듯, 배움을 지속하고 지식을 풍요롭게 유지하는 방법은 맥락과 틀 안에 새로운 정보를 끊임없이 추가하는 거예요.

> **66**
>
> 큰 틀에서 핵심 아이디어에 익숙해지고 그다음 세부 사항에 집중해라.
>
> **99**
>
> 조던 피터슨(Jordan B. Peterson)
>
> 조던 피터슨(Jordan B. Peterson) : 임상 심리학자이자 토론토 대학교 심리학과 명예 교수로, 인간의 심리, 문화, 종교, 도덕, 의미 등에 대한 깊은 통찰로 주목받은 인물

두 번째 주인공 일론 머스크(Elon Musk)

 일론 머스크는 1971년 남아프리카 공화국 프리토리아에서 태어난 세계적인 기업가이자 혁신가로, 스페이스X와 테슬라의 CEO로 잘 알려져 있습니다. 그는 어릴 때부터 기술과 발명에 깊은 관심을 가졌고, 더 큰 기회를 찾기 위해 17세에 캐나다로 이주했습니다.

 머스크는 캐나다의 퀸스 대학교에서 2년간 수학한 후, 미국으로 건너가 펜실베이니아 대학교에서 경제학과 물리학 학위를 취득했습니다. 이후 스탠퍼드 대학교 대학원에 진학했지만, 인터넷 붐의 가능성을 보고 이틀 만에 자퇴해 창업의 길로 들어섰습니다. 1999년, 머스크는 온라인 결제 서비스의 선구자 격인 페이팔(PayPal)의 전신 X.com을 공동 창업했습니다. 페이팔은 전 세계 온라인 결제 시스템을 혁신적으로 바꾸었으며, 2002년 이베이(eBay)에 약 15억 달러에 인수되면서 머스크는 큰 성공을 거두게 됩니다. 그 후 머스크는 스페이스X를 설립하며 우주 탐사의 새로운 가능성을 열었고, 테슬라를 통해 전기차 시장을 선도하며 지속 가능한 에너지 혁신을 이끌고 있습니다.

 그는 또한 뉴럴링크(Neuralink), 솔라시티(SolarCity), 하이퍼루프(Hyperloop) 등 미래 지향적인 기술 개발에도 주력하며, 인간의 삶을 근본적으로 바꿀 수 있는 기술에 대한 비전을 실현해 나가고 있습니다.

일론 머스크는 스페이스X, 더 보링 컴퍼니(지하 터널 교통 체증 해결), 솔라시티 (태양광 에너지), 뉴럴링크(뇌-컴퓨터 연결) 등 다양한 혁신 사업을 동시에 이끌며 많은 사람에게 놀라움을 주고 있어요. "어떻게 이 모든 일을 해낼 수 있을까?"라는 의문이 들지만, 그의 행동과 말에서 힌트를 찾을 수 있어요. 머스크는 궁금한 분야가 생기면 직접 논문을 찾아보고, 방대한 정보를 분석해 자신의 지식 체계에 연결하며 실제로 활용해요. 이처럼 그는 단순히 배우는 것에서 멈추지 않고, 얻은 지식을 실질적인 성과로 연결하며 한계를 뛰어넘고 있습니다. 아래는 일론 머스크와 관련된 기사와 자료를 재구성한 내용으로 그의 접근 방식을 살펴볼게요.

· 큰 가지를 만들고 그다음에 나뭇잎으로 가야 한다.

누군가가 "어떻게 그렇게 다양한 분야를 빠르게 이해하나요?" 라고 묻자, 그는 학습에서 가장 중요한 것은 지식의 뼈대를 먼저 세우는 일이라고 설명했다.
그는 복잡한 내용을 배울 때 '지식의 나무'를 떠올린다고 한다.
먼저 줄기 역할을 하는 핵심 개념을 확실히 이해한 뒤, 그 위에 큰 가지들을 차곡차곡 만들고, 마지막으로 세부적인 정보들을 잎처럼 덧붙여 나가는 방식이다.
기본 구조 없이 잎사귀부터 붙이려 하면 결국 아무것도 남지 않는다는 것이 그의 조언이다.

뼈대를 큰 가지로, 살을 붙이는 과정을 나뭇잎으로 표현한 것일 뿐 본질은 같아요. 하지만 빌 게이츠나 일론 머스크가 설명하는 방식을 들으면 다소 추상적으로 느껴질 수 있어요. 직접 해보지 않으면 감이 잘 오지 않는 것이 사실이죠. 저 역시 학생들에게 이 방법을 알려줄 때 처음부터 바로 이해하거나 감을 잡는 친구는 단 한 명도 없었습니다. 최소 세 번 정도 반복해서 확인 작업을 거쳐야 비로소 감을 잡아가는 모습을 보았습니다. 이 방법이 효과를 발휘하려면 끝까지 해보겠다는 태도가 필요해요. 중간에 잘 안 된다고 포기한다면 절대 성과를 얻을 수 없어요. 이 방식은 확실한 방법입니다. 실제로 일론 머스크는 7개 이상의 사업을 동시에 이끌고 있습니다. 그렇게 하기 위해서는 각 사업의 전체 구조를 명확히 이해하면서도 세부적인 내용까지 알고 있어야 하죠. 그가 이 모든 것을 가능하게 하는 비결은 바로 위와 같은 체계적인 접근 방식에 있어요.

> 책을 볼 때 어느 순간 무의식적으로 읽고 있다는 생각이 들곤 했다. 목차 위주로 어느 대단원에 어느 소단원 무슨 부분을 보고 있는지, 목차 순서가 왜 이렇게 되는지 정리해 보고 고민했다.
>
> 사법고시, 사법연수원 수석 2관왕 인터뷰 내용 中

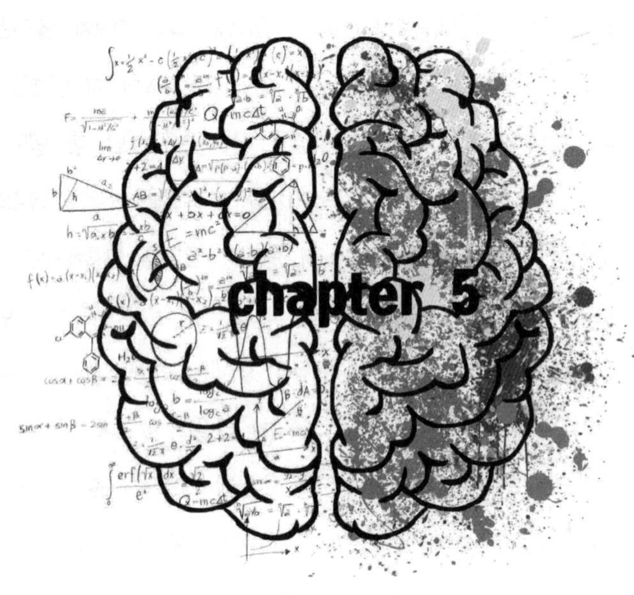

chapter 5

[연결과 인출]

연결이 인출을 돕는다.

2007년 애니메이션 작품 "라따뚜이"에서는 매우 깐깐한 요리 비평가가 주인공이 만든 요리를 맛본 후, 어렸을 적 엄마가 해준 음식을 추억하는 장면이 나옵니다. 그 장면은 음식의 냄새와 감정 등을 통해 과거의 생생한 기억을 동시에 떠올리게 하며, 감정과 기억의 강력한 연결을 보여 줍니다.

요즘 AI 기술이 발전하고 있지만, 특정 경험과 관련된 과거의 감정 상태까지 연결해 여러 기억을 꺼내는 것은 인간만이 할 수 있는 능력이라고 생각합니다. AI는 감정 인식이나 대화 시뮬레이션에서 진전을 이루었지만, 인간의 복잡한 감정의 깊이와 기억의 뉘앙스를 완벽히 재현하기는 어렵습니다. 인간은 다양한 경험과 감정을 통해 서로 연결되며, 이러한 연결이 우리의 정체성과 존재감을 형성합니다. AI는 이러한 감정의 층을 이해하거나 느낄 수 없기 때문에, 인간의 고유한 경험은 대체할 수 없는 부분입니다. 이러한 차별성 덕분에 인간의 공감과 연결의 중요성이 더욱 부각되며, 그로 인해 우리 인간만이 갖고 있는 능력의 소중함을 더 깊게 느끼게 됩니다.

또 다른 경험으로는 문학 작품을 감상할 때를 들 수 있습니다. 작가가 글을 쓸 당시의 시대적 상황, 자라온 환경, 주인공의 시점 등을 함께 공감하며 읽다 보면, 반복적으로 외운 것보다 훨씬 오랫동안 기억에 남는 경우가 많습니다. 즉, 작품과 나 사이에 연결 고리가 만들어지면서 관련 내용이 고구마 줄기처럼 함께 딸려 올라와, 작품에 대한 내 기억을 더욱 풍성하게 만들어 줍니다.

이렇게 다양한 관점으로 공감하며 문학 작품을 감상하면, 그 작품을 더 깊이 이해할 뿐 아니라 관련 내용도 더 단단히 연결됩니다. 이를 통해 인간이 가진 공감 능력의 위대함을 다시 한번 확인하는 계기가 됩니다.

공감 능력은 다른 사람의 감정, 생각, 경험을 이해하고 느끼는 능력을 말합니다. 이는 감정적 공감(타인의 감정을 느끼고 공감하는 능력)과 인지적 공감(타인의 입장을 이해하고 그들의 관점에서 생각하는 능력)으로 나뉩니다. 이러한 공감 능력은 누군가 슬퍼할 때 그 슬픔을 함께 느끼고, 상대방의 행동이나 감정의 원인을 파악하는데 도움을 줍니다. 이로 인해 개인 간의 관계가 강화되고, 소통이 원활해지며, 사회적 연대감이 높아집니다. 공감 능력은 갈등을 해결하고 긍정적인 사회 변화를 이끄는 데도 중요한 역할을 합니다.

마지막으로, 진화론적 관점에서 특정 능력이나 기능을 사용하지 않으면 그 능력이 퇴화하거나 약화되는 사례는 여러 분야에서 발견됩니다. 이러한 퇴화를 방지하기 위해, 인간만이 가진 공감 능력을 최대한 활용해 학습해 보는 것은 어떨까요?

난 아직 종이책이 좋다.

 종이책은 그 자체로 독특한 향과 감성을 가지고 있습니다. 오
래된 책의 향기나 새 책의 냄새는 독서의 즐거움을 더해줍니다.
또한 페이지를 넘기거나 책을 손에 쥐었을 때 느끼는 촉감은 독
서의 몰입감을 높여줍니다.
"디지털 교과서 과연 장점만 있을까?"를 생각해 봅니다.
 물론 좋은 점도 있겠지만 감수성이 풍부한 학창 시절에 느낄
수 있는 책과의 교감은 버리지 않았으면 하는 바람입니다.

의미 부여는 주관적 기억을 꺼내는 연결 고리

기억을 나중에 꺼내려면 반드시 연결이 필요하다. 단순히 정보를 반복해서 보는 것보다, 꺼내려고 애쓰는 과정이 중요하다. 이러한 회상 시도 (retrieval attempt)는 기억을 단단히 묶어주고, 여러 지식들 사이의 연결 고리를 강화한다.

Kornell & Vaughn, 2016

'맥락의 틀'과 '의미 부여' 두 가지를 활용하면
보다 많은 내용을 기억할 수 있다.

앞에 폴더에서는 폴더마다 이름이 있어서 굳이 우리가 의미 부여를 하지 않아도 그 이름에 맞는 자료를 연결해서 저장해 가면 됐기 때문에 시간이 지나서 다시 자료를 꺼낼 때 연결된 길로 따라가면 어렵지 않게 찾을 수 있었습니다. 폴더 이름이 '장르 소설'이면 의미 부여를 하지 않아도 우리는 '이 폴더에는 장르 소설 자료가 들어있어요.'라는 의미가 내포되어 있기 때문에 그 폴더 이름에 맞게 자료를 저장하거나 찾으면 되었습니다. 이러한 것이 연결이고 흐름이기 때문에 그 흐름을 따라가면 자료를 쉽게 찾을 수 있었던 것입니다. 바둑에서도 얘기했지만 고수와 하수의 차이가 맥락의 유무인데 맥락이라는 것이 '서로 이어져 있는 관계나 연관된 흐름'을 말하는 것으로 중간에 연결이 끊기면 다시 기억해 내기가 힘들어집니다. 그래서 고수는 맥락이 있어 다시 복기를 할 수 있었던 것입니다.

이렇게 대부분의 내용은 맥락을 통한 인출을 하고 그것이 힘든 부분은 의미 부여를 통해 인출해 내면 보다 많은 내용을 기억해 낼 수 있습니다. 그럼 지금부터 구체적 예를 가지고 맥락을 통한 틀을 만들어 나가는 방식과 의미 부여를 적용해 보는 방법을 살펴보도록 하겠습니다.

프랑스로의 여행은 항상 꿈꾸던 모험이었고, 이번 여정은 기대 이상이었습니다. 파리에서 시작된 여행은 고유의 매력과 함께 프랑스 곳곳을 탐험하는 잊지 못할 시간이었죠.

1일차 : 파리(Paris)

여행의 첫날, 에펠탑(Eiffel Tower)은 당연한 첫 목적지였습니다. 파리의 상징인 에펠탑은 가까이서 보면 그 위엄이 배가 됩니다. 특히, 저녁에 조명으로 빛나는 에펠탑은 그 자체로 예술이었습니다. 그 후, 샹젤리제 거리(Avenue des Champs-Élysées)를 걸으며 카페에 들러 크루아상과 커피를 즐겼고, 개선문(Arc de Triomphe)에 올라 파리 시내를 한눈에 내려다볼 수 있었습니다.

오후에는 루브르 박물관(Musée du Louvre)을 방문했습니다. 처음으로 향한 곳은 이탈리아 르네상스 갤러리. 다빈치의 "모나리자"를 바라보며 느끼는 감정은 언제나 특별합니다. 그녀의 미소는 신비롭고, 관람객들의 반응을 보고 있자니 그 매력이 정말 대단하다는 생각이 듭니다.

모나리자 외 르네상스를 대표하는 작품인 산드로 보티첼리의 "비너스의 탄생", 라파엘의 "자화상"을 감상했습니다. 그리고 르네상스 이후의 거장들의 작품들도 놓칠 수 없죠. 특히, 벨라스케스의 "여인들의 정원"은 그 화려한 색감과 생동감으로 저를 매료시킵니다. 루브르의 거대한 전시물들을 감상하면서 예술에 대한 깊은 감명을 받았습니다.

2일차 : 몽생미셸(Mont Saint-Michel)

둘째 날, 파리에서 차로 약 4시간 거리에 있는 몽생미셸로 이동했습니다. 조수 간만의 차에 따라 바닷길이 드러나는 이 신비로운 곳은 마치 동화 속 성처럼 보였습니다. 성 안으로 들어가면 중세 시대의 건축물들이 고스란히 남아 있어 시간 여행을 하는 듯한 기분이 들었습니다. 성 꼭대기에 있는 몽생미셸 수도원(Abbaye du Mont-Saint-Michel)에서 내려다본 풍경은 정말 경이로웠습니다. 밀물이 들어올 때 성이 물에 둘러싸이는 모습은 잊지 못할 장면이었죠.

3일차 : 보르도(Bordeaux)

다음 목적지는 세계적인 와인 생산지인 보르도였습니다. 이곳에서 와이너리를 방문하여 보르도의 고급 와인을 시음할 수 있었습니다. 특히, 생테밀리옹(Saint-Émilion)이라는 작은 마을은 아름다운 포도밭과 고즈넉한 분위기로 가득했죠. 이곳에서 현지 와인을 즐기며, 햇빛이 내리쬐는 포도밭 사이를 걷는 것은 매우 낭만적인 경험이었습니다.

4일차 : 프로방스(Provence)

보르도를 떠나 프로방스로 향했습니다. 프로방스는 라벤더 밭으로 유명한 지역인데, 여름이 아니었지만 여전히 끝없이 펼쳐진 자연의 풍경은 평화로웠습니다. 특히, 아를(Arles)이라는 마을은 빈센트 반 고흐(Vincent van Gogh)가 머물렀던 곳으로 유명해, 그가 그린 풍경을 직접 볼 수 있었습니다. 레보드프로방스(Les Baux-de-Provence)의 언덕 위 마을은 중세의 흔적이 가득하며, 작은 골목길과 성벽에서 바라본 풍경이 정말 인상적이었어요.

5일차 : 니스(Nice)와 코트다쥐르(Côte d'Azur)

마지막 여정은 지중해가 보이는 아름다운 해변 도시 니스로 향했습니다. 프롬나드 데 장글레(Promenade des Anglais)를 따라 걸으며 푸른 바다를 감상하는 건 정말로 평화로웠고, 바닷바람이 상쾌하게 불어왔습니다. 근처의 에즈(Eze)라는 작은 마을은 절벽 위에 위치해 환상적인 뷰를 자랑했습니다. 해안가를 따라 달리는 기차로 모나코(Monaco)까지 가보는 것도 흥미로운 경험이었죠. 작은 나라 모나코에서 몬테카를로 카지노(Monte Carlo Casino)를 방문하며 럭셔리한 분위기를 체험할 수 있었습니다.

마무리

프랑스 여행은 그야말로 다채로운 경험의 연속이었습니다. 파리의 화려함, 몽생미셸의 신비로움, 보르도의 여유로움, 프로방스의 자연과 니스의 지중해 분위기까지, 모든 것이 완벽하게 조화를 이루는 순간들이었습니다. 돌아가서도 이 아름다운 순간들을 오랫동안 기억할 것 같습니다.

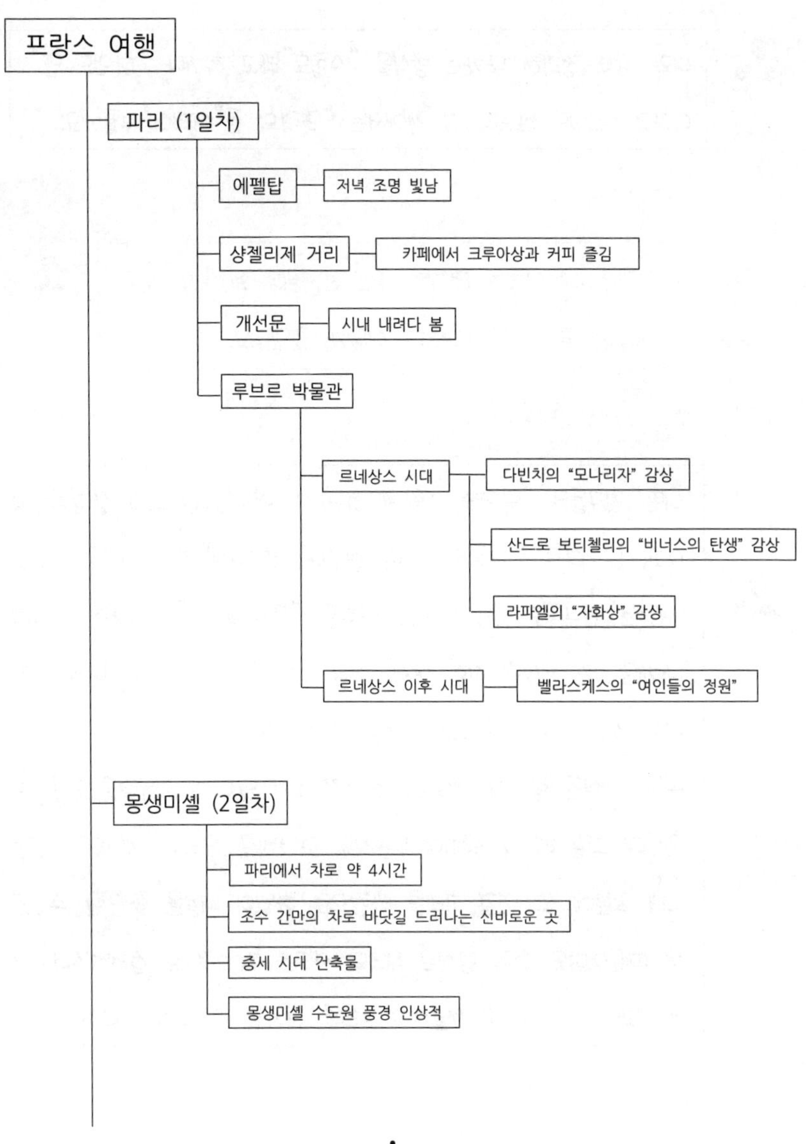

프랑스 여행
파리 (1일차)
에펠탑
저녁 조명 빛남
샹젤리제 거리
카페에서 크루아상과 커피 즐김
개선문
시내 내려다 봄
루브르 박물관
르네상스 시대
다빈치의 "모나리자" 감상
산드로 보티첼리의 "비너스의 탄생" 감상
라파엘의 "자화상" 감상
르네상스 이후 시대
벨라스케스의 "여인들의 정원"
몽생미셸 (2일차)
파리에서 차로 약 4시간
조수 간만의 차로 바닷길 드러나는 신비로운 곳
중세 시대 건축물
몽생미셸 수도원 풍경 인상적

이와 같이 정리해 나가는 방식을 "수형도"라고 하거나 "마인드 맵"이라고 부르기도 하는데 이 책에서는 "맥락의 틀"이라고 부를게요.

학교에서 수업할 때 이렇게 정리해 주신 선생님이 계셨는데 당시에는 크게 의미를 두지 않았는데 다 이유가 있었네요.

어떤 친구들은 "당연히 이렇게 하는 거 아니었어?"라고 생각할 것이고, 또 다른 친구들은 "이런 방법이 있었나?"라며 새로운 시각을 깨닫는 친구들도 있을 거예요. 이처럼 "맥락의 틀"로 내용을 정리해 나가면, 긴 서술형 시험 문제, 예를 들어 "어떤 주제에 대해 논하시오."라는 질문에 막힘없이 답할 수 있어요.

또한, 연설을 할 때 연설문을 가급적 보지 않아야 설득력을 갖출 수 있는데 그럴 때 이 방법이 유용해요. 왜냐하면 우리가 기억하는 연결 고리 덕분에, 그 연결 고리를 바탕으로 한없이 내용을 확장할 수 있기 때문이에요. 이런 방식은 우리의 사고를 체계적으로 정리해주어, 더욱 효과적으로 의사를 전달하고 논리를 전개할 수 있게 도와줘요.

물론이죠. 객관식도 효율적으로 해 나갈 수 있는데 여기에 한 가지만 추가해 준다면 기존의 방법보다 더 효율적으로 해 나갈 수 있어요. 이 방법은 "객관식 공부법"에서 더 자세히 다룰 거예요.

자, 3일차부터 5일차도 위와 같은 방식으로 "맥락의 틀"을 정리해 가면 돼요.

지금부터 본격적으로 의미 부여 방식에 대해 1일차 위주로 보여드릴게요. 1일차만 봐도 어떻게 해 나가는지 충분히 감을 잡을 수 있어요.

의미 부여 ①

파리 1일차 ⇨ 에펠탑, 샹젤리제 거리, 개선문, 루브르 박물관

⇒ 상아탑에 개선할 문제를 루브르 박사님께 물어보자.

⇒ 상(샹젤리제)아탑에(에펠탑) 개선(개선문)할 문제를

루브르 박(루브르 박물관)사님께 물어보자.

루브르 박물관 ⇨ 르네상스 시대, 이후 시대

⇒ 모서리에 다치고서 생으로 보채는 것은 비매너
화상 아파
여자 후배랑 스케이트 타며 정이 들다.

⇒ 모(모나리자)서리에 다치(다빈치)고서 생으로(산드로) 보채(보티첼리)는
것은 비매너(비너스의 탄생)

화상(자화상) 아파(라파엘)

여(여인들의)자 후(이후시대)배랑(벨라) 스케(스케스)이트
타며 정(정원)이 들다.

즉, 숲 전체를 볼 수 있는데, 예를 들어 문제에서 "파리에서 간 곳을 순서대로 나열하시오."라고 하면 같은 크기의 수납공간인 **에펠탑, 샹젤리제 거리, 개선문, 루브르 박물관**으로 답을 할 수 있어요. 그리고 "프랑스 여행에서 다녀간 지역을 순서대로 나열하시오."라고 하면 그 보다 큰 수납공간인 **파리, 몽생미셸, 보르도, 프로방스, 니스와 코트다쥐르**로 답을 할 수 있는 거죠.

맞아요. 저는 숲 전체를 보기는커녕 **산드로 보티첼리**는 "**비너스의 탄생**" 이런 식으로 지엽적인 걸 외우느라 나무 보기 바빴는데 시험에서는 항상 그렇게 허를 찌르는 문제들이 나왔어요. 이렇게 공부하면 정말 숲 전체가 보이기 시작하네요.

그리고 수납공간을 정리할 때처럼, 관련된 내용을 큰 주제 안에 포함시켜 나가면 흐름을 따라가기만 해도 작은 내용까지 쉽게 기억을 인출할 수 있어요. 즉, 비슷한 물건을 한 공간에 모아 놓는 것처럼, 관련된 정보를 함께 묶어 놓으면 기억의 효율성이 높아지는 효과를 얻을 수 있는 것과 마찬가지에요.

또 하나 재미있는 건 이러한 방식이 암기 천재들의 암기법과 닮아 있다는 거예요.

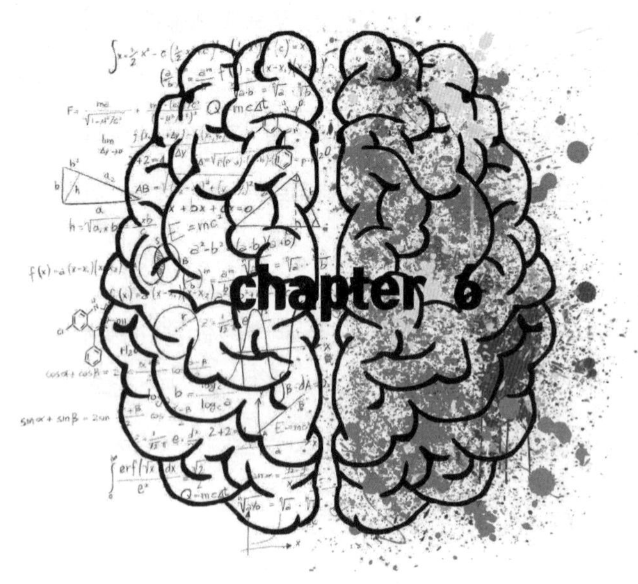

[암기 천재들의 기억 방식]

암기 천재들의 정보 처리 방식

암기 천재들이 사용하는 몇 가지 효과적인 방식은 다음과 같습니다.

(1) 연상법 : 기억하고자 하는 정보를 다른 것과 연결하여 떠올리는
    방법입니다. 예를 들어, 새로운 단어를 기억할 때 그 단어와 관련된
    이미지나 이야기를 만들어 연결합니다.
(2) 메모리 팰리스 : 특정 장소나 공간을 떠올리며 그 안에 기억하고
    싶은 정보를 배치하는 기법입니다.
    예를 들어, 집의 각 방에 특정 정보를 저장하는 방식으로, 그 방을
    걸어 다니며 정보를 떠올릴 수 있습니다.
(3) 청크화 : 정보를 작은 덩어리로 나누어 기억하는 방법입니다.
    예를 들어, 전화번호를 3자리-3자리-4자리로 나누어 외우는 방식이
    있습니다.
(4) 스토리텔링 : 기억하고자 하는 정보를 이야기로 구성하여 외우는
    방법입니다. 이 이야기는 흥미롭고 의미가 있어야 하며, 내용을
    쉽게 떠올릴 수 있게 도와줍니다.
(5) 시각화 : 기억할 내용을 시각적으로 표현하여 머릿속에 이미지를
    그리는 방법입니다. 그래픽이나 도표로 정보를 정리하면 기억하기
    쉬워집니다.
(6) 리듬과 운율 : 정보를 노래나 운율에 맞춰 외우는 방법으로, 리듬
    감이 있는 정보는 더 쉽게 기억할 수 있습니다.

이러한 기법들을 활용하면 더 효율적으로 정보를 암기할 수 있으며,
특히, 복잡한 내용이나 많은 양의 정보를 기억해야 할 때 유용합니다.

위 방법들 중 몇 가지는 우리가 실제로 사용하는 것들이기도 해요. 그중에서 특히 눈여겨봐야 할 것은 (1) 연상법, (2) 메모리 팰리스 그리고 (3) 청크화, (5) 시각화입니다. 이 중 청크화와 시각화는 도식화와 관련된 내용으로, 뒤에서 더 자세히 설명해 드릴 예정이에요. 지금은 먼저 연상법과 메모리 팰리스에 대해 알아볼게요.

(1) 연상법은 정보를 '의미 있게 연결해 기억하는 방식'으로, 의미 부여의 원리와 닮아 있어요. (2) 메모리 팰리스는 정보를 머릿속 공간에 정리해 저장하는 방식으로, 수납공간을 만들어 정리하는 원리와 유사하죠. 이와 관련된 실제 보도 내용을 바탕으로 재구성한 내용을 함께 살펴보겠습니다.

기억력을 바꾸는 두 가지 기술 : 연결, 장소화

기억력은 선천적으로 정해진 능력이 아니라 훈련을 통해 충분히 향상될 수 있다는 사례가 소개된 적이 있다.

한 프로그램에서는 한 학생이 짧은 시간 안에 여러 개의 이모티콘을 정확히 기억하고, 이어서 다수의 얼굴과 이름을 빠르게 연결해내는 모습을 보여 주었다.

그 학생은 이름의 일부와 얼굴의 특징을 서로 연결하는 방식으로 암기했고, 익숙한 장소에 정보를 배치해 기억하는 '장소 기반 기억법'을 활용했다고 설명했다.

'장소 기억법', 흔히 '기억의 궁전'이라고도 불리는 기법은 익숙한 공간을 머릿속에 떠올린 뒤, 그 공간의 여러 위치에 기억하고 싶은 정보를 이미지로 배치하는 방식이다.

그는 숫자를 그대로 외우지 않고 상징적 이미지로 변환한 뒤, 그 이미지를 자신만의 기억의 공간 속에 순서대로 배치한다.

그리고 나중에 그 공간을 마음속에서 거닐듯 떠올리면 배치해 둔 이미지가 자연스럽게 기억을 불러오는 것이다.

이런 식으로 숫자에 의미를 부여하고, 공간 속 위치와 연결하면 짧은 시간 안에도 많은 양의 정보를 안정적으로 기억할 수 있다고 한다.

고대부터 사용된 기억법

의미 부여와 메모리 팰리스(기억의 궁전) 기법은 오래전부터 사용되어 온 대표적인 기억술입니다. 이 기법은 고대 그리스와 로마 시대에 기원을 두고 있으며, 특히 수사학자들에 의해 체계적으로 발전하였습니다. 그중 시모니데스는 정보를 특정 장소에 배치해 기억하는 방식의 초기 형태를 발전시킨 인물로 알려져 있습니다. 이후 로마 시대에는 키케로와 같은 수사학자들에 의해 이 기법이 널리 언급되었으며, 중세 시대에도 학자들 사이에서 기억력 향상 방법으로 활용되었습니다.

메모리 팰리스는 정보를 공간적으로 배치하여 기억할 수 있어 복잡한 내용을 체계적으로 정리하고, 필요한 정보를 쉽게 떠올릴 수 있다는 장점이 있습니다. 이러한 특성으로 인해 오늘날에도 외국어 단어, 역사적 사건 등 암기가 필요한 학습에서 효과적으로 활용되고 있습니다. 그러나 수학이나 물리와 같은 과목에서는 단순한 암기만으로는 한계가 있습니다. 이들 과목은 공식을 외우는 것보다 개념과 원리를 깊이 이해하는 것이 문제 해결의 핵심이기 때문입니다. 따라서 메모리 팰리스는 이해를 대신하는 방법이 아니라 학습 전략의 한 도구로 활용될 때 가장 효과적입니다. 각 영역의 특성에 맞게 이 기법의 장점을 적절히 활용한다면, 수학 과목에서도 보조적인 학습 방법으로 적용해 볼 수 있습니다.

일론 머스크의 뇌가 잊지 않는 기억법

일론 머스크는 우리 뇌가 최대한 많은 정보를 잊도록 설계되어 있다고 설명하며, 이를 극복하고 정보를 효과적으로 기억하기 위한 세 가지 '기억 트릭'을 제시합니다.

1. 의미 부여 및 관련성 찾기

무언가를 기억하려면 단순히 외우기보다 반드시 의미를 부여해야 합니다.

스스로에게 "이것이 왜 나에게 중요한가?" 또는 "왜 관련이 있는가?"라고 질문해 보세요. 그 이유를 설명할 수 있다면 뇌는 해당 정보를 훨씬 더 잘 기억하게 됩니다.

2. 강한 감정 연결

강한 감정적 사건은 뇌에 깊이 각인됩니다.

통제하기 어려운 강렬한 감정이든, 의도적으로 만들어 낸 감정이든 상관없이 정보에 감정을 실으면 뇌는 이를 쉽게 잊지 못합니다.

3. 황당한 상황 상상하기(부조리함)

기억하고 싶은 사건을 완전히 말도 안 되고 황당한 상황과 연결해 보세요.

뇌는 평범하고 일상적인 것보다는 특이하고 이상한 것을 더 잘 기억하는 경향이 있습니다.

핵심 요약 : 뇌는 에너지와 뉴런을 아끼기 위해 끊임없이 망각하려고 노력합니다. 따라서 무언가를 꼭 기억해야 한다면, 뇌가 그것을 "잊지 말아야 할 확실한 이유"를 만들어 주는 것이 중요합니다.

수학 영역에서 틀 만드는 방식

수학은 인문 분야와는 성격이 달라서 동일한 방식으로 적용하기에는 다소 무리가 있어요. 그렇다면 지금의 틀에서 한계를 느낄 때 우리는 어떻게 해야 할까요?

현재의 틀을 부수고 새로운 틀을 만들어요.

맞아요. 새로운 틀을 만든다는 것은 無에서 有를 창조하는 어려운 작업이에요. 그렇다면, 이러한 어려운 작업을 어떻게 수행해야 할까요?

서로 다른 영역의 틀을 융합한다? 맞나요?

good! 그런데 다른 영역의 틀을 융합하려면 각 영역의 기본 틀을 잘 알고 있어야 해요. 따라서 각 분야의 원리를 제대로 이해하는 것이 중요해요. 나중에 자세히 설명하겠지만, 궁금해할 수 있으니 잠깐 먼저 간단히 설명해 드릴게요.

수학은 앞에서 보여드렸던 "맥락의 틀"처럼 보이는 틀을 만들어 내용을 확장시키기가 힘들어요. 그래서 기본 틀에 해당하는 내용을 장기 기억 속에 저장시켜 눈에 보이지 않는 수납공간을 만들어야 하는데 여기서 잠깐 질문할게요. 장기 기억에 저장할 수 있는 방법은 무엇일까요?

네, 맞아요. 정말 잘 기억하고 있군요. 우리가 어떤 걸 새로 배울 때를 떠올려 볼게요. 예를 들어 수영을 배울 때 동작을 수없이 반복하면서 그 안에서 해결점을 찾고 조금씩 개선되고 반복되고 개선되고 이러한 과정을 거치게 돼요. 학습도 마찬가지로 장기 기억된 내용을 꺼내기 위해선 반복 학습은 필수에요. 다만 반복 학습을 하는데 어떤 도구를 사용하느냐에 따라 효율성이 달라집니다. 즉, 각 상황에 따라 의미 부여도 할 수 있고 틀을 만들어 수납공간으로 정리해서 꺼내기 쉽게 할 수도 있고 개인에 따라 쓰면서 또는 말하면서 output하여 기억에 오래 남도록 합니다. 또 누군가는 선생님처럼 가르쳐보기도 하지요. 어쨌든 각 도구를 사용할 때 상황에 맞게, 과목 특성에 맞게, 개인에 맞게 여러분이 레시피를 만들어 나가면 됩니다. 다만 요리하는 방법 즉, 공부 원리를 알아야 적용할 수 있기에 이렇게 배우고 있는 거예요. 그런데 혹시, 영문법을 효율적으로 공부하는 방법을 알고 있나요?

예문으로 공부하는 방법이에요. 예를 들어 "If you turn left, you will find the subway."(만약 왼쪽으로 돌아가면 지하철을 찾을 수 있다.) 위 문장은 조건문으로 영문법에는 시제, 수동태, 관계사 등 많은데 각각의 영문법에 해당하는 예문들은 반드시 머릿속에 들어가 있어야 해요. 어깨만 툭 쳐도 나올 수 있을 정도로 말이죠. 이런 수준까지 되려면 반복 학습을 통해 장기 기억 속에 저장시켜야 하는데 그렇게 되면 눈에 보이지 않는 수납공간, 즉 영문법 기본 문장 들이 완성이 되는 거고 만약 이 상태에서 "If you turn right, you will find the cafe." (만약 오른쪽으로 가면 카페를 찾을 수 있다.) 라는 문장을 보면 머릿속에 저장돼 있던 "If you turn left, you will find the subway." 문장에서 나왔다는 걸 알 수 있어요. 이후 로는 여러 표현으로 확장할 수 있게 되는 거죠.

조금씩 감이 잡히는 거 같아요. 결국 "If you turn left, you will find the subway."라는 문장이 영문법 틀의 연결 고리가 되는 거네요. 그래서 그 연결 고리를 통해 확장이 되는 거고 그 많은 문장들이 차곡차곡 정리가 돼서 인출도 쉽게 된다는 뜻!

정말 잘했어요. 완벽해요.

선생님, 그런데 수학에서 예문에 해당되는 게 어떤 거죠? 

그건 세부적인 내용으로 뒤에서 자세하게 설명해 줄 거예요. 그 전에 공부에 대한 3가지 큰 틀을 먼저 알고 있어야 해요.

창의란……?

매번 새로운 연기로 자신만의 캐릭터를 녹여 내는 영화배우 A씨,

자신만의 음색으로 대중에게 감동을 선사하는 가수 B씨,

상상하지 못한 재료로 새롭고 맛있는 요리는 선보이는 세계적 요리사 C씨, 이들에겐 특별한 무엇이 있습니다.

영화배우 A씨는 탄탄한 연기력에 매번 극중 캐릭터를 분석하여 노트로 정리를 합니다. 그 위에 자신만의 장점을 살려 캐릭터에 살을 붙여 세상에 하나 뿐인 캐릭터가 완성됩니다.

국민 가수 B씨는 자신의 인기 비결에 대해 끊임없는 노력을 뽑습니다. 무명 시절부터 수많은 유명 가수를 분석하고 모방하는 과정에서 장점의 틀을 만들고 그 위에 자신의 음색을 입혀 세상에 하나뿐인 국민 가수가 탄생합니다.

세계적인 요리사 C씨는 수없이 많은 요리 시도로 각 음식 재료의 틀을 완성하고 그 틀 위에 각 재료를 새롭게 융합하여 세상에 하나뿐인 요리가 세상에 나오게 됩니다.

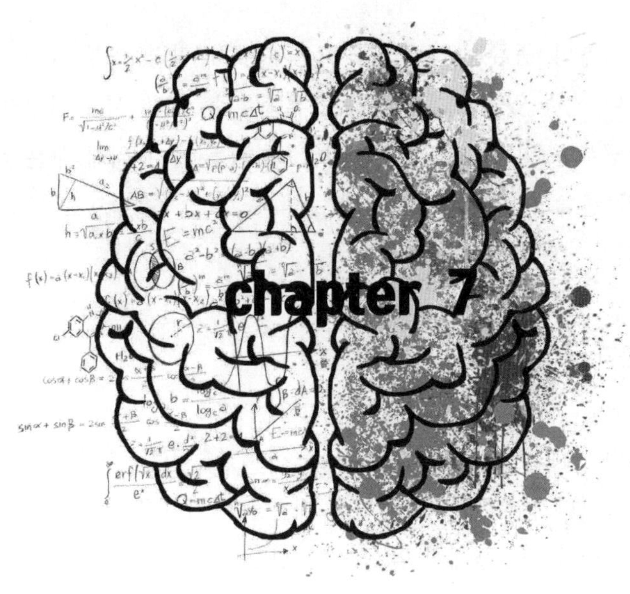

[공부의 틀 3가지]

첫 번째, 전문가 공부

첫 번째, 전문가 공부 & why?

 먼저, 공부의 종류는 (1) 전문가 공부, (2) 합격 공부, (3) 최고점 공부로 나눌 수 있습니다. 이렇게 종류를 나눈 것은 서로 완전히 다른 영역의 공부를 의미하는 것이 아니라, 이해를 돕기 위해 구분한 것입니다. 각 종류의 장점을 활용하면 공부를 보다 효율적으로 진행할 수 있습니다.

(1) 전문가 공부

 대표적인 예로 학자들의 공부를 들 수 있습니다. 특히 교수님들은 시험에 합격하기 위한 것이 아니라 이론을 완벽하게 이해하고, 꾸준히 연구하며 이를 학생들에게 알기 쉽게 전달하기 위해 공부합니다. 그럼 이론을 깊이 이해하기 위해서는 어떤 방식으로 공부해야 할까요? 사실, 여러분이 이러한 방식으로 공부한다면 더 이상 공부법이 필요하지 않을 것입니다. 그 방법은 대단히 단순하지만 실천하기 어려운 것인데, 바로 공부할 때마다 항상 스스로에게 "왜?"라는 질문을 던지는 것입니다.

<u>스스로 "왜?"라고 묻는 것은</u>

주관적 의미 부여가 되는 순간이다.

질문을 통해 주관적 의미 부여가 생기고, 그 순간 지식이 '나만의 이론'으로 재탄생하게 돼요.

질문을 통해 주관적 의미 부여가 생긴다는 말씀은, 앞에서 설명해 주셨던 비둘기가 어떤 사람에겐 올림픽의 감동으로, 또 다른 사람에겐 끔찍한 기억으로 연결되듯이, 같은 대상이라도 질문과 연결되는 나만의 경험, 시선, 맥락에 따라 전혀 다른 의미로 재구성된다는 말씀이군요. 결국 질문은 '지식'이라는 객관적인 정보를 내 삶의 경험과 접속시켜, 그것을 '나만의 이론'으로 바꾸는 통로인 셈이네요.

너무 잘 이해했어요. 질문을 통해 주관적 의미 부여가 생긴다는 말은, 지식을 단순히 외부에서 받아들이는 것이 아니라, 나만의 관점과 연결하고 해석하며 스스로 의미를 찾아간다는 뜻이에요. 다만 여기서 말하는 '주관적 의미 부여'는 이론을 자기 입맛에 맞게 해석한다는 것이 아니라, 객관적인 자료와 사실을 바탕으로 질문을 던지고, 그 질문에 대한 답을 찾아가며 능동적으로 학습해 나간다는 의미입니다. 결국 질문은 지식을 내면화하고 자기 것으로 만드는 가장 중요한 출발점인 셈이죠.

131

우리는 종종 지식을 외부에서 주어진 '정보'로만 받아들이는 실수를 범합니다. 누군가의 설명, 교과서 속 이론, 영상 강의 속 공식들. 이 모든 것은 처음엔 '나와는 상관없는 이야기'처럼 느껴집니다.

하지만 진짜 공부, 진짜 이해는 그 지식을 향해 질문을 던지는 순간 시작됩니다.

"왜 그렇지?", "정말 맞는 걸까?", "이 상황에 적용하면 어떻게 될까?"라는 질문은 단순한 호기심이 아닙니다. 이는 자신의 삶, 맥락, 생각 틀 안에 외부 지식을 끌어들이는 과정이며, 이 질문을 통해 지식은 처음의 객관적 정보에서 '주관적 의미'를 얻습니다. 마치 남이 만든 조리법을 따라 하다가, 어느 순간 자신의 입맛에 맞게 양념을 바꾸는 것과 같습니다. 그 순간, 지식은 타인의 이론이 아니라 '나만의 이론'으로 재탄생하는 것입니다.

질문은 머릿속에 흩어져 있던 단편들을 서로 연결하고, 의미의 실타래를 엮어줍니다. 이 연결은 단순히 기억을 돕는 수준을 넘어서, 스스로 문제를 바라보는 시각을 형성하게 만듭니다. 그리고 이 시각은 시간이 흐를수록 더 단단한 틀이 되어, 새로운 문제 앞에서도 흔들리지 않는 기반이 됩니다.

결국 진짜 학습은 '질문'에서 시작되고, 그 질문을 통해 우리는 남의 지식 위에 나만의 생각을 쌓아 올릴 수 있는 기회를 얻게 되는 것입니다. 단순히 암기하는 것이 아니라, 끊임없이 묻고 연결하며 의미를 부여하는 사람만이 지식을 자기 삶 속에 녹여낼 수 있습니다.

그러니 이제부터는 지식을 접할 때 그냥 외우려 들지 마세요. 대신 물어보세요.

"이건 내 삶과 무슨 관련이 있지?", "나는 어떻게 이해하고 설명할 수 있을까?"

그 순간, 지식은 당신의 것이 됩니다.

청출어람(靑出於藍)

靑出
於藍

뜻 : 푸른색은 쪽에서 나왔지만 쪽보다 더 푸르다.

의미 : 제자가 스승보다 더 뛰어남, 또는 후배나 후속 세대가 앞선 사람을 능가함

오늘날, 시대의 중심에 선 한 인물이 있습니다. 그러나 그 또한 처음부터 세상을 움직이는 영향력을 지닌 채 태어난 것은 아닙니다. 어린 시절의 그는 누군가를 동경하며 바라보았고, 배우고자 했으며, 따라 하고 싶었던 시절이 분명히 있었을 것입니다.

처음에는 누군가의 발자취를 따르며 스스로의 방향을 잡아갔을 테지요. 모방은 그의 첫걸음이었고, 타인의 통찰은 그의 초석이었을 것입니다. 하지만 그를 오늘의 자리까지 이르게 한 원동력은 단순한 모방에 머물지 않았다는데 있습니다.

그는 보고 배운 것을 자기만의 시선으로 해석하고, 경험과 사유 속에서 다시 빚어내며, 타인의 지혜를 나만의 통찰로 승화시켰습니다. 그렇게 그는 남의 길을 걷던 이에서, 자신만의 길을 여는 이로 거듭났고, 마침내 자신이 동경하던 존재를 넘어서기에 이르렀습니다.

진정한 성장은, 외부로부터 주어진 것을 어떻게 흡수하고, 어떻게 내면화하며, 어떻게 나만의 언어로 재구성하느냐에 달려 있습니다. 배움을 넘어, 사유로 이어지고, 사유가 결국 새로운 창조로 나아갈 때, 우리는 비로소 독자적인 영향력을 갖는 존재로 거듭날 수 있습니다.

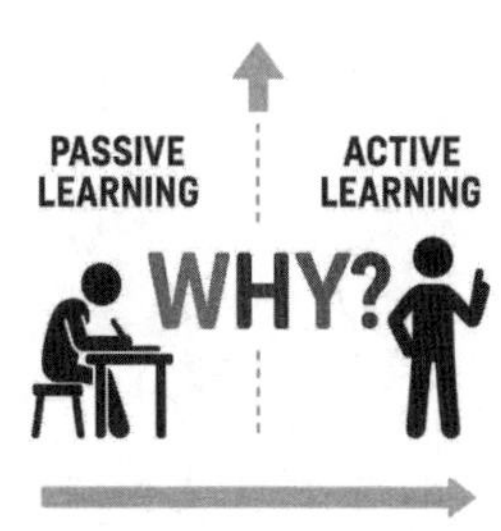

공부할 때 "왜?"라는 질문을 던지며 학습하는 것은 여러 면에서 매우 유익합니다. 단순히 정보를 외우는 것을 넘어, 그 배경과 원리를 이해하게 되어 지식의 깊이가 더해집니다. 또한, 계속해서 질문을 던지는 과정에서 비판적 사고 능력이 향상되고, 다양한 관점에서 문제를 바라보는 힘이 길러지죠. "왜?"라고 묻는 태도는 학습에 대한 자연스러운 호기심을 자극하여, 공부에 대한 흥미를 지속적으로 유지하게 해 줍니다. 뿐만 아니라, 새로운 지식을 기존의 지식과 연결하게 되어 기억하기 쉬운 구조를 형성하게 되며, 이는 장기 기억에도 긍정적인 영향을 줍니다. 무엇보다 중요한 것은, 지식의 실제 적용 가능성이 높아진다는 점입니다. 왜 이런 개념이 중요한지, 왜 특정한 방식으로 접근하는지 이해하게 되면, 이를 실제 상황에서도 더 잘 활용할 수 있게 되기 때문입니다. 이처럼 "왜?"를 중심에 둔 학습 방식은 공부를 더욱 의미 있고 효과적인 방향으로 이끌어 줍니다.

또한 "왜"라는 질문은 어떤 현상이나 사건의 원인, 이유, 또는 동기를 탐구하는 과정으로, 인과 관계를 이해하는데 중요한 역할을 합니다. 인과 관계는 한 사건이 다른 사건에 미치는 영향을 나타내며, 일반적으로 원인(cause)과 결과(effect)로 구분됩니다.

"왜"에 대한 질문의 예로는 다음과 같은 것들이 있습니다.

- 왜 비가 오는가? → 기온 변화와 수분 증발로 인해 구름이 형성되고 비가 내린다.

- 왜 식물이 성장하는가? → 햇빛, 물, 영양분 등의 적절한 조건이 충족될 때 성장한다.

이러한 질문들은 연결 고리를 만들어 전체적인 맥락을 이해하는데 도움을 주며, 이 과정에서 지식이 더 오래 기억에 남게 됩니다.

인과 관계의 중요성을 보여 주는 또 다른 예로 영화를 살펴보면, 우리가 영화를 볼 때 복선이 납득할 수 없거나, 편집으로 인해 중간 인과 관계를 보여 주는 장면이 빠지게 되면 영화에 대한 몰입이 크게 떨어집니다. 이러한 경우, 관객은 이야기의 흐름이나 등장인물의 행동을 이해하지 못하게 되어 결국 기억에도 잘 남지 않는 경험을 하게 됩니다.

예를 들어, 어떤 영화에서 사건의 전개가 갑작스럽게 변화하거나, 중요한 배경 정보가 빠지면 관객은 혼란스러움을 느끼게 되고, 그 결과 이야기에 대한 감정적 투자도 줄어들게 됩니다. 이러한 경험은 영화의 전반적인 품질에 영향을 미치고, 나중에 기억할 때도 쉽게 잊히는 경향이 있습니다. 따라서 인과 관계의 연결 고리를 만들어내는 "왜?"라는 질문을 하면서 공부하는 방법은 매우 효과적입니다.

인과 관계는 원인과 결과를 연결하는 구조이며, 이러한 연결은 기억에서 정보를 인출하는데 큰 도움을 줍니다. 따라서 '왜?'라는 질문을 던지는 학습 방식은 내용을 단편적으로 외우는 것이 아니라, 빈틈없이 이해하고 기억하게 만드는 강력한 전략이 됩니다.

스스로 '왜'를 묻는 습관은 공부든 일이든 깊이 이해하고 주도적으로 사고하며, 문제 해결과 효율성을 높이는 가장 좋은 방법이에요.

> **"**
> 스스로 질문하는 공부는 이론과의 깊은 대화이며, 그 과정을 통해 관계가 형성되고 상대에 대한 이해는 더욱 깊어집니다. **"**
>
> 최 작가

"왜?"의 유有무無

"왜"의 유무에 따라 어떤 일을 끝까지 해내기도 하고 중간에 포기하기도 합니다.

자, 플로우섬에 오랜 기간 항해를 해야 하는 두 그룹이 있습니다.

A 그룹 : 왜 가야 하는지 스스로 물어보고 그 이유를 명확히 알고
출발합니다.

B 그룹 : 다녀오면 "그냥 좋다."라는 얘기만 듣고 출발합니다.

어떤 그룹이 지치지 않고 플로우섬에 다녀올 수 있을까요?

여러분은 공부를 "왜"해야 하는지 스스로 물어보고 명확한 답을 찾으셨나요? 아니면 주변에서 공부하면 "그냥 좋다."고 해서 마지못해 하고 있나요?

공부는 유전?

이 세상을 살다 보면 가끔 신기하다고 생각되는 일을 겪기도 하는데 이 공부법에도 적용되는 말인지도 모르겠습니다.

우리 몸은 신기하게도 깨달음을 얻거나 성취감을 느끼면 뇌에서 몸의 면역 체계를 올려주거나 기분을 좋게 해 주는 호르몬이 분비됩니다.

예를 들어 우리가 어떤 운동을 하게 되면 체력을 조금씩 차근차근 올려 나가겠다는 생각으로 임한다고 했을 때

- 첫 달은 유산소 (조깅) 10분, 근력 상체 (푸쉬업) 10회, 근력 하체 (스쿼드) 10회
- 둘째 달은 유산소 (조깅) 15분, 근력 상체 (푸쉬업) 15회, 근력 하체 (스쿼드) 15회
- 셋째 달은 유산소 (조깅) 20분, 근력 상체 (푸쉬업) 20회, 근력 하체 (스쿼드) 20회

⋮

여러분은 첫 달 계획을 보면서 정말 가벼운 마음으로 부담 없이 운동을 시작하게 될 것입니다. 처음에는 "너무 쉽다."는 생각이 들겠지만, 시간이 지나면서 그 과정은 점점 달라지게 됩니다. 이 과정을 1년 동안 지속하게 되면, 그 변화는 놀라울 정도로 분명하게 나타날 것입니다. 꾸준히 운동을 해나가다 보면, 여러분의 몸과 건강은 첫 달의 상태와는 비교할 수 없을 만큼 달라질 것입니다. 이처럼 운동을 계속하면서 얻는 가장 큰 보상은 바로 몸과 건강의 변화입니다. 그리고 그 변화를 경험한 순간, 여러분은 운동을 결코 놓지 못할 것입니다.

이 과정에서 우리가 느끼게 되는 변화는 단순히 신체적 변화에 그치지 않습니다. 우리의 정신적 태도와 동기도 함께 변하게 됩니다. 운동을 통해 얻는 성취감과 만족감이 점차 강력한 동기 부여가 되어, 운동을 계속하고 싶다는 욕구가 자연스럽게 생기게 됩니다.

이는 마치 세상이 여러분이 꾸준히 노력한 만큼 긍정적인 보상을 주는 것과 같습니다. 처음부터 너무 무리하게 시작하려고 하면, 얼마 가지 않아 힘에 부쳐 포기할 수도 있지만, 꾸준히 오래 지속하는 것이 가장 중요합니다.

그렇다면 이 원리를 공부에 어떻게 적용할 수 있을까요?

먼저, 자신이 가장 좋아하는 과목을 하나 선택하여 공부를 시작해 보세요. 그 과목에 대한 감(感)을 느끼고, 조금씩 그 과목에 대해 깊이 이해하는 과정에서 "왜?"라는 질문에 대한 답을 찾게 될 것입니다. 이러한 질문을 통해 얻는 깨달음과 성취감은 여러분의 뇌에서 긍정적인 호르몬을 분비하게 만들고, 그것이 다시 동기 부여가 되어 계속해서 공부를 이어 나가게 됩니다. 그런 작은 변화가 쌓여 가면서, 여러분은 점차 자신이 공부하는 이유를 분명히 알게 되고, 학습의 즐거움을 느끼게 될 것입니다.

이 과정을 1년 동안 꾸준히 지속했을 때, 여러분의 모습은 어떻게 변할지 상상해 보세요. 처음에는 상상도 못할 정도로 학문적 성취와 자신감을 얻을 수 있을 것입니다.

앞에서도 언급했듯이, 이러한 방식의 공부는 단순히 암기하는 공부가 아니라 지식의 연결을 강화하는 공부입니다. 새로운 정보를 기존의 지식과 연결 짓다 보면, 지식이 서로 연결되어 기억하기 쉬운 구조가 만들어집니다. 이로 인해, 모든 지식이 하나로 엮이게 되어 빈틈없는, 완벽한 공부를 할 수 있게 되는 것입니다.

이처럼, 꾸준한 노력과 지속적인 학습을 통해 여러분은 학문적 성과뿐만 아니라 삶에서의 긍정적인 변화도 함께 이룰 수 있게 될 것입니다.

'why?'라는 물음은 학문하는 즐거움을 느끼게 해 준다.

 이렇게 공부해 보라고 제안한 이유는, 여러분이 학문 자체의 진리를 깨달아 가는 과정에서 얻는 묘한 쾌감을 직접 경험해 보기를 바라기 때문입니다. 언젠가 여러분 모두는 한 분야의 전문가가 되어 있을 것입니다. 그때 여러분은 그 분야에 대해 깊이 있는 지식이 필요할 텐데, 그 깊이를 이끌어 낼 수 있는 원동력은 바로 학문 자체에 대한 즐거움입니다. 그 즐거움을 느끼기 위해서, 여러분은 스스로 "왜?"라는 질문을 던지며 공부하는 방법을 익혀야 합니다. 질문을 통해 새로운 통찰을 얻고, 그 통찰이 여러분의 학문적 성장을 이끌어 가는 중요한 열쇠가 됩니다.

 따라서, 학문에 대해 깊이 있는 이해를 쌓아가는 과정에서 "왜?"라는 질문을 던지며 공부하는 것은 매우 중요합니다. 이는 단순히 지식을 외우는 것을 넘어, 학문에 대한 흥미와 즐거움을 느끼는 과정이기도 하기 때문입니다. 그럼에도 불구하고, 현재 여러분은 수험생으로서 시험을 준비하고 있는 상황이기 때문에 현실적인 요구 사항이 다소 다릅니다. 수험생에게는 모든 과목을 주어진 시간 안에 효율적으로 공부하여 좋은 점수를 받는 것이 최우선 목표입니다.

효율적인 공부를 위해서는 한 가지 방법만을 고수하는 것이 아니라, 여러 가지 공부 방식을 융합하여 각 방법의 장점을 최대한 활용하는 것이 필요합니다. 이 점을 이해하고, 남은 두 가지 공부 틀에 대해 살펴본 후, 그 장점을 융합하는 방법을 제시해 보겠습니다. 특히, 수학과 같은 과목에서는 개념을 어떻게 공부할 것인지에 대해 깊이 있는 논의가 필요합니다. 수험생은 정해진 시간 내에 시험을 준비해야 하기 때문에 시행착오를 최소화하는 것이 중요합니다. 다행히도 수험생이 준비하는 시험의 경우, 시험 범위와 난이도가 어느 정도 예측 가능하고, 정답이 명확하게 정해져 있습니다.

따라서, 개념별로 나올 수 있는 질문을 정리하고 그 질문에 대한 답을 미리 준비하는 것이 시간을 절약하고 효율적으로 공부하는데 큰 도움이 됩니다. 이렇게 "왜?"에 대한 답을 체계적으로 정리하면, 보다 빠르고 정확하게 학습할 수 있고, 시간을 절약하면서도 깊이 있는 이해를 얻을 수 있습니다. 이러한 수학 개념 공부 방식에 대해서는 이후에 좀 더 자세하게 다룰 예정입니다.

> **"**
>
> 질문을 통해 이해를 끌어내는 것이 진짜 공부다.
>
> **"**
>
> 리쳐드 파인만 (노벨물리학상 수상자)

'공부의 본질'에 대한 이해가 우선

공부를 할 때 유전적 요인이나 환경적 요인도 영향을 미치지만, 가장 중요한 것은 공부에 대한 본질적인 이해와 태도입니다.

유전적 요인은 타고나는 것이며, 환경적 요인은 개인이 완전히 통제하기 어렵습니다. 그러나 공부에 대한 태도와 접근 방식은 스스로 바꿀 수 있습니다. 공부의 이유와 원리를 이해하고 접근하면, 주어진 환경과 능력에 상관없이 최적의 학습법을 찾을 수 있습니다. 같은 시간 동안 공부하더라도 어떤 방식으로 공부하느냐에 따라 결과가 크게 달라집니다. 공부는 단순한 암기가 아니라 반복 학습, 구조화된 정리, 효과적인 기억법 등을 활용하는 것이 중요합니다. 이를 통해 더 적은 노력으로 더 큰 효과를 낼 수 있으며, 학습의 효율성을 극대화할 수 있습니다. 결국, 공부의 본질을 제대로 이해하고 전략적으로 접근하는 것이 최상의 결과를 얻는 핵심입니다.

일론 머스크, 왜? 그리고 본질에 대한 접근 방식

일론 머스크는 복잡한 문제를 단순화하고 본질에 집중하는 사고방식을 가진 대표적인 인물로 알려져 있습니다. 그의 접근 방식은 종종 "제 1원리 사고(First Principles Thinking)"로 불리며, 이는 그가 복잡한 문제를 해결하고 혁신을 이루는데 중요한 역할을 합니다.

1. 제 1원리 사고란?

제 1원리 사고는 아리스토텔레스 철학에서 유래된 개념으로, 어떤 문제를 해결하거나 이해할 때 기존의 관념이나 관습적인 사고를 버리고, 문제의 가장 근본적인 요소들만 남겨 놓는 방법입니다. 이를 통해 본질을 파악하고, 기존 방식이 아니라 새로운 접근법을 찾아냅니다. 머스크는 이를 다음과 같이 설명합니다.
"사물의 기본 진리를 끌어내고, 그것을 바탕으로 사고를 구축하라."

2. 일론 머스크가 본질만 살린 사례들

(1) 스페이스X와 로켓 재사용

- 기존의 항공우주 산업에서는 로켓은 1회용이라는 전제가 있었습니다.
- 머스크는 이 전제를 깨고 "로켓의 재사용이 왜 불가능한가?"라는 질문을 던졌습니다.
- 그는 로켓의 본질적인 구성 요소(연료, 금속 구조 등)를 분해하고, 각각의 비용을 분석했습니다.

- 이를 통해 "로켓은 재사용이 가능하다."는 결론에 도달했고, 이를
  실행하여 발사 비용을 획기적으로 줄였습니다.

(2) 테슬라와 전기차 배터리

- 전기차가 기존에 비싸고 비효율적이라는 이유로 대중화되지 못했던
  이유를 분석했습니다.
- 그는 "배터리의 본질은 무엇인가?"라는 질문을 던지고, 리튬이온
  배터리의 기본 원소와 가격 구조를 세세히 분석했습니다.
- 기존 배터리 제작 방식의 비효율을 제거하고, 생산 비용을 줄이기
  위한 공정과 기술을 개발했습니다.

(3) 스타링크와 글로벌 인터넷

- "인터넷 연결의 본질은 무엇인가?"라는 질문에서 출발했습니다.
- 전통적으로 인터넷은 지상 기반 인프라에 의존했지만, 그는 이를
  무시하고 소형 위성을 이용해 전 지구적인 인터넷 연결을 제공할
  수 있는 방법을 고안했습니다.

3. 일론 머스크가 강조하는 사고방식의 핵심

(1) 질문하기 : "왜 이런 방식으로 해야 하지?",
             "꼭 이렇게 해야 하는가?"
(2) 근본 원리로 돌아가기 : 기존의 답이나 관습을 무조건 따르지 않고,
             문제를 처음부터 재구성합니다.
(3) 복잡성 제거 : 본질과 관련 없는 요소를 과감히 제거합니다.

(4) 효율 극대화 : 본질에 집중함으로써 자원과 시간의 낭비를 최소화
합니다.

4. 본질에 집중하는 그의 철학이 주는 교훈

　머스크는 단순히 성공적인 비즈니스맨이나 발명가가 아니라, 사고방식의 혁명가라고 볼 수 있습니다. 우리가 그의 방식을 통해 배울 수 있는 점은 문제를 더 단순하게 보고 본질에 집중하면 기존의 한계를 넘어설 수 있다는 것입니다.

앞에서 보았듯이, 내용을 구조화해서 정리하는 것은 매우 중요해요. 하지만 기존의 구조가 더 이상 발전적이지 않거나 모순이 발견될 경우에는, 그 구조를 그대로 유지하기보다 한번 해체한 뒤 새로운 방식으로 다시 구성하는 과정이 필요해요.

이때 도움이 되는 사고방식이 바로 제 1원리 사고(First Principles Thinking)예요. 제 1원리 사고란 문제를 바라볼 때 기존의 관념이나 관습적인 틀을 그대로 따르지 않고, 문제를 가장 기본적인 요소들로 쪼개어 본질을 살펴보는 방법이에요. 다시 말해, 이미 만들어진 구조를 분해해 각 요소를 하나씩 살펴본 뒤, 이를 바탕으로 새로운 구조를 다시 세워 나가는 사고방식이라고 볼 수 있어요.

이 개념은 뒤에서 다룰 히든 챕터 "덩어리가 이해가 되지 않으면 쪼개라."라는 내용과 연결되어 있는데 이 부분은 뒤에서 조금 더 자세히 설명할 예정이에요.

질문은 프로를 만든다.

프로의 세계는 냉정합니다.

겉보기엔 종이 한 장 차이지만, 그 작은 차이는 시장 전체의 기회를 단 한 사람에게 몰아주는 결정적 기준이 됩니다.

그 차이를 만드는 힘은 끊임없이 질문하는 태도입니다.

남들이 그냥 넘기는 순간에 멈춰 서서 묻고,

기준을 세우고, 방향을 재조정하며,

작은 차이를 집요하게 다듬는 사람만이 압도적인 실력으로 성장합니다.

질문은 사유를 낳고, 사유는 실력을 다듬습니다.

즉, 질문한 만큼 나만의 노하우가 쌓입니다.

그렇게 단단해진 사람에게 관중이 몰리고, 시장은 응답합니다.

세상은 공정해 보이지만, 결국 시장과 대중은 단 한 사람을 선택합니다.

SNS 알고리즘이 밀어주는 인물,

조회수가 폭발하는 채널,

늘 만석인 식당,

수주가 몰리는 기업.

그 모든 성공의 이면에는,

'종이 한 장'을 넘어서기 위한 질문과 사유의 축적이 있습니다.

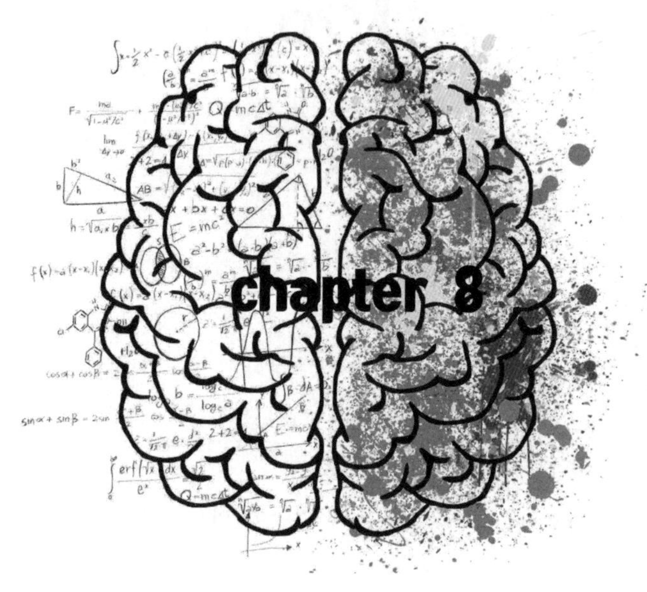

[공부의 틀 3가지]

두 번째, 합격 공부

두 번째, 합격 공부 & 핵심 파악

 자격증이나 운전면허 시험은 대표적인 합격 공부의 예시라고 할 수 있습니다. 그렇다면 이러한 합격 공부에서 가장 중요한 목표는 무엇일까요? 바로 단기간 내에 합격하는 것입니다. 예를 들어, 운전면허 시험의 경우 대부분의 사람들은 수석 합격을 목표로 시험을 준비하지 않습니다. 물론, 안전 운전을 위해 시험에 나오는 모든 내용을 완벽하게 숙지하고자 할 수 있지만, 실제로 그런 경우는 드물죠. 대부분은 효율적이고 실용적인 학습을 통해 단기간 내에 합격을 목표로 공부를 진행합니다.

 그렇다면 단기간 내에 합격을 목표로 하는 공부에서 중요한 점은 무엇일까요? 바로 핵심에 집중하는 것입니다. 불필요한 내용은 과감하게 버리고, 출제될 가능성이 높은 중요 항목에 집중해야 합니다. 이는 시간과 에너지를 절약하면서도 최소한의 노력으로 최대의 성과를 얻기 위한 전략입니다. 예를 들어, 운전면허 시험에서는 기본적인 교통 법규와 안전 운전 원칙이 중요하지만, 불필요하게 세부적인 부분까지 모두 암기하려고 하는 것보다는 시험에 자주 나오는 핵심 내용을 정확히 이해하고, 그에 맞는 실전 연습을 반복하는 것이 훨씬 더 효과적입니다.

 따라서 합격 공부에서 가장 중요한 것은 목표를 정확히 설정하고, 불필요한 부분은 과감하게 제외하는 것입니다. 효율적으로 시간을 배분하고, 시험에 실제로 출제될 확률이 높은 핵심 내용을 빠르게 파악하여 집중적으로 공부하는 것이 합격을 위한 가장 좋은 방법이 될 것입니다.

선생님, 불필요한 건 과감하게 버리라고 하셨는데 어떤 걸 버려야 하나요? 그리고 출제 가능성이 높은 건 어떤 건가요?

시험에 출제되는 거 위주로 공부해야 하는데 가장 좋은 방법이 개념보다 기출문제 위주로 공부하는 거예요.

단, 시험 치르는 과목에 대해 어느 정도 이해도를 갖고 있는 상태에서 할 수 있는 방법이에요. 전혀 관련 지식이 없을 경우엔 강의를 통해 전반적인 개념 내용을 이해한 후 적용해야 해요.

선생님, 그런데 자격증에도 여러 가지 종류가 있고 문과와 이과 계열 자격증의 공부 방식이 다른 거 같은데 어떻게 하는 게 좋을까요?

맞아요. 자격증 난이도나 개인의 공부 성향에 따라 다를 수 있지만, 가장 중요한 것은 자신에게 맞는 공부 방법을 찾는 거예요. 이를 위해서는 먼저 3가지 공부의 틀이 정립되고 융합을 통해 자신만의 틀을 구축하는 것이 필요해요. 일반적으로 효과적인 방법은 "맥락의 틀"을 먼저 만들고, 그 틀 위에 문제를 통해 내용을 채워나가는 방식이에요. 특히 이과 계열에서는 중요한 표현이 포함된 필수 문제를 반복하면서 "맥락의 틀"을 만든 후, 여러 문제를 분석하여 "맥락의 틀"에 연결하고, 이를 바탕으로 쉽게 인출할 수 있도록 연습하는 것이 중요해요. 결론적으로, 문과든 이과든 중요한 것은 기출 문제를 중심으로 학습한다는 거예요. 이는 이론과 실무가 다른 것과 같은데, 어쨌든 기출 문제를 통해 실전 감각을 익히는 것이 핵심이에요.

이론과 실무는 다르다.

 이론과 실무가 다른 이유는 이론이 주로 원리와 규칙을 설명하는 데 초점을 두는 반면, 실무는 그 이론을 실제 상황에 어떻게 적용할지를 다루기 때문입니다. 이론은 의학의 정상 수치, 프로그래밍의 알고리즘, 법학의 기본 법리처럼 비교적 고정된 기준과 개념을 제시합니다. 그러나 실무에서는 개인의 상태, 사용자 요구, 현실의 변수와 같은 복잡한 조건들이 함께 작용하므로 이론만으로는 상황을 판단하기 어렵습니다. 예를 들어 정상 범위의 수치라도 환자에게는 문제가 될 수 있고, 효율적인 알고리즘도 실제 서비스 환경에서는 성능이나 안정성을 다시 고려해야 하며, 법 이론 역시 구체적인 증거와 사실관계에 따라 다르게 적용됩니다. 결국 이론은 이해의 기준을 제공하는 기초이며, 실무는 그 이론을 현실에 맞게 조정하고 판단하는 과정이기 때문에 두 영역은 본질적으로 차이가 있을 수밖에 없습니다.

맞아요, 선생님.

개념을 공부하고 문제를 풀다 보면, 배운 것과는 전혀 다르게 느껴지는 문제가 정말 많아요. 그래서 공부가 더 어렵게 느껴졌던 것 같아요.

그런데 선생님 말씀을 듣고 보니, 이게 바로 틀의 연결이라는 생각이 들어요.

배운 개념이라는 이론의 틀과, 실제 문제를 푸는 실무의 틀을 서로 이어 붙이는 과정인 거죠.

결국 합격을 만드는 공부란, 이론의 틀과 실무의 틀을 자연스럽게 연결하는 능력을 키우는 일이라는 걸 알게 됐어요.

Case1

(장면 : 김 대리가 사업 계획서 초안을 작성하여 상사의 사무실로 가져왔다.)

김 대리 : (사업 계획서를 들고 상사의 사무실로 들어가며)

"과장님, 요청하신 사업 계획서 초안을 작성했습니다. 한번 검토해 주세요."

상사 : (사업 계획서를 아무렇지도 않게 훑어보며)

"음, 그래? 네가 열심히 했겠지. 그럼 잠깐 볼게."

(상사가 사업 계획서를 휙휙 넘기며 검토하는데 표정은 점점 굳어짐)

상사 : "이게… 뭔가 좀 부족한 것 같아. 잘못된 부분도 있고… 다시 한번 검토해서 고쳐와."

김 대리 : (당황하며)

"어, 과장님. 어떤 부분이 틀렸는지 구체적으로 말씀해 주실 수 있을까요? 그래야 수정할 때 더 확실하게 반영할 수 있을 것 같아서요."

상사 : (파일을 내려놓으며 짜증이 난다는 듯한 표정으로)

"음… 잘 모르겠어. 그냥 전체적으로 뭔가 허술한 느낌이야. 예를 들어, 시장 분석이 너무 얕고… 경쟁사 분석도 그게 뭐야? 이런 내용은 뭔가 부족하고, 재무 계획도 너무 대충 넣은 것 같고, 정확히 뭐가 틀렸는지는 잘 모르겠는데, 그냥 다시 해. 다시 제대로 해오라고."

김 대리 : (혼란스러워하며)

"그… 그럼 구체적으로 어떤 부분을 수정해야 할지 말씀해 주시면 좋을 것 같아요. 예를 들어, 시장 분석에서 추가로 어떤 데이터를 넣어야 하는지, 아니면 경쟁사 분석에서 어떤 점을 더 강조해야 하는지요?"

상사 : (손으로 대충 손짓하며)

"글쎄, 그건 네가 좀 더 생각해봐. 내가 다 말해줄 수는 없잖아. 그냥 다시 제대로 해와. 그래도 예산이나 목표 매출 같은 건 대충 넣어 둬도 되고…"

뭐, 다른 부분에서 좀 더 구체적으로 해봐. 그렇게 해.”

김 대리 : (살짝 짜증을 내며, 그래도 참고)

“알겠습니다. 그럼 다시 작성해서 가져오겠습니다. 감사합니다.”

상사 : “응, 잘해봐. 이번에는 제대로 해 와.”

(김 대리, 사업 계획서를 들고 사무실을 나가며 한숨을 쉰다.)

Case2

(장면 : 김 대리가 사업 계획서 초안을 작성하여 상사의 사무실로 가져왔다.)

김 대리 : (사업 계획서를 들고 상사의 사무실로 들어가며)

“과장님, 요청하신 사업 계획서 초안을 작성했습니다. 한번 확인해 주세요.”

상사 : (사업 계획서를 받아 들고 검토하며)

“그래, 고생했네. 잠깐만, 확인해볼게.”

(상사가 사업 계획서를 자세히 읽으며, 몇 군데를 체크하고 메모를 시작한다.)

상사 : “음, 전반적으로 나쁘지 않은데 몇 가지 수정할 부분이 있어. 시장 분석 부분부터 다시 봐봐.”

김 대리 : “네, 시장 분석 부분이요? 어떤 부분이 부족한가요?”

상사 : “여기 시장 규모에 대한 부분이 조금 부족해. ‘시장 규모가 클 것이다.’라는 건 너무 일반적인 얘기야. 예를 들어, ‘2024년까지 시장 규모가 X억원에 이를 것으로 예상된다.’라는 구체적인 데이터가 필요해. 자료를 찾아서 더 명확히 써줘.”

김 대리 : (메모하며)

“네, 구체적인 수치와 예측을 추가해야겠군요.”

상사 : “맞아, 그리고 경쟁사 분석 부분을 보니까 경쟁사의 강점만 언급되어 있어. 하지만 우리가 시장에서 차별화할 수 있는 요소가 부족해. 예를 들어, 경쟁사의 약점을 더 명확히 분석하고, 우리가 그 약점을 어떻게 공략할 수 있을지 구체적으로 풀어내야 해. 경쟁사 제품이나 서비스의 가격, 품질, 마케팅 전략을 조금 더 상세히 분석할 필요가 있어.”

김 대리 : "알겠습니다. 경쟁사의 약점을 좀 더 분석하고, 그에 대한 우리의 전략도 포함하겠습니다."

상사 : "좋아, 그리고 재무 계획 부분을 보면 예상 매출이 너무 대충 써 있어. 우리가 목표로 하는 매출이 구체적으로 어느 정도인지, 그리고 그 매출을 달성하기 위한 계획도 있어야 해. 예를 들어, '첫 해 매출 10억원을 목표로 하고, 그 이유는 X, Y, Z 조건을 고려했을 때 이 정도가 가능할 것'이라고 명확히 써줘."

김 대리 : "그럼 예상 매출 목표를 더 구체적으로 설정하고, 그에 대한 근거를 추가해야겠군요."

상사 : "맞아. 그렇게 하면 투자자들이나 경영진도 이 사업이 실행 가능하다는 걸 더 잘 이해할 수 있을 거야. 숫자나 근거 없이 '목표 매출이 X원입니다.'라고만 써두면 설득력이 떨어지니까."

김 대리 : "네, 재무 계획을 더 구체적으로 보강하겠습니다. 그 외에 수정할 부분은 없을까요?"

상사 : "이제 거의 다 됐어. 마지막으로, 사업 모델에 대해서는 좀 더 명확하게 정의해줘. 우리가 어떻게 수익을 창출할 것인지에 대한 부분이 좀 더 구체적이어야 해. '이 사업은 장기적으로 안정적인 수익 모델을 확보할 수 있다.'고만 써두면 너무 추상적이잖아."

김 대리 : "알겠습니다. 사업 모델을 좀 더 구체적으로 작성해서, 수익 창출 방법을 명확하게 설명할 수 있도록 하겠습니다."

상사 : "좋아. 그럼 수정할 부분을 정리했으니, 다시 작성해서 가져와. 이번에는 좀 더 구체적이고 실현 가능한 계획을 보여 줘야 해."

김 대리 : (자신감을 얻으며)

"네, 과장님! 말씀해주신 대로 수정해서 다시 제출하겠습니다. 감사합니다."

상사 : "수고했어, 김 대리. 이번 초안은 방향은 잘 잡혔으니까, 더 세부적인 내용만 보강하면 될 거야."

김 대리 : "감사합니다, 과장님. 빠르게 수정해서 다시 제출하겠습니다!"

여러분이 두 가지 경우를 비교했을 때, 상사가 원하는 사업 계획서를 더 빠르게 처리할 수 있는 경우는 어디라고 생각하나요?"

당연히 두 번째 경우가 더 빠를 것 같아요. 그런데 첫 번째 경우의 상사를 직장에서 만난다면 정말 아찔할 것 같네요.

위 두 경우를 통해 알 수 있는 중요한 포인트는 빠른 피드백이 일 처리의 효율을 높인다는 점이에요. 우리가 문제를 푸는 이유도 여러 문제를 통해 피드백을 받고, 그로 인해 실수할 수 있는 부분을 바로잡아 개념을 더 확실히 다지기 위함이에요. 그렇다면 두 번째 경우처럼 피드백 받을 내용을 한 번에 정리해 놓으면, 나중에 문제를 풀 때 실수를 크게 줄일 수 있고, 상대가 중요하게 생각하는 내용과 관점을 빠르게 파악할 수 있어요.

다양한 피드백 경험은 문제 해결력을 높인다.

Success story ①

에어비앤비(Airbnb)의 성공 스토리

1. 아이디어의 시작 : 빈 방을 이용한 혁신

에어비앤비는 2007년에 창립자 브라이언 체스키(Brian Chesky), 조 게비아(Joe Gebbia), 네이선 블레차르지크(Nathan Blecharczyk) 3명이 처음 아이디어를 구상하면서 시작됐습니다. 당시 브라이언과 조는 샌프란시스코에 살고 있었는데, 큰 디자인 박람회가 열리면서 호텔들이 모두 만석이었습니다. 이때 그들은 자신들의 집 거실에 있는 공기 매트리스를 놓고, 방문객에게 하룻밤 묵을 곳이 없다면 우리 집에서 자고 가라고 제안합니다. 이 아이디어는 급박한 상황에서 나온 기발한 해결책이었지만, 이후 이를 본 사람들이 "왜 호텔이 아닌 사람들의 집에 머물 수 없는가?"라는 질문을 던지면서 사업 아이디어로 확장됩니다.

2. 초기 도전과 실패

 에어비앤비의 초기 성장에는 여러 도전이 있었습니다. 그 중 가장 큰 도전은 신뢰의 문제였습니다. 처음에는 사람들 대부분이 낯선 집에 머물고 싶어 하지 않았고, 호스트는 낯선 사람을 자신의 집에 들이는 것에 대해 불안감을 느꼈습니다. 이러한 불안은 자연스럽게 여행 산업에서의 경쟁과 안전성 문제로 이어졌습니다. 이로 인해 많은 투자자들이 에어비앤비의 비즈니스 모델이 성공할 수 있을지 확신하지 못했습니다.

3. 터닝 포인트와 성공의 발판

① 위기의 순간, 브라이언의 결단
 에어비앤비가 어려움을 겪고 있던 중, 창업자 브라이언 체스키는 중요한 결단을 내립니다. 그는 뉴욕에 있는 한 손님에게 전화를 걸어, 그 집의 사진을 새로 찍어 웹 사이트에 올려 보자는 제안을 합니다. 당시 돈이 없던 브라이언은 가장 저렴한 항공권을 구해 뉴욕으로 가, 카메라를 빌려 손님의 집에 찾아갑니다.

② 손님과의 소통을 통한 피드백

 브라이언은 사진 작가 대신 자신이 직접 사진을 찍으며, 손님과 대화하면서 중요한 피드백을 얻습니다. 그 후, 그는 이 피드백을 바탕으로 웹 사이트를 수정하고, 그 결과 매출은 두 배로 증가했으며, 리스팅을 올리는 고객 수도 급증했습니다.

③ 고객과의 지속적인 소통

 브라이언은 손님들에게 계속해서 전화를 걸어 변화된 서비스에 대한 피드백을 받았고, 이렇게 시작한 다양한 피드백 경험은 큰 가치를 가져다주었다고 회상했습니다. 그 결과, 에어비앤비는 급격히 성장하기 시작했고, 입소문을 타면서 성공을 거두었습니다.

Success story ②

일론 머스크의 일화

실패를 빠르게 드러내고 고치는 사람

 일론 머스크는 혁신적인 리더로 잘 알려져 있지만, 그가 그 자리에 오르기까지는 의외로 수많은 실수와 실패를 겪어야 했습니다. 그러나 그는 실패를 피하는 사람이 아니었습니다. 오히려 실패를 빠르게 드러내고 고치는 사람이었습니다. 머스크는 평소 자신의 아이디어나 실행 방식에 대해 주변 사람들에게 매우 직설적인 피드백을 요청했습니다. 심지어 그는 이렇게 말하곤 했습니다.

"좋은 점 말고, 문제점만 말해 달라. 듣기 싫더라도, 그게 내가 성공할 수 있는 가장 빠른 길이니까."

그는 자신의 제품, 전략, 회의 방식, 심지어 생각 자체에 대해서도 "어디가 잘못됐는지 말해줘."라고 말하며 비판을 정면으로 받아들이려 했습니다.

우리는 스스로의 생각을 객관적으로 보기 어려울 때가 많습니다. 실수나 허점이 있어도 잘 인식하지 못하거나, 알면서도 외면하기 쉽습니다. 하지만 외부의 피드백은 우리가 보지 못하는 사각지대를 비춰주는 거울이 됩니다. 일론 머스크는 그 거울을 기꺼이 들여다보는 용기를 가진 사람이었습니다. 그리고 그 용기가 수많은 난관 속에서도 그를 다시 일어서게 만들고 끊임없이 성장하게 한 원동력이 되었습니다. 성공은 완벽함에서 오는 것이 아니라, 빠르고 솔직한 피드백을 받아들이는 데서 만들어집니다. 피드백을 요청하는 것은 부끄러운 일이 아닙니다. 오히려 그것은 성공을 향해 한 걸음 더 가까이 나아가고 있다는 가장 분명한 증거입니다.

다양한 피드백을 경험하고 빠르게 대응하는 것은 성공의 지름길이란 걸 알 수 있어요. 공부도 다양한 문제를 풀어 보는 것은 다음에 비슷한 문제가 나왔을 때 해결할 가능성이 높기 때문에 많은 문제를 풀어 보는 것은 분명 도움이 될 수밖에 없어요. 그런데 문제는 그 시중에 나와 있는 문제집을 모두 풀기란 정말 어려운 일이에요.
자, 여기서 질문 하나 할게요. 여러분은 문제집을 보면 어떻게 해야 한다고 생각하나요?

문제 풀고, 채점해서 틀린 거 고쳐요. 그런데 다들 이렇게 하지 않나요?

맞아요. 다들 그렇게 하죠. 그런데 조금만 생각해 보면 효율적으로 할 수 있는 방법이 존재해요. 피드백을 하나씩 받는 것이 아니라 case2에서처럼 피드백을 정리하는 방식이에요. 여러분이 앞으로 틀릴 만한 부분 혹은 중요한 부분을 미리 정리한 뒤 문제는 맨 나중에 풀어 봐야 해요. 즉, 여러분 스스로가 친절한 상사가 되어 자신에게 피드백해 주는 거죠.

아! 기출문제 또는 문제집은 푸는 용도가 아니라 분석을 위한 거군요.

문제 분석 vs 문제 풀이

문제 분석 없이 바로 풀이에 들어가는 건, 마치 아무런 지침도 없이 사업 계획서를 쓰라는 지시를 받는 것과 같아요.

방향이 없으니 혼란에 빠지고, 마감에 쫓기다 보면 결국 급하게 마무리하게 되죠. 그렇게 되면 실수가 많아지고, 핵심도 놓치기 쉬워요. 물론 감으로도 잘하는 사람은 있지만, 그런 경우는 드물어요. 대부분은 분석 없이 깊이 있는 결과를 내기 어려워요. 문제 분석은 단순한 준비 단계가 아니에요. 피드백을 정리하고, 생각의 방향을 잡아 주는 핵심 과정이에요.

저도 이런 경험을 했어요. 문제를 많이 풀면 좋을거라 생각하고 풀어 봤는데 어느 정도 오르다가 더 이상 오르지 성적이 오르지 않고 정체됐어요.

많은 사람들이 문제를 푸는 것만으로 충분하다고 생각하고, 정답을 맞히는 것만으로 피드백을 받았다고 착각해요. 하지만 진짜 중요한 건 '분석'이에요. 문제를 풀었다는 사실은 단지 결과일 뿐이고, 그 결과가 어떤 이유로 나왔는지, 내가 어디에서 막혔는지, 왜 그 개념을 적용해야 했는지를 들여다보는 과정이 있어야 학습이 비로소 시작돼요.

이 분석 과정이 없다면, 문제를 많이 푼다고 해도 머릿속에 남는 건 없고, 비슷한 문제가 다시 나왔을 때 또다시 처음처럼 헤맬 가능성이 커요. 그리고 문제 분석을 통해 얻을 수 있는 중요한 사실 한 가지가 더 있어요.

· 분석을 통해서만 문제 구조를 발견할 수 있다.

문제의 구조는 단순히 문제를 푼다고 해서 저절로 보이지 않습니다. 한 문제를 해결한 뒤에 "왜 이렇게 풀렸는가", "어떤 개념이 사용되었는가", "다른 풀이 방법은 없는가"와 같은 질문을 던질 때 비로소 그 안에 숨은 구조가 드러납니다. 구조가 보이면 한 문제의 이해에 그치지 않고, 비슷한 문제는 물론 전혀 다른 문제에도 적용할 수 있는 공통된 틀이 형성됩니다. 이때 학습은 문제를 하나씩 처리하는 반복이 아니라, 하나의 원리로 여러 문제를 해결하는 과정으로 바뀝니다.

"벽에 부딪혔나요? 같은 길로 가는 건 같은 결과로 가는 길입니다."

뇌 기능을 저하시키는 약물을 투여한 A쥐와 정상 상태 B쥐, 둘의 미로 찾기 실험이 진행됐습니다. A쥐는 벽에 부딪힌 뒤 계속 같은 방향으로 가려고 합니다. B쥐는 벽에 부딪힌 뒤 다른 방향으로 고개를 돌려 새로운 길을 찾으려고 시도해 봅니다.

혹시 여러분은 계속 같은 결과가 나오는데 같은 방법을 시도하고 있진 않나요?

예전 학원 운영할 때의 일입니다. 학부모님이 오시더니 어떤 수학 학원을 꽤 오래 보냈는데 자녀의 성적이 오르기는커녕 내려가고 있다며 학원 공부 방식이 학생과 맞지 않는다는 내용이었습니다. 구체적으로 어떤 방식으로 운영되는지 물었더니 문제를 푸는데 해결될 때까지 학생 스스로 문제를 보고 고민하는 방식이었습니다. 물론 학원에서는 수학적 사고력을 키우기 위한 운영 방식이겠지만 학생 입장에서는 한정된 시간에 수학 외에 다른 과목 성적도 챙겨야 하는 상황에서 수학만 무리하게 붙잡고 있게 되면 이만저만 손해가 아닐 수 없는 상황이었습니다.

여러분이 만약 무한한 시간이 주어진다면, 혹은 학자나 교수와 같은 길을 가겠다고 결심했다면, 위에서 언급한 방법이 유효할 수 있습니다. 그런 방식으로 깊이 있는 학문적 성과를 이루는 사람들도 분명히 있지만, 사실 우리 각자는 유전적 요인, 수학적 사고력, 환경 등에서 차이가 나기 때문에 단일한 방법만으로는 모두에게 효과적이지 않을 수 있습니다. 그래서 다른 방식으로 접근할 필요성이 커집니다. 만약 기존의 방법으로 원하는 결과를 얻지 못했다면, 그 방법에 집착하기보다는 과감하게 새로운 접근법을 시도하는 것이 중요합니다. 끊임없이 다양한 시도를 통해 자신에게 맞는 최적의 방법을 찾는 노력이 필요합니다. 다양한 문제 풀이와 해설서를 정리하는 것은 매우 중요한 학습 전략입니다.

하나의 문제를 여러 가지 방법으로 풀어 보면, 그만큼 문제를 다양한 시각에서 바라볼 수 있는 능력이 길러지기 때문입니다. 이런 접근은 단순히 문제를 푸는 것을 넘어서, 문제의 본질을 이해하고, 여러 관점에서 해결책을 도출하는 능력을 키우는데 크게 도움이 됩니다. 특히, 시간이 제한된 시험에서는 이러한 훈련이 매우 중요한 역할을 합니다. 시간 안에 문제를 해결하는 능력은 결국 문제를 어떻게 바라보고, 어떻게 효율적으로 풀어내는지에 달려 있기 때문입니다. 더 많은 풀이 방법을 접하고, 다양한 접근 방식을 경험한 사람일수록, 시험에서 더 유리한 위치에 서게 됩니다. 결국, 훈련을 통해 여러 상황에 유연하게 대응할 수 있는 능력을 기르는 것이 시험 준비에서 중요한 포인트가 됩니다.

기반 지식(Base Knowledge) : 새로운 정보를 이해하거나 배울 때 기초가 되는 이미 알고 있는 지식입니다.

수학에서 사고력이 자라려면 두 단계를 거쳐야 해요.

첫째는 준비 단계예요. 기본 개념과 원리를 익히고, 필수 문제를 풀면서 최소한의 경험을 쌓는 과정이에요. 이게 사고의 재료와 도구가 되는 거예요.

둘째는 도전 단계예요. 준비된 기반 위에서 문제를 보며 "왜 이렇게 될까?", "다른 방법은 없을까?"하고 스스로 질문을 던지며 사고를 확장하는 과정이에요. 이렇게 해야 고민의 시간이 사고력으로 이어지는 거예요.

하지만 기반 없이 무작정 고민하면 한계에 부딪히기 쉬워요. 막히는 시간이 길어져 답답해지고, 잘못된 습관을 만들 수도 있어요. 결국에는 '나는 수학 머리가 없다.'는 자기 암시에 빠져 동기를 잃게 되는 거예요.

비유하자면, 기반 지식은 재료와 도구이고 사고력은 그것으로 건물을 짓는 과정이에요. 재료도 없이 집을 세울 수 없는 것처럼, 기반 없는 고민으로는 사고력이 자라지 않는 거예요. 이때 말하는 기반 지식이 무엇이고, 어떻게 쌓아가야 하는지는 뒤에서 더 자세히 설명해 드리려고 해요.

나의 성향은?

　MBTI는 사람의 성격을 16가지 유형으로 분류하지만, 실제 성격은 그보다 훨씬 더 다양하고 복잡한 특성을 지니고 있습니다. 이는 인간의 성격이 선천적인 기질 뿐만 아니라, 환경, 경험, 문화적 배경 등의 영향을 받으며 시간과 경험에 따라 변화하기 때문입니다.

　이러한 이유로 MBTI 외에도 더 많은 성격 유형과 차원이 존재할 수밖에 없습니다. 인간의 성격은 고정된 것이 아니라 끊임없이 변화하고 발전하는 다차원적 특성을 가지므로 단순한 유형 분류만으로 완전히 정의하기는 어렵습니다. 마찬가지로 공부 방법 또한 개인의 성향과 특성에 맞춰 유연하게 조정될 필요가 있습니다. 모든 사람에게 동일한 학습법이 효과적이지는 않기 때문에 기본적인 학습 틀을 바탕으로 자신에게 맞는 세부적인 학습 전략을 구축해 나가는 것이 중요합니다. 성격이 변하듯 학습법도 개인의 경험과 환경에 따라 발전할 수 있어야 합니다.

객관식 효율적 공부법

본 내용은 객관식 공부법을 보다 쉽게 이해할 수 있도록 설명한 것으로, '빛의 성질'에 대한 개념 일부를 활용하였습니다. 따라서 일반 교과 내용과는 차이가 있음을 알려드립니다.

빛의 성질

빛은 전자기파로, 고전 물리학과 현대 물리학에서 각각 파동과 입자로 설명할 수 있습니다. 이를 이해하기 위해 빛의 다양한 성질을 파악할 필요가 있습니다.

1. 고전 물리학에서의 빛 : 파동적 성질

- 빛의 파동성 : 빛은 전기장과 자기장이 서로 직각으로 진동하며, 파동처럼 진행합니다. 이 이론은 크리스티안 하위헌스의 파동설로 설명됩니다.
- 파동의 기본 요소 :
  - 진폭(Amplitude) : 파동의 높이로, 빛의 밝기와 관련 있습니다.
  - 파장(Wavelength, λ) : 파동의 반복되는 길이로, 빛의 색을 결정합니다.
  - 주파수(Frequency, f) : 단위 시간당 파동의 진동수로, 단위는 Hz입니다.
  - 속도(Speed of Light, c) : 빛의 속도 c는 진공에서 약 3.0×10^8 m/s로 일정하며 빛의 파장(λ)과 주파수(f)는 서로 반비례 관계를 가지며 $c = \lambda \cdot f$의 관계로 연결됩니다.

• 빛의 파동적 성질로 나타나는 현상

1) 반사(Reflection)

   - 빛이 매질의 경계면에서 튕겨나가는 현상입니다.

   - 반사의 법칙 : 입사각과 반사각이 동일합니다. ($\theta_i = \theta_r$)

2) 굴절(Refraction)

   - 빛이 한 매질에서 다른 매질로 들어갈 때, 경계면에서 방향이 바뀝니다.

   - 스넬의 법칙 : 스넬의 법칙은 빛이 한 매질에서 다른 매질로 이동할 때,
   굴절이 발생하는 현상을 설명하는 법칙입니다. 이 법칙은 다음과 같이
   정의됩니다.

$$n_1 \sin\theta_1 = n_2 \sin\theta_2$$

   (n_1 : 첫 번째 매질의 굴절률, θ_1 : 첫 번째 매질에서의 입사각,

   n_2 : 두 번째 매질의 굴절률 θ_2 : 두 번째 매질에서의 굴절각)

빛이 굴절률이 다른 두 매질을 통과할 때, 각도와 굴절률의 곱이 일정하게
유지됩니다. 굴절률이 높은 매질로 들어갈 때는 빛이 굴절되어 더 작은
각도로 꺾이고, 굴절률이 낮은 매질로 갈 때는 더 큰 각도로 꺾입니다.

예 : 빛이 공기(굴절률 약 1.0)에서 물(굴절률 약 1.33)로 들어갈 때, 빛은
물속에서 더 작은 각도로 굴절됩니다. 이로 인해 물속의 물체가 실제 위치
보다 더 높게 보이는 현상이 나타납니다.

예문 : 빛이 공기(굴절률 n=1.0)에서 물(굴절률 n=1.33)로 입사각 $30°$로
들어갑니다. 이때 굴절각은 얼마인가요? (소수 첫째 자리까지 구하세요.)

$$n_1 \sin\theta_1 = n_2 \sin\theta_2$$

$$1.0 \times \sin 30° = 1.33 \times \sin\theta_2$$

$$0.5 = 1.33 \times \sin\theta_2$$

$$\sin\theta_2 = \frac{0.5}{1.33} \approx 0.3759$$

$$\therefore \theta_2 \approx 25.1°$$

스넬의 법칙은 렌즈, 안경, 카메라 설계 등에서 중요한 역할을 합니다.

• 임계각과 전반사

- 임계각(Critical Angle) : 굴절각이 90°가 될 때의 입사각을 임계각이라
  합니다. 이보다 큰 각도로 빛이 입사하면 굴절되지 않고 전반사가 일어납니다.
- 전반사(Total Internal Reflection) : 빛이 굴절률이 높은 매질에서 낮은
  매질로 진행할 때, 임계각보다 큰 각도로 입사하면 빛은 굴절되지 않고
  완전히 반사되는 현상입니다.

3) 회절(Diffraction)

- 빛이 장애물을 만나거나 좁은 틈을 통과할 때, 직진하지 않고 굽어지는
  현상입니다.
- 파장이 길수록 회절이 잘 일어납니다.

4) 간섭(Interference)

- 두 개 이상의 파동이 겹쳐질 때, 파동이 서로 강화되거나 약화되는 현상입
  니다.
  ⓐ 보강 간섭 : 파동이 강화됩니다.
  ⓑ 상쇄 간섭 : 파동이 약해집니다.
- 이중 슬릿 실험 : 이 실험에서 빛이 두 슬릿을 통과할 때, 간섭무늬가
  나타나는 현상이 관찰되며, 빛의 파동성을 증명합니다.

5) 편광(Polarization)

- 빛의 진동 방향이 특정 방향으로만 제한되는 현상입니다.
- 편광된 빛은 한 방향으로만 진동합니다.

2. 현대 물리학에서의 빛 : 입자적 성질

• 광자의 개념 : 빛은 에너지를 가진 입자(광자, Photon)로 설명할 수 있습니다.
• 에너지 방정식 : $E = h \cdot f$ 여기서 h는 플랑크 상수입니다.
• 광전 효과(Photoelectric Effect) : 특정 금속에 빛을 비추면 전자가 방출되는
  현상입니다.
• 콤프턴 효과(Compton Effect) : 고에너지 X선이 전자와 충돌할 때, 산란된
  X선의 파장이 길어지는 현상입니다.

3. 빛의 이중성

빛은 상황에 따라 파동처럼, 때로는 입자처럼 행동합니다.

파동-입자 이중성 : 빛의 이중적 성질을 설명하는 개념입니다.

 예 : 이중 슬릿 실험에서 간섭무늬(파동성)와 개별 광자의 충돌(입자성)이 동시에 관찰됩니다.

4. 빛의 스펙트럼

빛의 스펙트럼은 빛이 파장(또는 주파수)에 따라 나뉘는 분포를 의미합니다. 스펙트럼은 빛의 다양한 성질을 이해하는데 중요한 도구로, 파장 또는 주파수에 따라 에너지와 특성이 달라집니다. 빛의 스펙트럼은 전자기파 스펙트럼의 일부로, 가시광선과 그 외의 전자기파를 포함합니다.

1) 전자기파 스펙트럼

전자기 스펙트럼은 파장 또는 주파수에 따라 빛을 분류합니다. 파장이 길수록 에너지가 낮고, 파장이 짧을수록 에너지가 높습니다.

전자기파 스펙트럼 표 4-1

범위	파장(λ)	주파수(f)	특징 및 용도
라디오파	> 1 m	< 300 MHz	라디오 방송, 텔레비전, 무선 통신
마이크로파	1 mm ~ 1 m	300 MHz ~ 300 GHz	레이더, 위성 통신, 마이크로파 오븐
적외선	700 nm ~ 1 mm	300 GHz ~ 430 THz	열 감지, 리모컨, 야간 투시 장치
가시광선	400 ~ 700 nm	430 THz ~ 750 THz	인간이 볼 수 있는 빛(빨강 ~ 보라색)
자외선	10 ~ 400 nm	750 THz ~ 30 PHz	살균, 비타민 D 생성, 피부 노화와 손상의 원인
X선	0.01 ~ 10 nm	30 PHz ~ 30 EHz	의료 영상, 금속 탐지, 물질 분석
감마선	< 0.01 nm	> 30 EHz	방사선 치료, 원자핵 연구, 천체 물리학

2) 가시광선 스펙트럼

가시광선은 인간의 눈으로 감지할 수 있는 전자기파의 범위로, 400nm (보라색)에서 700nm(빨간색)까지입니다. 각 파장은 특정한 색깔로 인식됩니다.

가시광선 스펙트럼 표 4-2

보라색(400~450nm) : 짧은 파장, 높은 에너지

파란색(450~495nm) : 시원한 색조

초록색(495~570nm) : 중간 파장, 자연에서 흔히 보이는 색

노란색(570~590nm) : 따뜻한 느낌의 색

주황색(590~620nm) : 빨간색과 노란색의 중간색

빨간색(620~700nm) : 가장 긴 파장, 낮은 에너지

3) 빛의 스펙트럼의 분류와 활용

스펙트럼은 연속 스펙트럼, 흡수 스펙트럼, 방출 스펙트럼으로 구분됩니다.

① 연속 스펙트럼

모든 파장이 연속적으로 포함된 스펙트럼

예 : 태양광에서 프리즘을 통해 분리된 색깔들

② 흡수 스펙트럼

특정 파장이 흡수되어 나타나는 스펙트럼의 어두운 선

예 : 태양광이 대기를 통과하며 특정 파장을 흡수

③ 방출 스펙트럼

특정 물질이 방출하는 빛의 특정 파장만 나타나는 밝은 선

예 : 네온사인, 가스 방전관

"맥락의 틀"을 만드는 구체적 방법 (1)

1단계 "맥락의 틀" 만들기

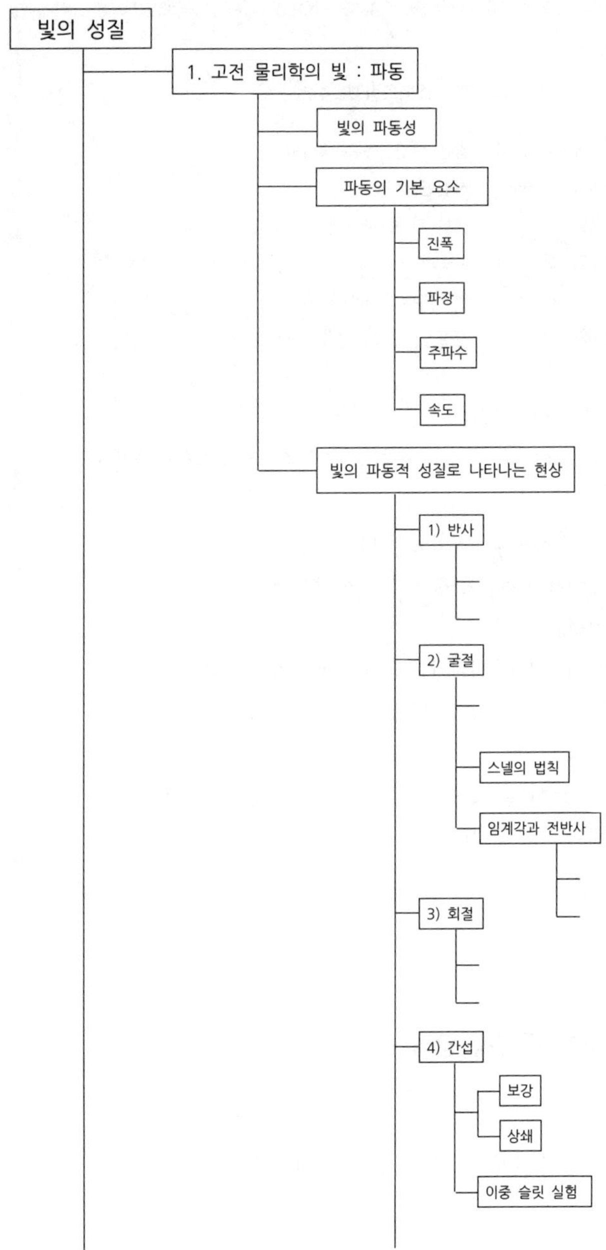

빛의 성질
1. 고전 물리학의 빛 : 파동
빛의 파동성
파동의 기본 요소
진폭
파장
주파수
속도
빛의 파동적 성질로 나타나는 현상
1) 반사
2) 굴절
스넬의 법칙
임계각과 전반사
3) 회절
4) 간섭
보강
상쇄
이중 슬릿 실험

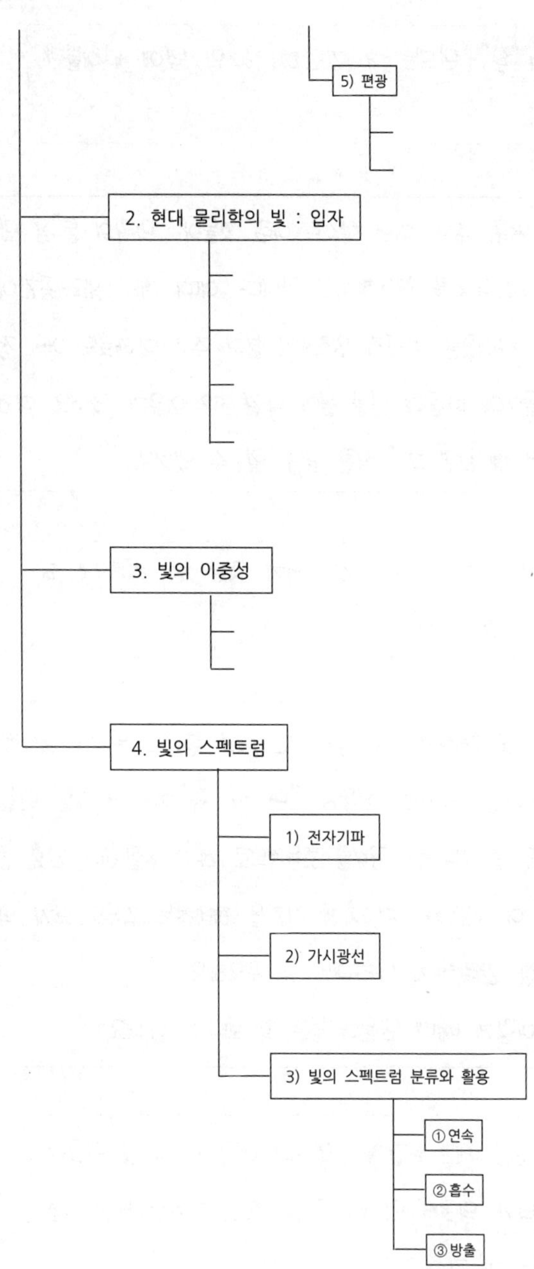

5) 편광
2. 현대 물리학의 빛 : 입자
3. 빛의 이중성
4. 빛의 스펙트럼
1) 전자기파
2) 가시광선
3) 빛의 스펙트럼 분류와 활용
① 연속
② 흡수
③ 방출

선생님 "맥락의 틀" 만드는 거 간단해 보여요. 앞에 타이틀만 붙여 주면 되네요.

네. 보통 제목, 주제, 메인 텍스트 이런 것들이 "맥락의 틀"을 만들 때 써요. 그리고 목차를 활용하기도 합니다. 이때 어느 정도 공간이 있어야 해요. 타이틀을 가급적 왼쪽으로 붙여 주고 아래로도 어느 정도 간격을 만들어야 나중에 살을 붙여 나갈 때 여유가 있어요. 이건 여러분이 직접 해 보면 그 이유를 금방 알 수 있어요.

선생님, 그런데 아무것도 적지 않은 게 보이는데 왜 그런 건가요?

먼저, 타이틀 형태만 적어 주고 긴 내용 형태는 문제를 분석하면서 적어 나갈 거예요. 이렇게 "맥락의 틀"에서 뼈대를 만들어 가는 이유 중 하나가 공부를 효율적으로 하기 위함인데 간혹 공을 들인다고 이 부분에서 지나치게 시간을 허비하는 경우도 보게 되는데 최대한 간략하게 나타내는 게 중요해요.
그런데, 이렇게 뼈대 만들어 놓은 걸 보니까 어때요?

본문 내용을 봤을 때는 복잡해 보였는데 이렇게 뼈대를 만들어 놓으니까 정리가 되면서 앞에서 말씀하셨던 것처럼 본문의 숲 전체가 보이는 거 같아요.

네, 맞아요. 숲 전체가 보일 거예요. 수납공간을 만들어 놓고 각 수납공간마다 이름을 붙여 그 이름에 맞는 물건을 분류해 넣어 두면 시험에서 쉽게 찾을 수 있을 거예요.

선생님 그럼 다음에 해야 할 건 무엇인가요?

문제와 해설을 보면서 살을 붙여 나갈 거예요.

"몰입 flow"

"명확한 목표"는 몰입의 여러 요소 중 하나로 활동의 목표가 명확하고 구체적일 때 몰입하기 쉽습니다. 목표가 분명하면 집중도가 높아지고, 방향성을 가지고 행동할 수 있습니다.

공부해야지! 마음먹은 후 여러분 행동은 보통 '책을 보거나 문제를 푼다.'가 행동의 전부입니다. 구체적인 행동 목표의 유무의 차이는 몰입의 차이를 만듭니다.

실행해 보세요. 몰입의 또 다른 차원을 경험하게 됩니다.

출제자의 의도를 엿볼 수 있는 기출문제

문제로 살을 붙이는 이유! 왜 그렇게 하는지 알 거 같아요. 우리가 푸는 문제는 실무와 같아서 실무를 통해 실수할 수 있는 부분을 한 번에 정리하여 피드백 받는 것이 효율적이기 때문에 문제로 살을 붙여 한 번에 정리하기 위함이에요.

정확하게 이해하고 있어요. 자, 여기서 질문 하나만 할게요. 만약 학생 본인이 시험 문제 출제자라면 어떠한 방식으로 출제할 생각인가요?

출제자라는 생각을 진지하게 해 본 적이 없어서 바로 떠오르는 건 없는데……

난이도는 모든 학생이 풀 수 있는 기본 수준의 문제로 쉽게 맞출 문제(약 30%), 이해력과 응용력을 적절히 평가할 수 있는 문제로 평균 난이도의 문제(약 50%), 우수한 학생의 실력을 변별하기 위한 문제로 어려운 문제(약 20%) 정도로 문제를 분포해서 낼 거 같아요.

와우! 출제자다운 관점이에요. 그럼 여기서 또 질문! 시험 보는 학교 학생들이 잘하는 학생이 많으면 어떠한 분포로 출제하면 좋을까요?

기본 난이도(약 20%), 평균 난이도(약 40%), 어려운 난이도(약 40%) 정도 분포로 낼 거 같아요.

네. 좋아요. 선생님도 그러한 분포로 출제할 거 같아요. 만약 여러분이 어떤 고등학교에 입학 후 첫 시험을 치른다고 했을 때 난이도나 선생님들의 출제 경향을 파악할 수 있는 방법으로 무엇이 있을까요?

기출문제 분석 아닐까요?

네, 맞아요. 매번 출제자의 관점을 완벽히 파악하는 것은 쉽지 않지만, 이를 예측할 수 있는 중요한 자료가 바로 기출문제에요.

기출문제 분석이 중요한 이유는 단순히 과거의 문제를 반복해서 푸는 데 그치지 않고, 효율적인 학습 전략을 세우는데 핵심적인 도구이기 때문입니다.

먼저, 기출문제를 통해 출제 경향을 파악할 수 있습니다. 출제자가 선호하는 문제 유형, 난이도, 자주 다루는 개념들을 확인함으로써 시험의 흐름과 초점을 미리 예측할 수 있습니다. 이는 학습 방향을 설정하는데 큰 도움이 됩니다.

또한, 기출문제는 핵심 개념을 확인하는데 유용합니다. 반복적으로 출제되는 내용은 그만큼 시험에서 중요하게 여겨지는 부분이며, 학습 시 우선순위를 정하는 기준이 됩니다.

기출문제를 활용하면 시간 관리 능력도 기를 수 있습니다. 실제 시험 과 유사한 환경에서 문제를 풀어 보며 제한된 시간 안에 해결하는 연습을 할 수 있어, 시험 당일 긴장감을 줄이고 효율적으로 문제를 푸는데 도움이 됩니다.

더불어 기출문제는 출제자의 의도를 이해하는 훈련이 되기도 합니다. 문제 구성 방식과 질문의 흐름을 분석함으로써, 출제자가 원하는 답변 방향을 파악할 수 있고, 이에 맞춘 전략적인 공부가 가능해집니다.

마지막으로 기출문제를 통해 빈출 유형에 효과적으로 대비할 수 있습 니다. 자주 나오는 문제 형식을 익혀두면 실수를 줄일 수 있고, 점수 를 안정적으로 끌어올릴 수 있습니다.

결국 기출문제는 단순한 복습 자료가 아닌, 시험을 분석하고 전략적 으로 접근할 수 있게 해주는 가장 강력한 학습 도구입니다.

중요한 건 정해져 있다.

자, 지금부터 동창회 약속 장소를 정하려고 해요. 친구들 사는 지역이 각자 다 다르고 서울에서 모이려고 하는데 약속 장소를 어디로 정하면 다들 찾기 편할까요?

코엑스몰의 별마당 도서관으로 정하면 어떨까요? 다들 그곳을 약속 장소로 정하더라고요.

좋은 의견이에요. 코엑스몰은 서울 강남구에 위치해 있으며, 지하철 2호선 삼성역, 9호선 봉은사역 등과 연결되어 있어 서울과 수도권 지역에서 접근이 쉬워 교통의 중심지에요. 그리고 별마당 도서관은 코엑스몰 내부 중심부에 위치해 있어 어떤 출입구로 들어오더라도 쉽게 찾아갈 수 있는데 이러한 이유들로 코엑스몰의 별마당 도서관은 서울을 대표하는 만남의 장소이자 랜드마크로 많은 사람들에게 사랑받고 있어요.

사람들이 많이 모이는 장소는 따로 정해져 있는 거 같아요.

사람들이 많이 모이고 중요한 장소가 정해져 있듯이 중요한 내용도 정해져 있어요.

중요한 내용을 어떻게 하면 빠르게 알아낼 수 있을까요?

일반적으로 개념이나 교과 내용을 여러 번 반복해서 학습하면 중요한 내용을 파악할 수 있어요. 하지만 더 효율적인 방법은 기출문제를 활용하는 거예요. 기출문제를 분석하면 반복적으로 출제되는 내용을 확인할 수 있고, 이 내용이 바로 중요한 핵심 개념임을 알게 돼요. 기출문제는 출제자의 의도와 시험의 방향을 보여 주는 가장 효과적인 자료이기 때문에, 이를 활용하면 시간과 노력을 절약하면서 학습의 질을 높일 수 있어요.

반복되어 출제되는 내용에 별표(*)를 해야겠네요.

간혹, 기출문제만 따로 보는 경우가 있는데 효율적이지 못한 방법입니다. 개념을 통해 타이틀로 구조를 만들어 놓고 문제와 개념을 오가며 살을 붙여야 이론의 틀과 실무의 틀이 하나로 연결돼 정리가 돼요. 그렇지 않으면 기출을 여러 번 봐야 하는 번거로움이 생겨요. 다시 말해 하이브리드 역량 강화를 통한 효율적 공부라고 말할 수 있어요.

아! 그리고 하버드 같은 최상위권 학생들도 족보를 본답니다.
왜냐하면 족보는 단순한 '답 외우기'가 아니라, 출제자의 사고 방식과 문제 구조를 파악하는 자료이기 때문이에요.
실력 있는 학생일수록 개별 문제를 무작정 푸는 게 아니라 문제의 틀을 먼저 이해하고 구조를 읽는데 집중합니다.
그래야 새로운 문제가 나와도 쉽게 대응할 수 있으니까요.

하버드 등 명문대 내부의 학습 문화

 하버드 대학의 'The Harvard Crimson(학내 신문)'이나 아이비리그 학생들의 인터뷰를 담은 칼럼들에서 유사한 논리가 자주 등장합니다. 그들은 과거 시험지(Past Papers)를 분석하는 이유를 "교수의 논리 체계(Logic System)를 복제하여 내 것으로 만들기 위함"이라고 정의 합니다.

전략적 학습 이론 (Strategic Learning Theory)

 교육 심리학의 '전략적 학습자' 개념에 따르면, 우수한 학생들은 시험을 하나의 '시스템'으로 이해합니다. 이 관점에서 족보는 시스템의 입력값(Input)과 출력값(Output)을 연결하는 알고리즘을 파악하는 데이터로 간주됩니다.

'답 외우기' vs '구조 파악'의 차이

 일반적인 학생과 최상위권 학생의 족보 활용법은 극명하게 갈립니다.

구분	일반적인 활용 (단순 암기)	최상위권의 활용 (구조 분석)
목표	동일한 문제가 나오길 기대함	문제의 패턴과 원리를 추출함
방법	정답 자체를 통째로 외움	변형될 수 있는 변수를 예측함
결과	문제가 조금만 바뀌어도 당황함	응용문제가 나와도 핵심을 짚어냄

"맥락의 틀"을 만드는 구체적 방법 (2)

2단계 문제로 살 붙이기

STEP 1

문제 1 : 빛의 파동 성질에 관한 문제

빛은 전자기파로, 전기장과 자기장이 서로 직각으로 진동하면서 에너지를 전달합니다. 이와 관련된 설명으로 옳은 것은 무엇인가?

① 빛의 파장은 주파수와 비례한다.

② 빛의 주파수는 파장과 비례한다.

❸ 빛의 속도는 파장과 주파수에 관계없이 일정하다.

④ 빛의 파장은 파동의 진폭과 비례한다.

⑤ 빛의 주파수는 파장이 길어지면 증가한다.

정답 및 해설 : ①과 ②는 파장과 주파수가 반비례 관계임을 간과한 설명입니다.

④는 파장은 진폭과 관계없음을 잘못 기술했습니다.

⑤는 파장이 길어지면 주파수가 감소하므로 틀렸습니다.

③ 빛의 속도는 파장과 주파수에 관계없이 일정하다. (빛의 속도는 진공에서 일정하며, 파장과 주파수는 반비례 관계에 있습니다.)

STEP 2

일단 먼저 밑줄 그은 내용을 이해하는 것이 중요해요. 이해가 됐으면 본문을 참고하여 살붙일 내용을 "맥락의 틀" 어디에 있는지 찾아 본인만 알아볼 수 있게 최대한 간략하게 적어 주면 돼요.

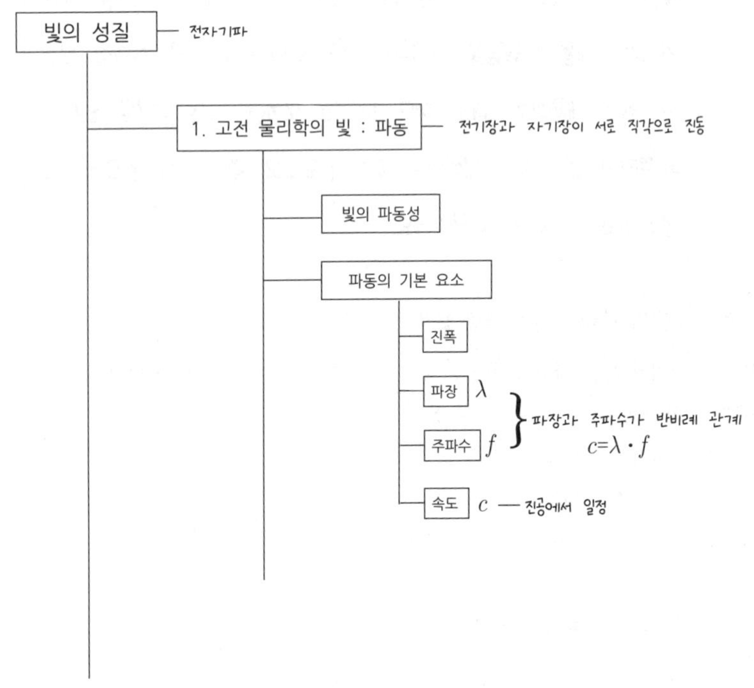
빛의 성질 — 전자기파

1. 고전 물리학의 빛 : 파동 — 전기장과 자기장이 서로 직각으로 진동

빛의 파동성

파동의 기본 요소

진폭

파장 λ

주파수 f

파장과 주파수가 반비례 관계
$c = \lambda \cdot f$

속도 c — 진공에서 일정

보기 ⑤ 빛의 주파수는 파장이 길어지면 증가한다. 에서 이 내용을
압축해서 표현할 수 있는 식이 $c=\lambda \cdot f$이에요.

$$c=\lambda \cdot f$$

$$\Rightarrow c는\ 일정 \begin{cases} \lambda \Uparrow,\ f \Downarrow \\ \lambda \Downarrow,\ f \Uparrow \end{cases} \} 파장과\ 주파수가\ 반비례\ 관계$$

그래서 기호와 이 내용을 압축해 표현할 수 있는 $c=\lambda \cdot f$식을
살로 붙여준 거에요.

답만 살을 붙이는 것이 아니라 문제에 나온 모든 내용에 대해서
분석하고 이해해서 살을 붙여 주는 거군요.

문제에 나온 내용들은 출제자가 이 정도 내용은 알고 있어야 된다고
생각하고 출제하는 문제들이기 때문에 답이 아닌 보기들도 토시 하나
빠트리지 말고 알고 있어야 해요. 그리고 문제에 나온 내용이 잘 이해
가 안 될 때는 개념으로 돌아가서 완벽하게 이해하고 살을 붙여야 해
요. 그래야 간략하게 살을 붙여 나갈 수 있어요. 이해하지 못하면 모든
내용이 암기가 되어 살 붙일 내용이 너무 많아져요. 암기는 맨 마지
막에 해야 하는데 앞에서 배웠던 의미 부여 방법이 적용될 수 있는
부분은 먼저 적극적으로 적용해 보고, 그 외의 부분은 반복적인 아웃풋을
통해 익히는 방식으로 접근하면 됩니다.

앞에서 설명하셨던 이론과 실무가 다르듯 개념과 문제가 다를 수 있다는 말이 이 문제를 통해 확실하게 이해된 거 같아요. 저는 "파장과 주파수는 반비례 관계에 있다." 또는 관계식 $c=\lambda \cdot f$ 정도를 물어볼 줄 알았는데 "파장이 증가할 때 주파수는 감소"와 같이 전혀 다른 관점 또는 표현으로 물어보니까 과연 내가 시험이라는 짧은 시간 안에 당황하지 않고 저 표현을 이해할 수 있을지 의문이 들어요. 왜냐하면 시험 때는 더 긴장이 돼서 아는 것도 실수할 수 있기 때문이에요. 이 내용을 통해서 나와 출제자의 관점은 다를 수 있다는 점을 알게 됐고 다시 한번 기출문제를 통해 출제자의 의도를 객관적으로 분석하는 것은 꼭 필요하다는 걸 느꼈어요.

빛의 속도 c는 진공에서 얼마일까요? 약 3.0×10^8 m/s 이렇게 단편적인 지식을 묻는 문제는 잘 나오지 않아요. 왜냐하면 최근에 치러지는 대부분의 시험은 단순한 암기보다 사고력과 분석력을 평가하기 위해 설계되는데 다양한 관점에서 문제를 출제함으로써 학생이 특정 주제를 얼마나 깊이 이해하고 있는지를 확인할 수 있기 때문이에요.

제가 출제자라면 저도 단편적인 지식을 묻는 문제는 피할 거 같아요. 학생들이 깊이 있게 공부했다는 건 다양한 관점으로 공부했다는 얘기고 그러기 위해선 앞에서 말씀해 주셨던 스스로 "왜?"를 물어보며 하는 게 도움이 많이 될 거 같아요.

네, 맞아요. "왜?"를 물으며 공부하는 습관은 다양한 관점을 키울
수 있는 좋은 공부법입니다.

예를 들어 "빛의 파장(λ)과 주파수(f)는 서로 반비례 관계를
가지며, $c=\lambda \cdot f$의 관계로 연결"

이 내용을 "왜?"를 물어가며 공부하면 어떻게 진행되는지 과정을
보여드리면 이해가 좀 더 쉬울 거예요.

파장과 주파수는 반비례 관계를 가진다? 그리고 속도는 일정하고
관계식 $c=\lambda \cdot f$로 나타낸다.

왜 그렇지? 이해가 잘 되지 않는데 좀 더 쉽게 설명된 자료를 찾아
보자.

돌을 자주 던질수록(주파수 증가) 물결 간격(파장)은 짧아집니다.
돌을 천천히 던질수록(주파수 감소) 물결 간격(파장)은 길어집니다.
하지만 물결이 퍼져 나가는 속도(호수에서의 파동 속도)는 동일하게 유지됩니다.

"왜?"라고 물으며 공부하면, 스스로 능동적으로 사고하게 돼요.
앞서 말씀드렸듯이, 이런 방식은 주관적인 의미를 부여하게 해 주
기 때문에 기억에 오래 남고 쉽게 잊히지 않지요.
여기에 만약 구체적이고 다양한 관점의 질문까지 더해진다면,
하나의 개념이 여러 방향으로 연결되며 더욱 깊이 있는 이해로
확장될 수 있어요.

　공부를 잘하고 못하고의 차이를 만드는 가장 큰 원인은 생각의 유무입니다. 학문적 호기심이 있기 때문에 어떤 내용이 나왔을 때 그 내용에 대해 깊이 있게 생각하게 되고 이해하려 노력하고 그러한 노력이 맥락의 연결을 만들고 바둑에서와 같이 생각 없이 암기로만 채워진 내용은 시간이 지났을 때 다시 기억해 내기 힘들지만 맥락의 연결로 채워진 내용은 시간이 지나도 다시 생각해 낼 수 있기 때문에 다른 결과를 만들어 내는 것입니다.

　공부에 있어서 차이를 만들어 내는 요인이 여러 요인이 있지만 이렇게 학문을 대하는 태도 또한 큰 부분을 차지합니다. 학문을 대하는 태도에서 유전적인 부분은 바꿀 수 없지만 관점은 노력으로 만들어 갈 수 있습니다. 그 방법이 앞에서 말씀드렸던 스스로에게 "왜?"라는 질문을 던지며 공부하는 방법이었습니다. "왜?"라는 질문을 하는 이유는 능동적으로 생각하게 만드는 강력한 도구이기 때문입니다. 여기서 한발 더 나아가 ……

"생각을 구체화 시켜주는 셀프 질문(Self-questioning)을 다양한 관점으로 해 본다면······"

"몰입 flow"에서 "명확한 목표"는 몰입의 여러 요소 중 하나로 활동의 목표가 명확하고 구체적일 때 몰입하기 쉬웠습니다. 막연한 "왜?"에서 한발 더 나아가 구체적 생각을 만들어 주는 여러 관점의 구체적인 질문을 스스로에게 던지면 생각에 더 몰입할 수 있지 않을까요?

 질문은 비즈니스 모델에서도 중요한 역할을 하는데 전반적인 성공에 필수적입니다. 이를 통해 문제를 발견하고, 혁신을 유도하며, 목표를 명확히 설정할 수 있습니다. 특히, 구체적인 질문은 단순히 "어떻게 할 것인가?"를 넘어 "이 방식은 어디에 필요한가?"라는 근본적인 고민을 가능하게 하여 비즈니스를 지속 가능한 방향으로 발전시키는데 핵심 역할을 합니다.

셀프 질문(self-questioning)은
자가 발전(self-driven learning)을 만든다.

공부든 일상이든, 누군가가 정해준 틀 안에서만 움직이면 생각은 자라지 않습니다. 진정한 성장은 스스로 묻고, 스스로 답을 찾으려는 노력에서 시작됩니다.

이때 핵심이 되는 것이 바로 '셀프 질문(Self-questioning)'입니다.

"왜 이 개념은 이렇게 작동할까?"

"이 방식 말고 다른 접근은 없을까?"

"내가 진짜 모르는 건 뭘까?"

이처럼 스스로에게 던지는 질문은 단순한 호기심이 아니라, 생각을 자극하고 사고의 방향을 잡아 주는 내면의 네비게이션 역할을 합니다.

이 질문이 반복되면, 사람은 점점 외부 자극 없이도 스스로 사고를 확장하고 정리하는 능력, 즉 '자가 발전(Self-driven thinking)'의 힘을 갖게 됩니다. 이러한 사람은 더 이상 누군가에게 배우기만 하지 않습니다.

배움의 과정 자체를 스스로 설계하고, 지식의 흐름을 주도합니다. 그 결과, 문제를 만나도 외부의 도움보다 자기 사고 안에서 해답을 끌어낼 수 있는 힘을 지니게 됩니다.

셀프 질문이 반복되면 생각은 점차 구조를 갖추게 되고, 그 구조는 상황이 바뀌어도 흔들리지 않는 지적 자립의 뿌리가 됩니다.

스스로 질문하는 습관이 쌓이면, 결국 스스로 발전하는 사고의 시스템이 만들어져요.
셀프 질문은 자가 발전의 씨앗이고, 그 질문을 멈추지 않는 사람만이 진짜로 성장할 수 있어요. 그리고 다양한 관점에서 던지는 질문은 단순한 배움을 넘어서 외부의 인풋(input)없이 오직 스스로의 힘으로 창의적인 생각과 새로운 아이디어를 끌어내는 힘이 되기도 해요.

셀프 질문이 단순한 학습을 넘어서 창의적인 생각으로 이어진다니, 말 그대로 자가발전이 맞네요. 그게 어떻게 가능한지 더 자세히 알고 싶어요. 선생님!

"
질문에 답을 찾기보다… 끝에 다다르면 또 다른 질문으로, 끝도 없이 이어지는 질문이 소설을 쓰게 하는 힘
"

한 강 작가(노벨문학상 수상자)

예시 : 꼬리를 무는 질문으로 만들어 가는 소설 창작 과정
판타지 성장 소설

1단계 : 핵심 질문 하나에서 시작

Q1. "만약 평범한 아이가 특별한 능력을 갖게 된다면?"

→ 어떤 능력이지? 왜 평범한 아이여야 하지?

2단계 : 배경과 세계관을 묻기 시작

Q2. "이 능력이 존재하는 세계는 어떤 곳일까?"

→ 마법이 금지된 세상? 능력자가 통제당하는 디스토피아?

Q3. "이 세계에서 그 능력은 어떤 취급을 받을까?"

→ 영웅인가? 위협인가? 차별 대상인가?

3단계 : 주인공의 내면과 성장에 질문을 던짐

Q4. "주인공은 이 능력을 어떻게 받아들일까?"

→ 두려워할까? 숨길까? 혹은 오히려 자랑스러워할까?

Q5. "이 능력 때문에 무엇을 잃고, 무엇을 얻게 될까?"

→ 친구, 가족, 평범한 삶을 잃고… 새로운 진실, 용기, 동료를 얻게 된다?

4단계 : 스토리 전개를 위한 질문으로 확장

Q6. "주인공을 방해할 인물은 누구이며, 왜 갈등하게 될까?"

→ 권력을 가진 사람? 과거의 친구? 능력을 빼앗으려는 자?

Q7. "이 이야기가 향하는 궁극적인 질문은 무엇일까?"

→ 능력이 중요한 게 아니라, 인간으로서의 선택이 중요한 이야기?

5단계 : 엔딩과 여운을 위한 마지막 질문

Q8. "끝났을 때 독자가 스스로 어떤 질문을 하게 만들고 싶은가?"

→ 나였다면 어떤 선택을 했을까?

→ 진짜 특별하다는 건 뭘까?

· **질문은 구조를 확장시켜 지식을 '자라게' 합니다.**

질문은 단순한 궁금증이 아닙니다.

질문은 지식을 움직이게 하고, 확장하게 하며, 살아 있게 만드는 도구입니다. 그중에서도 셀프 질문(Self-questioning)은 학습자 스스로 지식의 경계를 넓혀가는 출발점이 됩니다.

왜냐하면 질문은 단순히 개념을 '이해하는 것'에 머무르지 않고, 그 개념을 어떤 상황에 어떻게 적용할 수 있는지 실험하게 만들어 주기 때문입니다.

예컨대, "이 개념이 다른 맥락에서도 통할까?", "반대로 생각하면 어떤 결과가 나올까?"와 같은 질문은 지식을 고정된 틀 안에 가두지 않고, 끊임없이 확장하고 전이하게 합니다.

이런 질문의 흐름은 결국, 지식의 구조를 만드는 힘으로 이어집니다. 셀프 질문은 흩어진 지식을 그저 나열하는 것이 아니라, 스스로 분류하고, 정리하고, 연결하며 하나의 체계로 조직해 가는 훈련이 됩니다.

이것이 바로 '구조화된 사고(Structured Thinking)'의 시작입니다.

질문을 던지며 배우는 사람은 지식을 따라가는 사람이 아니라, 지식의 흐름을 스스로 설계하고 창조하는 사람이 됩니다.

다양한 관점에서 던진 질문은 지식에 뼈대를 세우고, 그 뼈대를 따라 사고는 구조화됩니다.

그리고 그 구조는 단순한 정보 이해를 넘어, '나만의 맥락'과 '깊이 있는 통찰'을 창조하는 토대가 되어 줍니다.

· 셀프 질문(Self-questioning)은 학습 과정의 강력한 도구

 셀프 질문(Self-questioning)은 학습을 수동적인 정보 수용에서 능동적인 사고 과정으로 전환시키는 핵심 도구입니다. 스스로 질문을 던지고 답을 찾는 과정은 개념을 단순히 이해하는 데서 그치지 않고, 어디에 어떻게 적용할 수 있는지를 탐색하게 하여 학습 내용을 깊이 내재화합니다. 이 과정에서 자신의 이해 수준을 점검할 수 있고, 암기 중심 학습보다 기억이 오래 유지되며 문제 해결 능력과 사고의 폭도 함께 확장됩니다.

또한 셀프 질문은 학습 중 집중력을 높이고, 왜 이 내용을 공부하는지에 대한 목적을 분명하게 만들어 학습 효율을 높여 줍니다. 시험 대비에서도 예상 질문을 만들고 답을 준비하는 훈련이 되어 실전 대응력을 키울 수 있으며, 호기심과 흥미를 자극해 학습 동기를 지속시키는 역할을 합니다. 결국 셀프 질문은 지식을 단순히 따라가는 것이 아니라 스스로 탐구하고 연결하며 구조화하는 힘을 길러 주는 방법으로, 자기 주도 학습과 깊은 이해를 동시에 가능하게 합니다.

· 구체적 셀프 질문은 지식의 정밀한 구조를 만든다.

구체적이고 다양한 관점의 셀프 질문은 단순한 호기심을 넘어, 지식 안에 정교한 연결망과 구조를 형성합니다. 이는 탐험가가 공간을 누비며 단서를 발견하듯, 학습자가 지식의 영역을 세밀하게 관찰하며 서로 다른 개념을 연결하는 과정입니다. 표면을 훑는 이해가 아니라, 현미경으로 들여다보듯 지식의 내부 구조를 깊이 파고드는 사고가 이루어지는 것입니다.

과거에 '교과서만 보고도 수석했다.'는 말이 가능했던 이유 역시, 한정된 정보를 반복 암기했기 때문이 아니라 스스로 질문을 던지며 개념의 구조와 맥락을 끝까지 파고드는 정밀한 학습이 있었기 때문입니다. 그러나 오늘날의 학습 환경은 훨씬 복잡해졌고, 문제 역시 단순 암기가 아닌 다각도의 해석과 융합적 사고를 요구합니다. 이제는 교과서를 반복하는 것만으로는 충분하지 않습니다. 다양한 문제를 통해 먼저 맥락의 틀을 만들고, 그 위에서 여러 각도로 셀프 질문을 던지는 습관이야말로 오늘날 가장 효율적이고 필수적인 학습 방식입니다.

질문은 단순한 궁금증을 넘어, 이론을 더욱 단단히 다듬는 정제의 도구가

됩니다. 그렇게 다져진 구조 위에서 다시 던지는 질문은 새로운 사유의

방향을 열어 주고, 마침내 자신만의 이론의 틀을 만들어 냅니다.

최 작가

얘기가 길어졌는데 다시 객관식 공부법에 관한 내용을 이어서

설명하도록 할게요.

기출문제는 *가이드라인(Guideline)을 제시해 준다.

본문 내용

3. 빛의 이중성

　　빛은 상황에 따라 파동처럼, 때로는 입자처럼 행동함

　　파동-입자 이중성 : 빛의 이중적 성질을 설명하는 개념

　　예 : 이중 슬릿 실험에서 간섭무늬(파동성)와 개별 광자의 충돌(입자성)

　　　　이 동시에 관찰됨.

빛은 상황에 따라 파동처럼, 때로는 입자처럼 행동한다?

빛이 살아 움직이는 것도 아닌데 어떻게 이럴 수 있지?

그럼 두 가지 성질을 동시에 갖고 있다는 얘긴가?

이중 슬릿 실험은 뭐지? 이 실험을 통해 두 가지 성질이 동시에 발견된 건가?

셀프 질문(Self-questioning)을 해 보고 관련 자료를 통해 알아보자.

Self Q1

이중 슬릿 실험은 누가? 왜? 실험을 했을까?

관련 자료 1

1801년, 토머스 영(Thomas Young)은 빛이 파동의 성질을 가지고 있음을 증명하기 위해 이중 슬릿 실험을 고안했습니다.
이후, 현대 물리학에서는 전자나 원자와 같은 입자가 이 실험에서 보여 주는 이상한 결과를 통해 양자 역학의 중요한 개념인 파동-입자 이중성을 확립했습니다.

Self Q2

그렇다면 이전에는 빛은 입자라고 여겨졌나?

이중 슬릿 실험 전의 빛에 대한 인식

이중 슬릿 실험(1801년, 토머스 영) 이전에는 빛이 입자로 구성되어 있다는 생각이 우세했습니다. 이 견해는 뉴턴이 주장한 입자설(Corpuscular Theory)에 기반한 것입니다.

뉴턴의 입자설

내용 : 뉴턴은 빛이 작은 입자의 흐름으로 구성되어 있다고 주장했습니다.

근거 : 직진성(빛은 곧게 나아간다.)과 반사(거울에서 빛이 튀어나오는 현상) 등을 설명하기에 입자설이 적합하다고 보았습니다.

당시의 영향력 : 뉴턴의 과학적 권위 때문에 입자설이 오랜 기간 동안 주류 이론으로 자리 잡았습니다.

Self Q3

이중 슬릿 실험은 빛이 파동임을 증명하는 실험인데 어떤 방식으로 실험했을까?

기본 실험 장치

광원 : 단색광[예 : 레이저]을 사용하여 빛을 방출

슬릿(구멍 두 개) : 두 개의 좁은 틈(슬릿)을 가진 장치를 빛이 통과

스크린(관찰면) : 슬릿을 통과한 빛이 도달하여 결과를 관찰

실험 절차

빛을 단색광으로 조절하여 첫 번째 슬릿을 통과하게 함

첫 번째 슬릿을 통과한 빛이 두 개의 슬릿에 도달

두 슬릿을 통과한 빛이 스크린에 도달하며, 결과를 관찰

관찰 결과

이중 슬릿 실험에서는 관측 여부에 따라 결과가 달라지는 현상이 나타납니다.

1. 관측이 없는 경우(간섭무늬 발생)

   실험에서 입자(광자, 전자 등)를 두 개의 슬릿을 통과하도록 하면, 스크린에 간섭무늬가 나타납니다.

   간섭무늬는 빛이나 입자가 파동처럼 행동하며, 서로 간섭하여 밝고 어두운 띠를 형성한 결과입니다.

   여기서 입자는 두 개의 슬릿을 동시에 지나가는 것처럼 행동하며 이는 입자가 파동성을 가진다는 것을 나타냅니다.

2. 관측이 있는 경우(입자적 분포 발생)

   슬릿 근처에 관측 장치[예 : 입자가 어느 슬릿을 통과했는지 측정하는 장치]를 설치하여 입자의 경로를 측정하려 하면, 간섭무늬가 사라지고 두 슬릿 뒤에 나타나는 입자적 분포가 관찰됩니다.

   이 경우 입자는 두 슬릿 중 하나를 통과한 것으로 보이며, 입자처럼 행동합니다.

   결론적으로, 이중 슬릿 실험에서 관측 여부에 따라 결과가 달라지는 것은 양자 역학의 핵심적인 특징을 보여 주는 실험입니다. 관측이 없는 경우에는 입자의 파동성이 드러나고, 관측이 있을 때는 입자의 입자성이 드러납니다. 이는 미시 세계에서 고전 물리학으로는 설명할 수 없는 독특한 현상입니다.

[간섭이란?]

※간섭(Interference) : 둘 이상 같은 종류의 파동이 서로 겹쳐져 파동이 강화되기도 하고 약화되기도 하며 새로운 파동 패턴을 형성하는 현상을 말합니다.

파동은 이중 슬릿을 지나면 서로 간섭이 일어나 스크린에 간섭무늬를 만들며 파동 제일 위에서 만나는 부분이 가장 밝은 부분이 됩니다. 즉, 이중 슬릿을 지났는데 간섭무늬가 나타났다는 것은 파동을 의미합니다.

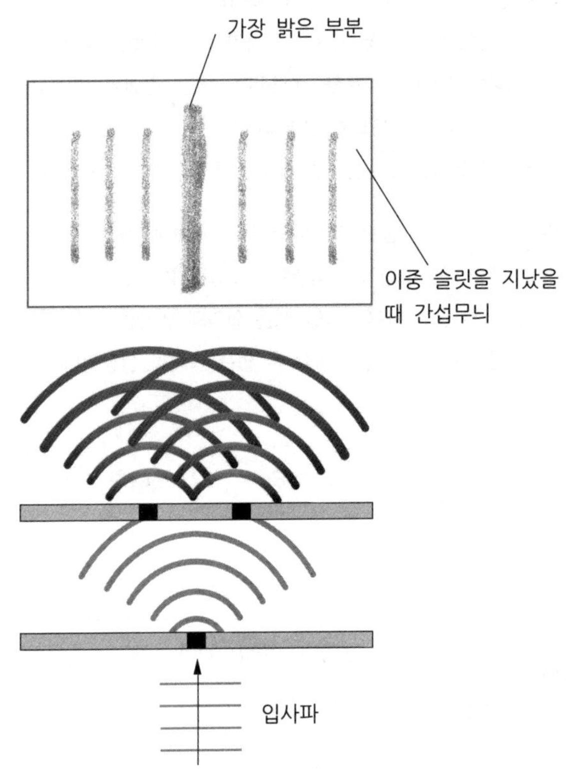

204

문제 7. 이중 슬릿 실험에서 나타나는 간섭무늬는 무엇을 증명하는가?

A) 빛의 입자성
B) 빛의 회절성
C) 빛의 파동성
D) 빛의 반사성
E) 빛의 굴절성

정답 및 해설 : C) 빛의 파동성
(이중 슬릿 실험은 빛이 파동처럼 행동하여 간섭무늬를 형성함을 보여 줍니다.)

문제 4. 두 개의 좁은 틈을 통과한 빛이 간섭 현상을 일으킬 때, 이 실험을 통해 증명된 것은 무엇인가?

① 빛은 입자 성질만 가진다.
② 빛은 주파수에 관계없이 간섭 현상을 일으킨다.
③ 빛은 파동 성질을 가진다는 것을 증명한다.
④ 빛은 단일한 경로만을 따르며 굴절하지 않는다.
⑤ 빛은 다른 파동과 상호 작용을 할 수 없다.

정답 및 해설 : ③ 빛은 파동 성질을 가진다는 것을 증명한다. (이중 슬릿 실험은 빛이 파동 성질을 가진다는 것을 증명하는 중요한 실험입니다.)

선생님, 생각보다 어렵지 않게 나왔네요. 복잡하게 여러 관점으로 물어볼 줄 알았는데……

아! 그래서 기출문제가 가이드라인을 제시한다는 말이 이런 이유 때문이었네요.

출제자의 폭과 깊이를 가늠하게 해 주는 자료가 바로 기출문제이기 때문에 처음부터 자료를 분석하면 공부의 방향을 바로 잡아 갈 수 있어요.

다시 한번 기출문제 분석의 중요성을 알고 왜 기출문제로 살을 붙여 나가는지 알 거 같아요.

선생님, 그리고 앞에서 설명해 주셨던 맥락의 틀에 살을 붙이는 거 이어서 설명해 주시면 좋을 거 같아요. 아직 감이 확실하지 않아서요.

맥락의 틀에 살을 붙이는 방법에 대해 이어서 설명을 해 줄게요. 예전에도 학생들에게 이 부분을 설명해 줄 때 처음 감을 잡기 어려워 여러 번에 걸쳐 확인하며 알려 주었던 기억이 있는데 한 번 감을 잡으면 여러분도 이 방법이 정말 효율적이라는 걸 알게 될 거에요.

문제 2 : 스넬의 법칙에 관한 문제

빛이 공기에서 유리로 들어갈 때, 빛의 경로가 굴절합니다. 스넬의 법칙에 따라 올바른 설명은 무엇인가?

① 입사각이 클수록 굴절각은 작아진다.

❷ 빛이 공기에서 유리로 들어가면 굴절률이 증가한다.

③ 빛의 속도는 유리에서 공기보다 빠르다.

④ 입사각과 굴절각은 항상 같다.

⑤ 빛이 공기에서 유리로 진행할 때, 굴절각이 입사각보다 커진다.

정답 및 해설 : ② 빛이 공기에서 유리로 들어가면 굴절률이 증가한다.

(유리의 굴절률이 공기보다 크므로, 빛의 속도는 줄어들고 경로가 굴절됩니다.)

"맥락의 틀"에 살 붙이는 방법 ①

1step

문제

스넬의 법칙에 따라 올바른 설명은 무엇인가?

2step

관련 본문

2) 굴절 (Refraction)

- 빛이 한 매질에서 다른 매질로 들어갈 때, 경계면에서 방향이 바뀝니다.

- 스넬의 법칙 : 스넬의 법칙은 빛이 한 매질에서 다른 매질로 이동할 때, 굴절이 발생하는 현상을 설명하는 법칙입니다. 이 법칙은 다음과 같이 정의됩니다.

요약

| 스넬의 법칙 | — 빛, 다른 매질 이동 때 굴절 발생 현상 |

"맥락의 틀"에 살 붙이는 방법 ②

1step

문제

① 입사각이 클수록 굴절각은 작아진다.

④ 입사각과 굴절각은 항상 같다.

2step

관련 본문

굴절률이 높은 매질로 들어갈 때는 빛이 굴절되어 더 작은 각도로 꺾이고, 굴절률이 낮은 매질로 갈 때는 더 큰 각도로 꺾입니다.

입사각 굴절각과 관련해서 본문에서 잘 다뤄지지 않았지만 보기로 나왔기 때문에 관련 내용을 잘 살펴봐야 해요. 잘 모르면 자료를 찾거나 주변에 물어서 알아야 해요.

보기 ① 입사각이 클수록 굴절각은 작아진다. $n_1\sin\theta_1 = n_2\sin\theta_2$로 입사각이 증가하면 굴절각도 함께 증가해요. 그래서 틀린 답이에요. 교과서에 없는데 나왔다고 생각하면 안 돼요. 출제자 입장에서 이 정도는 알고 있어야 한다고 생각해서 낸 문제입니다.

3step

요약

매질 굴절률	높은 쪽	낮은 쪽
각도	작은 각도	큰 각도

본인이 꼭 노트 정리를 해야 하는 이유

콩트 : 고추장의 행방

등장인물

지훈 : 친구 집에 놀러 온 사람, 요리를 잘함

민수 : 지훈의 친구, 집주인

1. 정리가 잘 된 주방

(지훈이 민수의 집에 놀러와 요리를 준비하며 대화 시작)

지훈 : 오, 민수야. 너 주방 진짜 깔끔하다. 마치 요리사 집에 온 것 같아! 이거
　　　 다 너 혼자 정리한 거야?

민수 : 응, 요리할 때 바로바로 치우는 스타일이잖아. 나름 내 체계가 있다고!

지훈 : 체계라니, 말만 들어도 듬직한데? 오늘 내가 요리해 줄 테니까 기대해!

2. 고추장을 찾지 못하다.

(지훈이 요리를 시작하지만, 고추장을 찾지 못해 헤맨다.)

지훈 : (냉장고 문을 열며) 민수야, 고추장 어디 있어? 냉장고에 없는데?

민수 : 아, 고추장은 거실 장식장 위 칸에 있어.

지훈 : …거실 장식장? 고추장을 왜 거기다 둬? 보통 냉장고에 넣지 않나?

민수 : (태연하게) 냉장고에 넣으면 요리할 때 바로 꺼내기 귀찮잖아. 거실에서
　　　 가져오면 편해서 거기에 둬.

지훈 : (웃으며) 와, 너도 참 독특하다. 근데 그럼 된장은?

민수 : 된장은 신발장 서랍에 있어.

지훈 : (당황하며) 신발장? 된장을 신발장에 둔다고?

3. 독특한 체계의 이유

민수 : (웃으며) 아냐, 장난이야. 된장은 싱크대 아래 오른쪽 칸에 있어. 고추장은
　　　 내가 예전에 거실에서 자주 요리하다가 거기 두기 시작했더니 익숙해져서
　　　 그래.

지훈 : 그래도 좀 특이하다. 우리 집에서는 고추장은 항상 냉장고 문 쪽에 두는데,
　　　 너는 왜 굳이 거실까지 가는 동선을 만든 거야?

민수 : (진지하게) 난 거기 두는 게 편해. 내 요리 동선에 딱 맞는 위치야. 이게
　　　 내 체계라니까!

지훈 : (고개를 끄덕이며) 음… 독특한 체계지만, 네가 편하면 그게 최고지 뭐.

4. 요리가 완성되다.

(지훈이 고추장을 찾아 요리를 완성한다.)

지훈 : (요리를 내놓으며) 자, 완성! 너의 독특한 체계 덕분에 살짝 헤맸지만, 그래도 맛있게 만들어 봤어.

민수 : (한 입 먹으며) 와, 진짜 맛있다! 너 요리 진짜 잘한다. 다음엔 너네 집 체계로 한번 요리해 보자.

지훈 : 좋아, 그땐 내가 고추장을 냉장고에서 찾는 걸 보여 줄게.

(둘이 웃으며 맛있게 음식을 먹는다.)

아무리 잘 정리된 노트라 하더라도 본인에 맞게 배치되고 요약된 거라 다른 사람이 봤을 때 크게 의미가 없고 결국, 자신이 정리한 노트가 가장 큰 도움이 될 수밖에 없다는 걸 다시 한번 확인하게 되는 콩트 내용이네요.

노트 정리는 단순한 기록이 아니라, 정보를 스스로 재구성하고 의미를 부여하는 '출력(output) 과정'이에요.

이론을 구조화하여 요약하는 노트 정리는 능동적 의미 부여 과정

이론을 구조화해 요약하는 노트 정리는 단순한 필기가 아니라 능동적인 의미 부여 과정입니다. 구조화란 정보 사이의 관계를 스스로 설정하는 작업으로, 무엇이 핵심이고 어떻게 연결되는지를 판단해야 합니다. 요약 또한 모든 내용을 옮기는 것이 아니라 본질과 비본질을 구분하는 과정입니다.

이러한 과정을 거치면 정보는 그대로 복사되는 것이 아니라, 자신의 사고 체계 안에서 재구성되어 나만의 언어와 틀로 정리됩니다. 결국 노트 정리는 "나는 이 내용을 이렇게 이해하고 있다."는 사고의 흔적이며, 정보가 관계와 의미를 거쳐 나만의 지식으로 전환되는 학습 과정입니다. 이런 노트를 반복해 정리할수록 사고력과 이해력은 깊어지고, 학습은 암기가 아닌 진짜 지식으로 남게 됩니다.

유명 강사 강의, 반복해서 봐도 아웃풋이 쉽게 안 되는 이유

많은 사람들이 공부할 때 유명 강사의 인강을 반복해서 시청합니다.
"이 강의가 명강의니까", "많이 보면 이해되겠지."라는 생각으로
수없이 반복해서 듣습니다.

하지만 어느 순간 깨닫게 됩니다.

"이만큼 들었는데, 왜 나는 말로 설명을 못 하지?",

"시험 문제 풀려니까 머릿속이 하얘지네…"

이유는 간단합니다.

강사는 그 내용을 '자신만의 방식'으로 정리해 놓은 것이기 때문입니다.

그들의 설명은 그들만의 사고 틀, 정리 방식, 경험적 맥락 위에 있습니다.

즉, 그들이 보기엔 '편하게 정리된 방식'이지만, 내 입장에서는 그게 왜 편한지, 왜 그렇게 연결되는지에 대한 납득의 과정이 생략돼 있다는 것입니다.

그래서 아무리 많이 반복해 봐도 "듣는 건 알겠는데 설명은 못하는" 상태에 머무르게 됩니다.

· 이해는 시작일 뿐, 휘발되기 전에 구조화가 필요하다.

 많은 사람들은 이해했으면 충분하다고 생각하지만, 이해는 끝이 아니라 구조화를 위한 출발점입니다. 의미 부여 없이 이해한 정보는 작업 기억에 잠시 머물 뿐, 시간이 지나면 쉽게 사라집니다. 그래서 중요한 것은 이해한 내용을 곧바로 나만의 구조로 재정리하는 일입니다. 이 구조화 과정이 기억을 강화하는 의미 부여가 되며, 정보는 *작업 기억을 넘어 장기 기억으로 이동할 준비를 하게 됩니다.

결국 반복보다 중요한 것은 내 방식으로 구조화하는 것입니다. 강의나 책을 많이 보는 것보다 "나는 이 내용을 어떻게 이해했고, 어떻게 다시 정리할 수 있는가"를 스스로 묻는 과정이 필요합니다. 이렇게 정리된 지식만이 나만의 언어로 저장되어 실제로 활용 가능한 아웃풋으로 남게 됩니다.

작업 기억은 뇌 속의 작은 메모장입니다.
짧은 시간 동안 정보를 잠시 붙잡아 두고 동시에 처리할 수 있게 해 줍니다.
예를 들어, 계산할 때 중간 숫자를 기억하거나 전화번호를 듣고 바로 입력하는 것이 작업 기억의 사례입니다. 하지만 용량이 적어 한 번에 4~7개 정도만 다룰 수 있고, 오래 두지 않으면 금방 사라집니다.
정리하면, 작업 기억은 순간적으로 저장하고 활용하는 뇌의 임시 작업 공간입니다.

"맥락의 틀"에 살 붙이는 방법 ③

1step

문제

❷ 빛이 공기에서 유리로 들어가면 굴절률이 증가한다.

2step

관련 본문

굴절률이 높은 매질로 들어갈 때는 빛이 굴절되어 더 작은 각도로 꺾이고, 굴절률이 낮은 매질로 갈 때는 더 큰 각도로 꺾입니다.

예 : 빛이 공기(굴절률 약 1.0)에서 물(굴절률 약 1.33)로 들어갈 때, 빛은 물 속에서 더 작은 각도로 굴절됩니다.

요약

매질 굴절률	높은 쪽	낮은 쪽
각도	작은 각도	큰 각도

※ 주의 : 굴절률(각도x)만 물을 수 있음

"맥락의 틀"에 살 붙이는 방법 ④

문제

③ 빛의 속도는 유리에서 공기보다 빠르다.

관련 본문

?

굴절률이 높은 매질에서는 빛이 더 느리게 움직이며, 굴절률과 빛의 속도는 반비례 관계를 가지며 이러한 관계는 굴절, 반사, 전반사 등의 빛의 현상에서 중요한 역할을 합니다.

3step

요약

굴절률과 빛의 속도는 반비례 관계

"맥락의 틀"에 살 붙이는 방법 ⑤

1step

문제

⑤ 빛이 공기에서 유리로 진행할 때, 굴절각이 입사각보다 커진다.

2step

관련 본문

매질 굴절률	높은 쪽	낮은 쪽
각도	작은 각도	큰 각도

218

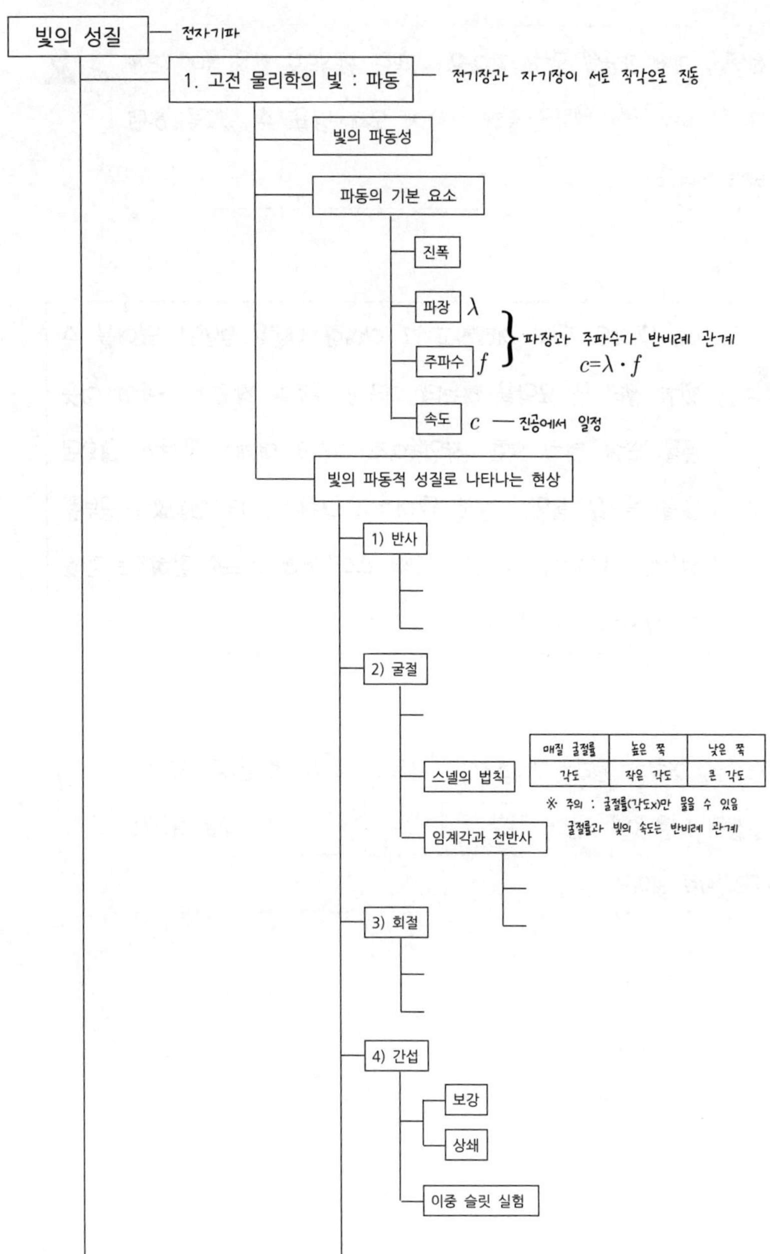

빛의 성질 — 전자기파
1. 고전 물리학의 빛 : 파동 — 전기장과 자기장이 서로 직각으로 진동
빛의 파동성
파동의 기본 요소
진폭
파장 λ
주파수 f
파장과 주파수가 반비례 관계
$c = \lambda \cdot f$
속도 c — 진공에서 일정
빛의 파동적 성질로 나타나는 현상
1) 반사
2) 굴절
스넬의 법칙
임계각과 전반사
3) 회절
4) 간섭
보강
상쇄
이중 슬릿 실험
매질 굴절률
높은 쪽
낮은 쪽
각도
작은 각도
큰 각도
※ 주의 : 굴절률(각도x)만 물을 수 있음
굴절률과 빛의 속도는 반비례 관계

선생님, 이제 조금씩 알거 같아요. 이러한 방식으로 살을 붙여 나가고 맨 마지막에 반복을 통해 기억에 오래 남을 수 있도록 하면 되는 거네요.

네, 맞아요. 먼저 이해하고 그 이해한 내용을 본인만 알아볼 수 있기 정리 및 요약을 하는데 이러한 구조화 작업이 나중에 아웃풋을 쉽게 하기 위한 작업들이죠. 그리고 여기에 문제가 많으면 많을수록 살 붙일 내용은 많아지고 그럴수록 더 빈틈없이 공부할 가능성이 높아지는 거구요. 본인이 스스로에게 피드백 잘해주는 친절한 상사가 되는 겁니다.

선생님, 이렇게 정리하고 보니깐 "맥락의 틀"은 큰 틀(큰 구조화),
살붙인 내용 예를 들어

매질 굴절률	높은 쪽	낮은 쪽
각도	작은 각도	큰 각도

은 작은 틀(작은 구조화)로 보여요.

줌(Zoom) 기능의 관점

줌 인(Zoom In)과 줌 아웃(Zoom Out)은 원래 카메라나 시각적 도구에서 사용하는 용어지만, 비유적으로 문제 해결, 학습, 사고방식 등 다양한 분야에서 사용됩니다.

Zoom Out

Zoom In

큰 그림을 파악하는 관점입니다.
전체적인 구조나 맥락을 이해하려고 할 때 사용됩니다.
특징 : 세부 사항에 매몰되지 않고 전체적인 방향성과 맥락을 이해하는 접근
문제의 본질을 간파하거나 전략을 수립할 때 유용합니다.

세부적인 것에 집중하는 관점입니다.
어떤 사안의 디테일이나 작은 부분을 깊이 분석하거나 주목할 때 사용합니다.
특징 : 복잡한 문제를 작은 단위로 나누어 해결하려는 접근
세부 사항을 철저히 이해하려고 할 때 효과적입니다.

왜 둘 다 필요할까?

Zoom Out만 사용하면 : 전체 구조는 보이지만, 세부 조건을 놓쳐 문제를 틀릴 가능성이 높습니다.

Zoom In만 사용하면 : 세부 조건에 매몰되어 전체적인 맥락을 놓치고, 실질적인 문제 해결이 어려워질 수 있습니다.

구조화와 도식화는 세트다.

도식화(圖式化)

圖(그림 도) → 그림, 도면, 시각적인 표현

式(법 식) → 방식, 형식, 틀

化(될 화) → ~되다, 변화시키다

서랍 안에 연필, 볼펜, 지우개가 굴러다니면 찾기도 불편하고 정리도 잘 안되죠. 이럴 땐 필통에 넣어 두면 훨씬 편해요. 비슷한 것들끼리 모아 두면 필요할 때 쉽게 꺼낼 수 있고, 보기에도 깔끔하니까요. 이처럼 비슷한 것들을 한 눈에 보기 좋게 묶어 시각적으로 표현하는 것이 바로 도식화예요.

구조화를 하다 보면 자연스럽게 도식화가 필요해지고, 도식화를 하려면 먼저 구조화가 되어 있어야 그림이 그려져요.

복잡한 개념이나 내용을

매질 굴절률	높은 쪽	낮은 쪽
각도	작은 각도	큰 각도

이렇게 시각 자료(그림, 표, 흐름도 등)로 정보를 묶거나, 흐름·관계 중심으로 정리하는 도식화는 「Chapter 6 : 암기 천재들의 기억 방식」에서 다룬 청크화와 시각화와 밀접한 관련이 있고, 이러한 방식은 뇌의 부하를 줄여 정보 처리 효율을 극대화해 줘요.

와… 도식화가 단순한 정리 방법이 아니라, 청크화와 시각화로 이어지는 핵심 전략이라는 사실이 정말 인상적이에요.

그저 보기 좋게 표현하는 방식이라고만 생각했는데, 실제로는 뇌의 부담을 줄이고 기억 효율을 극대화하는 정교한 도구였다는 걸 알게 되니 놀라워요.

결국 도식화는 암기 천재들이 무심코 쓰는 기술이 아니라, 청크화와 시각화를 통해 뇌를 가장 전략적으로 활용하는 지혜였던 거네요.

1. 작업 기억 부담 최소화

· 뇌는 한 번에 처리할 수 있는 정보량이 제한적입니다.

  (7±2 *조지 밀러의 법칙)

· 청크화를 통해 관련 정보들을 하나의 덩어리로 묶으면 기억 단위가

  줄어들어 부하가 크게 줄어듭니다.

· 시각화는 이 덩어리를 한 화면에 배치해 한 번에 조망할 수 있게

  합니다.

  예 : 전화번호 010-2345-6○△□ → '010', '2345', '6○△□'처럼

      3개의 청크로 기억

조지 밀러의 법칙은 인간의 작업 기억 용량에 관한 심리학 이론입니다.
1956년 심리학자 조지 A. 밀러가 발표한 연구에 따르면, 사람은 한 번에 약 7개(±2개) 정도의
정보 단위만 처리할 수 있다고 합니다. 이후 네슨 코원의 연구에서는 실제 용량이 4±1개에
불과할 수 있다고 밝혔습니다.
즉, 밀러의 법칙은 인간 기억의 한계를 이해하는데 큰 영향을 주었으며, 이를 극복하기 위한
청크화 전략의 중요성을 널리 알린 계기가 되었던 법칙입니다.

2. 연결과 구조를 한 눈에 파악

· 청크화된 정보는 서로의 관계나 흐름을 알 때 더 오래 기억됩니다.

· 시각화는 이 관계와 구조를 직관적으로 보여 주어, '어디에 무엇이

  있는지'를 쉽게 떠올릴 수 있게 합니다.

  예 : 마인드맵, 개념도, 흐름도

도식화 유형 비교표

유형	특징	대표 예시	이미지
묶음형(청크형)	정보를 공통 속성별로 묶어 보여줌	표, 분류 다이어그램	
흐름형(순서형)	시간이나 절차의 순서를 중심으로 표현	절차도, 타임라인	
관계형(연결형)	요소 간의 상호 관계나 원인-결과를 강조	개념도, 네트워크 다이어그램	

3. 의미 부여를 통한 장기 기억 강화

· 단순 암기는 쉽게 휘발되지만, 의미 있는 구조로 기억하면 장기 기억으로 옮겨집니다.

· 시각화는 단순 텍스트를 '패턴'과 '위치 정보'로 변환해, 뇌 속에 기억 고리를 만듭니다.

· 청크화는 이 고리를 더 굵고 단단하게 묶는 역할을 합니다.

암기 천재들은 시각화로 구조를 만들고, 청크화로 부하를 줄여 기억의 효율과 지속성을 극대화해요. 두 전략이 결합될 때, 정보는 '흩어진 조각'이 아니라 '하나의 설계도'로 뇌 속에 저장됩니다.

결국 크든 작든 서로 관련 있는 것들은 함께 묶어서 하나의 덩어리 (청크)로 만드는 것이 가장 효율적인 방법이라는 뜻이네요. 이렇게 묶어 두어야 구조가 단순해지고, 기억과 이해도 훨씬 빨라지는 거 같아요.

도식화는 정교한 설계 도면이다.

· 도식화는 각 서랍별 설계 도면이다.

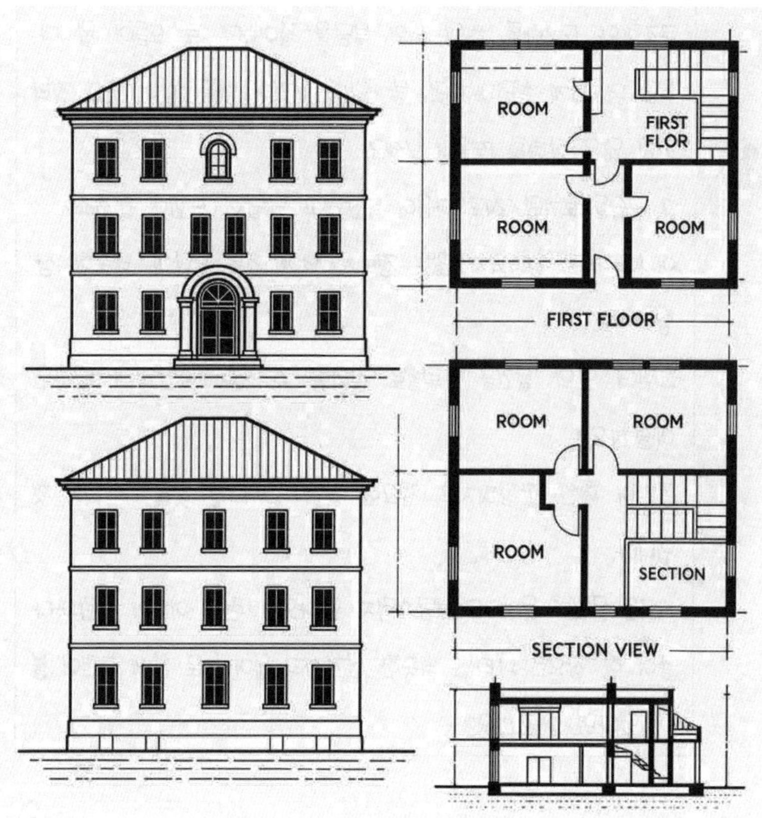

건축물을 이야기할 때는 실물을 직접 보면서 설명하는 것보다 설계 도면을 보면서 이야기하는 게 훨씬 부담 없고 편해요.

한 눈에 구조를 파악할 수 있고, 구체적인 설명도 훨씬 쉬워지니까요.

그래서 구조화와 도식화를 종이 몇 페이지에 담아내는 것도 같은 이유에서예요.

복잡한 내용을 직접 보여 주기보다, 정리된 그림으로 설명하는 게 훨씬 효율적이거든요.

결국 구조화와 도식화를 종이 몇 페이지 안에 담는 이유도 정보를 묶음 단위로 정리해 머릿속 설계도를 만들어 주는 도구예요. 이를 통해 우리는 복잡한 지식도 효율적으로 저장하고 활용할 수 있게 돼요.

단권화는 특별한 기술이 아니에요.

정보를 인출하기 쉬운 구조로 정리하는 가장 합리적인 방식이에요.

큰 방 도면과 작은 방 도면이 서로 다른 종이에 그려져 있다면 전체 구조를 한 번에 보기 어렵고, 필요한 정보를 찾을 때마다 여기저기 뒤져야 해서 인출이 느려져요. 머릿속도 마찬가지예요.

정보가 흩어져 있으면, 알고 있어도 꺼내 쓰기가 어려워요.

그래서 가급적 하나의 도면에 모든 정보가 함께 담겨 있어야 해요.

그래야 큰 구조와 작은 정보가 동시에 연결되고, 필요한 순간에 빠르고 정확하게 인출할 수 있어요.

단권화는 지식을 줄이는 게 아니라, 흩어진 정보를 하나의 구조로 묶어 인출력을 높이는 방법이에요.

수업을 몰입해서 듣는 방법

수업을 몰입해서 듣기 위해서는 단순히 수업 내용을 받아 적거나, 무작정 듣기만 해서는 한계가 있습니다. 이러한 방식은 시간이 지날수록 집중력이 흐트러지고, 수업에 대한 몰입도 역시 떨어지기 쉽습니다.

하지만 수업 내용을 구조화하고 도식화하려는 목적이 분명히 생기면, 몰입은 자연스럽게 따라옵니다. 그 이유는, '듣기 위해 듣는 것'이 아니라 '정리하고 연결하기 위해 듣는 것'으로 행동의 방향과 의식이 달라지기 때문입니다.

예를 들어, 내가 머릿속에 '전자기기'라는 수납장을 미리 만들어 두었다고 가정해 볼게요. 이 상태에서 선생님이 '태블릿'에 대해 설명하신다면, 그 정보는 자연스럽게 '전자기기'라는 분류 안에 태블릿 항목으로 넣어 정리할 수 있습니다. 이처럼 새로운 정보를 큰 틀에 맞춰 정리해 가는 과정이 바로 '구조화'입니다.

그리고 그 태블릿을 구성하는 기능들, 예를 들어 화면, 배터리, 카메라, 저장 공간 등을 한 눈에 보이게 그림으로 정리해 놓은 것이 바로 '도식화'입니다. 즉, 단순히 듣고 지나가는 것이 아니라, 수업 내용을 나만의 방식으로 정리하고, 시각화하면서 의미를 부여하는 활동이 되는 것입니다.

이처럼 구조화와 도식화를 하겠다는 '목적'을 가지고 수업에 임하게 되면, 자연스럽게 집중하게 되고, 선생님의 말 한 마디 한 마디를 놓치지 않으려는 능동적인 태도로 바뀌게 됩니다.

그 결과, 몰입도는 훨씬 높아지고, 정보는 뇌 안에 더 잘 저장되며, 나중에 꺼내어 연결하기도 쉬워집니다.

특히, 이런 구조와 도식 속에서 정보가 의미 있게 연결되면, 그 정보는
단기 기억에 머무르지 않고 장기 기억으로 전환될 가능성이 커집니다.
말하자면, 수업 내용을 '듣는 일'을 넘어서, '내 지식으로 만드는 일'이
되는 것입니다.

심층 내용 구조화 및 도식화 방법

내용이 비교적 단순하거나 양이 많지 않은 경우에는 구조화와 도식화만으로도 한 눈에 정리할 수 있습니다.

하지만 전공과목처럼 내용이 복잡하고 심화된 학습이 필요한 경우에는 상황이 달라집니다.

전공과목은 개념 간의 연관성이 많고, 용어나 이론, 다양한 예시까지 함께 정리해야 하므로 도식화로 표현해야 할 정보의 양도 훨씬 많아집니다.

이럴 때 구조화와 도식화 내용을 몇 페이지 안에 모두 담으려고 하면, 정보가 뒤섞이거나 흐름이 끊겨 오히려 정리 효과가 떨어질 수 있습니다. 따라서 이런 심층적인 학습 내용을 다룰 때에는, 가장 먼저 '목차 역할'을 하는 구조화 페이지를 맨 앞에 따로 만들어 두는 것이 중요합니다.

이후 페이지부터는 소목차를 중간중간 적절히 배치한 뒤, 그 주제에 따라 도식화해 나가면 됩니다. 이러한 방식으로 정리하면 내용이 많아도 흐름이 끊기지 않고, 정보를 유기적으로 연결하면서 학습의 깊이와 효율을 함께 높일 수 있습니다.

인간이 AI 시대에 극상위권에 오르기 위해 필요한 것

일론 머스크가 시간을 다루는 방식은 군더더기가 없다. 그는 시간을 아주 세밀하게 분할해서 관리하는데, 이는 단순한 시간 관리가 아니라 뇌의 처리 효율을 극한까지 끌어올리는 전략이다.

이제 시대는 단순히 한 분야만 잘해서는 경쟁력이 유지되지 않는다. 미래 인재는 T형도, Π형도 넘어선 멀티-하이퍼 전문성을 갖춰야 한다. AI 시대에는 상위권 정도의 실력은 충분히 AI가 대체할 수 있다. 살아남는 자리는 '극상위권'뿐이다.

그렇다면 인간이 AI 시대에 극상위권에 오르기 위해 필요한 것은 무엇일까?

바로 방대한 정보를 다루는 능력, 그리고 그 정보 사이를 연결하는 능력이다.

그 시작은 정보를 덩어리화(청크화)하여 AI가 처리할 부분과 인간이 직접 판단해야 할 부분을 명확히 구분하는 것이다. 이 작업이 되어야 빠르게 본질을 캐치하고, 더 깊이 사고할 수 있다.

그리고 질문이 핵심이다.

데이터를 바탕으로 중요한 정보를 빠르게 포착하고, 그 지점에 깊이 있는 질문을 던지는 순간, 하나의 개념이 뻗어 나가 구조를 만들고, 전혀 다른 분야와 연결되며 새로운 의미가 탄생한다.

결국 AI 시대에 극상위권에 서는 사람은 넓게 배우고, 깊게 파고들고, 서로 다른 지식의 틀을 연결할 수 있는 사람이다.

AI는 지식의 양을 대체하지만, 연결과 질문을 통한 새로운 구조화된 틀을 만드는 작업은 인간의 영역이다.

이 능력을 갖춘 사람만이 AI 시대에 진정한 경쟁력을 가지게 된다.

랜드마크(Landmark)를 찾아라.

문제 7 : 스넬의 법칙과 경로
빛이 공기에서 유리로 들어갈 때 빛의 경로가 바뀌는 이유
로 옳은 것은?

① 빛이 새로운 매질에서 속도가 빨라지기 때문이다.
② 굴절률이 낮아지는 매질로 이동하기 때문이다.
③ 빛이 더 짧은 경로를 선택하려고 하기 때문이다.
❹ 빛의 속도가 느려지고 굴절률 차이로 경로가 바뀐다.
⑤ 매질에 관계없이 빛의 경로는 항상 직선이다.

문제 8 : 스넬의 법칙과 실생활
다음 중 스넬의 법칙을 실생활에서 관찰할 수 있는 사례는
무엇인가?

① 태양의 빛이 일직선으로 바다에 닿는 현상
❷ 연못 속 물고기가 실제보다 얕은 곳에 보이는 현상
③ 구름 뒤에 태양이 있는 것처럼 보이는 현상
④ 투명한 유리를 통과하는 빛이 직진하는 현상
⑤ 빛이 어둠 속에서 진행하지 못하는 현상

문제 3 : 빛의 속도와 굴절률
빛이 물에서 유리로 들어갈 때 스넬의 법칙에 따르면,
다음 중 올바른 설명은 무엇인가?

① 빛의 속도는 증가한다.
② 물의 굴절률이 유리보다 크다.
❸ 빛은 유리에서 더 느려진다.
④ 입사각과 굴절각은 항상 동일하다.
⑤ 빛의 진행 경로는 직선으로 유지된다.

문제 6 : 굴절률 비교
굴절률이 1.5인 유리와 1.33인 물에서 빛이 유리에서 물로
이동하면 어떤 일이 발생하는가?

① 입사각이 증가하면 굴절각도 동일하게 증가한다.
② 빛은 속도를 줄이며 이동한다.
③ 빛은 물에서 유리보다 더 느리게 이동한다.
❹ 굴절 각도는 유리에서 더 작다.
⑤ 물의 굴절률이 유리보다 크다.

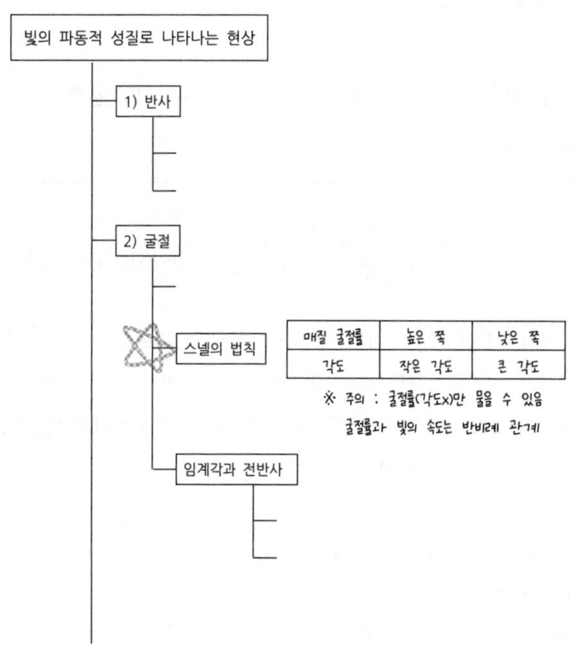

매질 굴절률	높은 쪽	낮은 쪽
각도	작은 각도	큰 각도

235

관련 본문

4. 빛의 스펙트럼

빛의 스펙트럼은 빛이 파장(또는 주파수)에 따라 나뉘는 분포를 의미합니다. 스펙트럼은 빛의 다양한 성질을 이해하는데 중요한 도구로, 파장 또는 주파수에 따라 에너지와 특성이 달라집니다. 빛의 스펙트럼은 전자기파 스펙트럼의 일부로, 가시광선과 그 외의 전자기파를 포함합니다.

1) 전자기파 스펙트럼

전자기 스펙트럼은 파장 또는 주파수에 따라 빛을 분류합니다. 파장이 길수록 에너지가 낮고, 파장이 짧을수록 에너지가 높습니다.

전자기파 스펙트럼 표 4-1

범위	파장(λ)	주파수(f)	특징 및 용도
라디오파	> 1 m	< 300 MHz	라디오 방송, 텔레비전, 무선 통신
마이크로파	1 mm ~ 1 m	300 MHz ~ 300 GHz	레이더, 위성 통신, 마이크로파 오븐
적외선	700 nm ~ 1 mm	300 GHz ~ 430 THz	열 감지, 리모컨, 야간 투시 장치
가시광선	400 ~ 700 nm	430 THz ~ 750 THz	인간이 볼 수 있는 빛(빨강 ~ 보라색)
자외선	10 ~ 400 nm	750 THz ~ 30 PHz	살균, 비타민 D 생성, 피부 노화와 손상의 원인
X선	0.01 ~ 10 nm	30 PHz ~ 30 EHz	의료 영상, 금속 탐지, 물질 분석
감마선	< 0.01 nm	> 30 EHz	방사선 치료, 원자핵 연구, 천체 물리학

문제

문제 13. 전자기파 스펙트럼에서 파장이 가장 긴 범위는 무엇인가요?

① X선
② 감마선
③ 자외선
④ 마이크로파
❺ 라디오파

문제 10. 다음 중 적외선의 주요 용도에 해당하지 않는 것은 무엇인가요?

① 리모컨
② 열 감지
❸ 피부 살균
④ 야간 투시 장치
⑤ 온도 측정

문제 9. 다음 중 주파수가 가장 높은 전자기파는 무엇인가요?

① 자외선
② X선
❸ 감마선
④ 가시광선
⑤ 적외선

문제 6. 다음 중 마이크로파의 주요 용도로 옳지 않은 것은 무엇인가요?

① 레이더
② 위성 통신
③ 마이크로파 오븐
❹ 자외선 치료
⑤ 무선 인터넷(Wi-Fi)

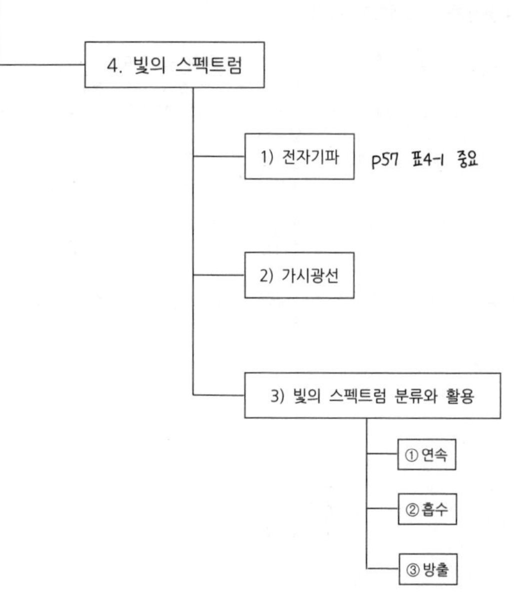

중요한 표나 그림의 경우 내용 전체를 살을 붙일 수 없기 때문에 간단히 표시한 후 시험 전에 그 부분을 찾아 집중적으로 반복하면 돼요.

선생님, **공부에 대한 큰 틀 3가지 ② 합격 공부**에 대한 내용이 너무 많아서 정리가 살짝 안 되는데 중요한 핵심만 다시 한번 집어 주시면 좋을 거 같아요.

이 공부는 최단기간 내에 합격 요건을 목표로 하기 때문에 버릴 건 버리고 나올만한 문제에 집중해야 하는데 중요한 문제 파악은 기출문제나 문제를 통해 빠르게 파악하여 맥락의 틀에 살을 붙이고 랜드마크 문제가 나타나거나 어려운 내용이 등장했을 때 공부 시간을 그 부분에 집중 투자하여 효율적으로 공부하는 방법입니다. 이후 반복을 통해 내용을 압축해 갈 수 있어요.

구조화의 힘을 느끼다.

지식의 구조화는 교육학에서 고전(Classic)으로 충분히 평가받습니다. 특히 브루너의 구조화 이론은 "교육학의 뉴턴 역학"에 비견될 만큼 토대 이론으로 자리 잡았고, "지식을 가르치는 것이 아니라 지식의 구조(structure)를 가르쳐야 한다."는 그의 주장은 교육계의 패러다임을 바꾸어 놓았습니다.

저자가 '구조화의 강력한 힘'을 깨닫게 된 계기는 대학에서 교양 과목을 들으면서였습니다.

하나의 주제가 주어지고 그 주제에 대해 전체 페이지를 채워야 하는 서술형 시험을 접했을 때, 무엇을 어떻게 써야 할지 막막했고 머릿속 생각들이 정리되지 않아 매우 버겁게 느껴졌습니다.

혼자 고민하며 시행착오를 겪던 중 두 권의 책을 만나게 되었는데, 그중 하나는 조승연 저자의 『생각 기술』이었습니다. 이 책에는 저자가 미국에서 공부할 당시 '생각하는 방법'을 몰라 열등생이었던 시기의 이야기가 담겨 있습니다. 하지만 그는 단순 암기가 아니라 생각하는 방법을 배우고, 이를 공부에 적용하면서 점차 우등생으로 성장해 나갔습니다.

또 다른 한 권은 토니 부잔(Tony Buzan)의 『마인드 맵(Mind Map)』이었습니다. 당시 이 책은 매우 화제가 되었고, 지금처럼 다양한 매체가 없던 시절이라 한 권의 책이 널리 알려지면 거의 모든 사람이 알고 있을 정도였습니다. 저자 역시 도서관에서 이 책을 빌려 읽었고, 그 내용은 사고 구조를 시각화한 고전적 기법으로 오늘날 우리가 말하는 '지식의 구조화'와 거의 일치한다는 점을 확인할 수 있었습니다.

이 두 책을 접한 뒤, 저자는 당시 고민하던 서술형 시험에 구조화를 직접 적용해 보기로 했습니다. 말씀드린 것처럼 제목으로 뼈대를 만들고 키워드로 살을 붙이는 방식을 사용했는데, 결과는 놀라웠습니다. 구조화를 적용하자 각 내용이 선명하게 떠오르며 답안을 막힘없이 써 내려갈 수 있었습니다.

이 과정에서 두 가지를 깨달았습니다.

첫째, 어떤 문제에 부딪혔을 때는 무조건 열심히 하는 것이 아니라 그 문제에 대해 생각하고 고민하는 과정이 반드시 필요하다는 점입니다.

둘째, 생각을 바탕으로 가설을 세우고 하나씩 적용해 나가면 시행착오를 크게 줄일 수 있다는 점입니다.

다양한 학생들을 경험하다.

 학원에 몸담으면서 정말 다양한 학생들을 접하게 되었습니다. 하나를 설명하면 열을 이해하는 학생도 있는 반면, 한 가지 개념을 설명하기 위해 여러 가지 비유와 부연 설명을 더해야 비로소 이해하는 학생들도 있었습니다. 그래서 처음 학원에 들어갔을 때는 어떻게 하면 더 쉽게 설명할 수 있을까를 늘 고민하게 되었습니다.

 지인의 부탁으로 아르바이트 형식으로 수업을 도와주던 중 '가르치는 일'이 너무 재미있게 느껴졌고, 그 경험이 결국 제 직업으로 이어졌습니다.

 당시는 지역이 비평준화 지역이어서 고등학교 입시를 위한 시험을 치렀고, 그만큼 전 과목 학원이 성행하던 시기였습니다.

 제가 처음 근무한 학원은 학생 수가 약 1,000명에 달하는 대형 종합 학원이었으며, 수학을 담당했지만 시험 기간에는 기술, 도덕 등 부과목도 함께 지도했습니다. 신입 강사는 대개 학습 수준이 가장 낮은 반을 맡게 되는데 저 역시 마찬가지였습니다. 수업 중 집중하지 않는 학생이 많아 처음에는 큰 부담과 스트레스를 느꼈고, 가장 큰 문제는 학생들이 수업 자체에 집중을 거의 하지 않는다는 점이었습니다. 첫 직장이었기 때문에 열정은 넘쳤지만 그만큼 고민도 많았습니다. 그래서 생각한 것이 최대한 빠르게, 그리고 효율적으로 머릿속에 남게 만드는 방법이었습니다. 제가 직접 개념의 구조를 만들어 주고, 그 위에 문제로 살을 붙여 주는 방식이었습니다. 그렇게 요약한 내용을 나누어 준 뒤 학생들에게 지속적으로 질문을 던지는 방식으로 공부를 시켰습니다. 확실히 이러한 방식은 학생들을 몰입하게 만들었고, 학습 효과도 눈에 띄게 높아졌습니다.

이 공부법은 일종의 하이브리드 역량 강화 방식이라고 할 수 있어요. 개념의 틀과 문제의 틀을 융합하는 거죠. 이 방식은 강력한 최고의 효율적인 방법이에요. 질문은 몰입을 만들어 내듯 문제를 통해 구조를 완성해 나가기 때문에 몰입도 함께 얻어지는 효과가 있어요. 꼭 실천해 보세요. 공부의 또 다른 세계를 경험하게 될 거에요. 그리고 이 공부의 감을 활용해 다른 공부에도 적용해서 발전시켜 보세요.

틀을 활용한 논술 시험

논술 시험 문제 예시 및 해결 방법(틀을 활용한 체계적 정리)

논술 시험 예시 문제

"인간의 운명은 정해져 있는가?"
이에 대한 자신의 견해를 논리적으로 서술하시오.

1. "틀"을 활용한 문제 해결 과정

논술 시험에서 논리를 체계적으로 정리하는 방법 중 하나가 "틀"을 활용하는 것입니다. "틀"은 주제와 관련된 개념을 핵심어 중심으로 정리하여 논리 구조를 시각적으로 표현하는 방법입니다.

(1) "틀" 작성 - 핵심 개념 도출

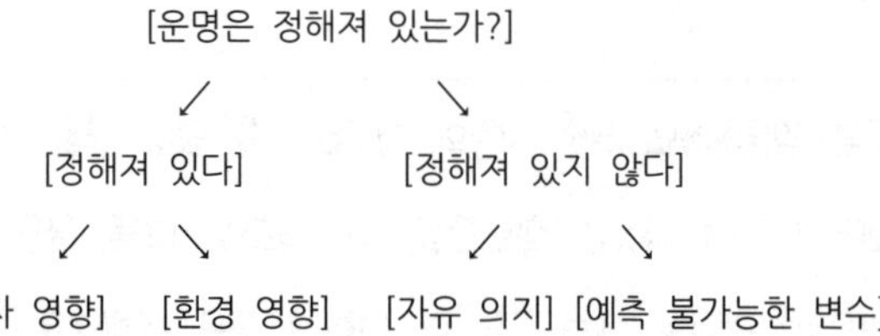

(2) "틀"을 기반으로 논술 작성

서론 : 운명이 정해져 있는지에 대한 오래된 철학적 논쟁을 소개

　　　이를 유전자, 환경, 자유 의지 등의 관점에서 살펴볼 것임을 밝힘

본론 : ① 운명이 정해져 있다고 보는 입장

　- 유전자의 영향 :

　　인간의 성격, 기질, 건강 상태 등은 유전적으로 결정됨

　　일란성 쌍둥이 연구에서 비슷한 삶을 살아가는 경향이 발견됨

　- 환경의 영향 :

　　사람이 자라는 환경이 비슷하면 유사한 선택을 하게 됨

　　동양 철학(사주 명리학)에서 통계적으로 비슷한 운명을 예측
　　가능하다고 주장

② 운명이 정해져 있지 않다고 보는 입장

- 자유 의지의 개입 :

인간은 스스로 선택할 수 있으며, 후천적인 노력으로 운명을
바꿀 수 있고 교육, 경험, 결단력에 따라 삶의 방향이 달라짐

- 예측 불가능한 변수 :

우연한 사건(예 : 혁신적인 기술 변화, 돌발적인 인생 사건)이
삶을 바꿀 수 있고 환경적 요인, 인연 등으로 인해 삶의 방향이
예상과 다르게 전개될 가능성

결론 : 운명은 어느 정도 정해진 요소(유전자, 환경)와 예측할 수 없는
요소(자유 의지, 변수)가 결합하여 형성됨

따라서 운명은 완전히 고정된 것이 아니라, 일정한 흐름 속에서
개인이 개척해 나갈 수 있는 가능성을 가진다고 볼 수 있음

2. "틀" 활용한 장점

논술 문제를 체계적으로 정리하고 논리적 구조를 쉽게 파악할 수 있음

핵심 개념을 빠르게 도출하고 논지를 명확하게 정리 가능

시험에서 빠르게 아이디어를 정리하여 효율적으로 답안을 작성할 수
있음

연역적 전개 vs 귀납적 전개 비교

구분	연역적 전개	귀납적 전개
전개 방식	결론→근거→사례	사례→근거→결론
설득력	논리적 명확함	직관적 공감 유도
사용 분야	논술, 보고서, 학술 글	수필, 감성적인 글

완벽한 인출(output)

선생님, 만약 모든 내용을 토시 하나 안 틀리고 내용을 모두 적어 내야 하는 시험은 어떻게 해야 효과적일까요?

틀을 만들고 핵심어로 최대한 의미 부여할 수 있는 건 의미 부여를 하고 파트를 나눠 책을 덮은 후 틀을 상상하며 최대한 아웃풋을 자주 해 보는 거예요. 컴퓨터도 자주 꺼내는 자료를 더 잘 찾아내듯 반복적으로 아웃풋 해야 잘 기억해 낼 수 있어요.

이 장면 사극에서 본 거 같아요. 선비가 과거 시험 준비할 때 정면을 응시하면서 내용을 읊어 보는 장면인데 그와 비슷한 거 같아요. 그 당시 사람들도 틀을 상상하면서 아웃풋 했는지 궁금하네요.

"

양이 워낙 방대해서 공부하다 보면 길을 잃기 쉬우니 목차로 틀을 잡아 놓아야

효율적으로 공부할 수 있다. 한 시간 정도 공부한 다음 눈감고 소목차에 살 붙인

핵심 내용을 되새김질하는 식의 공부법이 큰 효과를 봤다.

"

사법고시, 사법 연수원 수석 2관왕 인터뷰 내용 中

목차는 구조화의 대표적인 예입니다.
목차는 단순한 '목록'이 아니라, 정보 간의 관계와 위계를 시각
적으로 정리한 구조이기 때문이에요.

여러분은 여러분 자신을 사랑하고 스스로에게 친절한가요?
요즘 들어 부쩍 자존감이란 단어가 사람들에게 자주 쓰이고 이게 없으면 스스로가 별로인 사람처럼 인식돼 가는 거 같아 이야기 해보려 합니다. 자신을 대하는 태도와 관련된 개념으로 자존감 외에 자기 연민이란 말이 있습니다. 아래는 두 가지를 비교한 내용입니다.

핵심 차이

- 자존감은 자신의 가치를 긍정적으로 평가하며, 외부의 성취나 타인의 인정에 영향을 받을 수 있습니다.
- 자기 연민은 자신을 있는 그대로 수용하고, 고통스러운 상황에서도 자신을 따뜻하게 대하며 성장의 기회를 찾습니다.

자존감 vs 자기 연민 비교 표

구분	자존감	자기 연민
정의	자신에 대해 긍정적으로 평가하고 존중하는 감정	자신의 고통에 공감하고 자신을 따뜻하게 대하는 태도
초점	자신의 능력, 성취, 가치를 높게 평가하는 것에 초점	고통이나 어려운 상황 속에서도 자신을 비난하지 않고 수용
근거	자신의 성격, 발전 과정, 그리고 타인과의 비교를 바탕으로 형성됨	인간이 완벽하지 않음을 인정하고 공통된 경험으로 수용
대처 방식	성공을 통해 자신감을 얻고 실패를 극복하려 함	실패를 공감적으로 자기 수용하면서 받아들이고 자신을 위로
장점	자기 효능감과 자신감 강화	자기 존중과 자기 수용, 완벽주의 및 외로움 해소
위험 요소	자존감이 낮아지거나 자기를 과신할 위험	자기 연민이 과해지면 부정적인 이미지를 가질 수도 있음
예시	"나는 이 일을 해낼 수 있어. 왜냐하면 나는 유능하니까."	"나는 잘 안되지만, 누구나 힘들 수 있고 나는 괜찮아."

자존감 vs 자기 연민 서로 보완될 때 성장한다.

사람의 성격은 환경적 요인에 따라 변화할 수 있습니다. 마찬가지로 자신에 대한 태도 역시 상황에 따라 높아질 때도 있고, 때로는 바닥을 치는 순간도 있을 수 있습니다. 그러나 이러한 두 가지 측면은 별개가 아니라 상호 보완적으로 작용할 수 있습니다.

대한민국을 대표하는 한 축구 선수가 있었습니다. 이 선수는 경기 시작 전부터 스스로를 납득시킬 때까지 "이 경기장에서 내가 최고의 선수다."라고 자기 암시를 하며 경기에 임합니다. 이러한 자신에 대한 긍정적인 평가는 그를 경기를 지배하는 선수로 만들었습니다.

반면, 극심한 부상으로 인해 오랜 공백기를 겪으며 공이 오는 것조차 두려웠던 시기도 있었습니다. 그때 그는 아주 쉬운 패스를 성공시킨 순간조차 스스로에게 "잘했어, 정말 잘하고 있어."라고 따뜻하게 말하며 자신을 비난하지 않고 다독였습니다. 이러한 태도 덕분에 그는 긴 슬럼프를 극복했고, 더 큰 세계무대에서 활약하는 선수가 될 수 있었습니다. 이처럼 자신에 대한 긍정적인 평가와 따뜻한 자기 수용은 상황에 따라 서로를 보완하며, 개인의 성장을 이루는데 중요한 역할을 합니다.

사람은 완벽한 존재가 아닙니다. 잘하는 것이 있으면 못하는 것도 있고, 올라갈 때가 있으면 내려갈 때도 있기 마련입니다. 누구나 잘하지 못하거나 좋아하지 않는 과목이 있을 수 있습니다.

하지만 시작도 하기 전에 "난 왜 이것도 못하지?"라고 스스로를 탓하기보다는, 나 자신을 믿고 한번 도전해 보세요. 설령 결과가 기대에 미치지 못하더라도, 잘할 수 있는 방법을 찾기 위해 충분히 생각하고 고민하는 시간을 가지는 것이 중요합니다.

그 과정에서 자신에게 따뜻하게 다가가고, 여유를 갖고 스스로를 격려하며 문제를 해결해 나간다면, 분명 더 나은 방향으로 나아갈 수 있을 것입니다. 실패를 두려워하기보다 성장의 기회로 삼아, 나 자신에게 친절한 가이드가 되어 보세요.

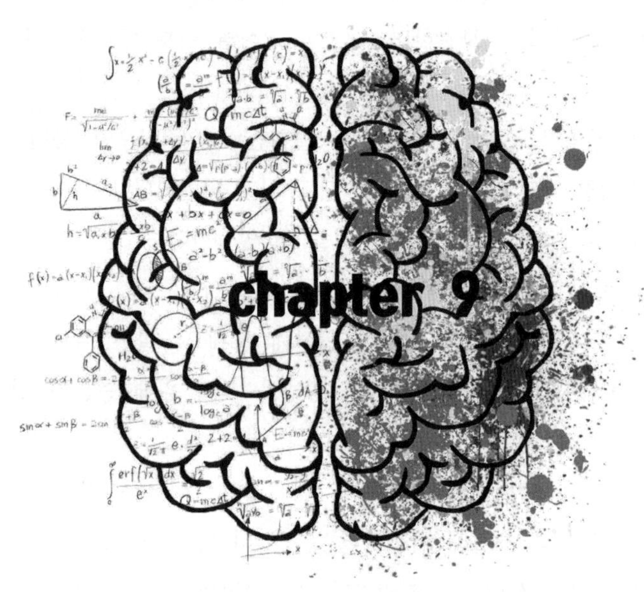

[공부의 틀 3가지]

세 번째, 최고점 공부

세 번째, 최고점 공부 & 틀을 융합하다.

대표적인 예가 내신 공부가 있어요. 물론 개인에 따라 처음 평균 80점 목표, 그 다음 90점 목표, 마지막 100점 목표로 단계적 목표가 다를 수 있지만 최종에는 100점을 목표로 하기 때문이에요.

선생님, 근데 저는 80점만 되어도 소원이 없을 거 같아요. 그래서 전 최종 목표가 평균 80점이에요.

최종적인 꿈과 목표는 클수록 좋습니다. 만약 목표를 80점으로 설정하고 그 점수에 도달했다면, 그 이후의 방향을 잃어버려 성장이 멈추고 의욕이 떨어질 수 있습니다. 이는 곧 슬럼프로 이어질 가능성도 있어요. 따라서 꿈과 목표를 크게 설정하면, 도달한 이후에도 더 높은 곳을 바라보며 계속 성장할 수 있는 동기를 유지할 수 있어요.

"목표에 따라 바뀌는 틀"

화분의 크기를 바꾸는 일은 식물 성장에 필수적입니다. 작은 화분에서는 처음엔 잘 자라지만, 시간이 지나면 그 공간 자체가 성장을 제한합니다. 더 큰 화분으로 옮겨 줄 때 식물은 새로운 공간에서 뿌리를 넓히고 더 건강하게 자랍니다.

이 원리는 경영과 공부에도 그대로 적용됩니다. 조직이 커지면 기존의 단순한 운영 방식으로는 한계가 생기고, 새로운 구조와 시스템이 필요해집니다. 공부 역시 목표를 낮게 잡으면 그 수준에 맞는 노력에 머물지만, 목표를 크게 설정하면 사고와 행동의 틀 자체가 확장됩니다. 큰 목표는 더 큰 화분처럼 우리의 잠재력을 담아낼 공간을 만들어 줍니다.

결국 성장은 틀을 바꾸는 데서 시작됩니다. 현재의 한계에 머무르지 않고 더 큰 구조와 목표를 받아들일 때, 우리는 그에 맞는 행동을 선택하며 더 큰 성과로 나아가게 됩니다.

내신 시험은 수업에서 출제된다.

앞에서 전문가 공부, 합격 공부 이렇게 두 가지 틀에 대해 얘기 했는데 최고점 공부는 일단 먼저 이 두 가지 틀의 장점을 융합하는 거예요. 맥락의 틀을 만들고 거기에 문제를 통해 살을 붙이고 대부분의 시간을 랜드마크 내용 중 모르거나 어려운 문제에 집중 투자를 하는데 이때 전문가 공부의 틀을 융합해 "왜?" 또는 다양한 관점의 셀프 질문을 던지며 공부하면 됩니다. 그런데 여기에 융합해야 할 게 한 가지 더 있어요.

선생님, 여기에 더 추가해야 할 게 있다니 궁금해요. 어떤 내용인지 알고 싶어요.

내신 시험은 수업에서 출제돼요. 그래서 수업의 흐름, 선생님의 강조 포인트, 그 순간의 예시를 빠짐없이 기록하는 것이 고득점을 위한 가장 현실적이고 강력한 전략이에요. 앞서도 말씀드렸듯이, 선생님의 수업 내용을 구조화하고 도식화하며 기록하는 과정은 단순히 받아 적는 걸 넘어서, 몰입과 이해를 동시에 높여 주는 효과적인 학습법이에요. 이렇게 정리된 구조화 및 도식화된 내용은 기존에 만들어 둔 "맥락의 틀"과 자연스럽게 융합할 수 있어요.

그 결과, 전체적인 흐름을 빈틈없이 정리할 수 있게 돼요. 즉, 수업의 핵심을 빠짐없이 기록하고 그 내용을 구조화와 도식화로 시각화해서 정리하고 이를 "맥락의 틀"과 연결하는 흐름이 내신 고득점을 위한 완성형 공부 전략이 되는 거예요.

· 왜 선생님 설명을 빠짐없이 기록해야 하는가?

1. 시험은 교과서가 아니라 '수업'에서 출제됩니다.

 내신 시험 문제는 단순히 교과서 내용만을 묻지 않습니다. 선생님이 강조한 포인트, 수업 중 설명한 배경지식, 예시, 개념 간의 연결 설명 등에서 자주 출제됩니다. 결국 선생님의 말씀이 곧 시험의 방향성이 됩니다.

2. 기억은 쉽게 사라지는 휘발성 정보입니다.

 수업 시간에 "이해되었다!"고 느껴도 며칠 뒤면 쉽게 잊어버릴 수 있습니다. 하지만 그 순간을 구조화하고 도식화하며 기록해 두면, 그 기록이 기억을 붙잡는 고리가 됩니다. 특히 수업의 흐름을 따라 자신만의 방식으로 정리한 기록은 복습할 때 가장 강력한 학습 자료가 됩니다.

3. 문제를 풀다가 막힐 때, 기록은 강력한 '힌트'가 됩니다.

 시험 문제를 풀다가 "이거 어디서 들어본 것 같은데…" 하는 순간이 있습니다. 그럴 때 수업 기록을 찾아보면, 선생님의 설명 속에 문제 풀이의 단서가 숨어 있는 경우가 많습니다. 특히 구조화된 흐름 속에서 잊었던 개념을 빠르게 되살릴 수 있습니다.

4. 구조화된 기록은 '나만의 교과서'이자 '설계 도면'입니다.

 수업 중 정리한 기록은 단순한 필기를 넘어 핵심을 표시하고, 개념 간의 연결을 시각화하며 도식화된 나만의 교과서가 됩니다. 이 교과서는 마치 복잡한 건물 구조를 한눈에 보여 주는 설계 도면과 같아서 어떤 개념이 어디에 위치해 있는지를 빠르게 파악할 수 있게 해 줍니다. 즉, 도식화된 교과서는 뇌의 작업 기억에 가해지는 부담을 줄이고, 정보를 꺼내고 연결하는 과정을 더 수월하게 만들어 줍니다.
 이처럼 의미를 담은 구조화와 도식화 과정은 자연스럽게 수업에 몰입하게 만들며, 복습 시에도 핵심 내용을 빠르게 떠올릴 수 있게 도와줍니다.

"신선도 효과(Recency Effect)"

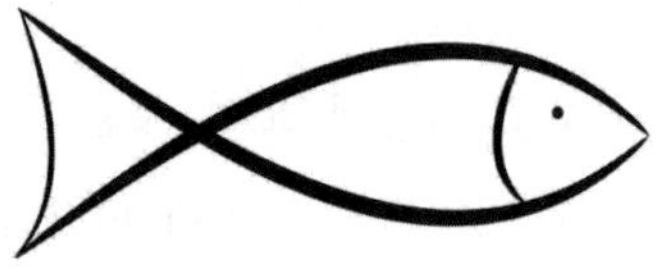

 기억은 일반적으로 마지막에 접한 정보를 더 잘 떠올리는 경향이 있습니다. 이는 심리학에서 신선도 효과(Recency Effect)로 알려져 있으며, 우리의 기억 체계가 최근에 학습하거나 경험한 정보를 더 쉽게 인출할 수 있도록 설계되었기 때문입니다.

 시험 직전이나 최근에 학습한 정보는 여전히 단기 기억(Short-Term Memory)에 저장되어 신선하게 남아 있습니다. 이러한 정보는 작업 기억(Working Memory)에서 활성화 상태를 유지하고 있어, 시험 상황과 같은 정보 인출이 필요한 순간에 자연스럽게 떠오르게 됩니다.

 예를 들어, 시험 전날 밤에 복습한 공식이나 개념은 시험 문제를 마주했을 때 빠르게 생각나곤 합니다. 이는 그 정보가 아직 머릿속에서 선명하고, 다른 오래된 정보와의 경쟁이나 간섭을 덜 받기 때문입니다. 우리가 시험장에서 자신감을 느끼며 답을 떠올리는 순간, 바로 이 신선도 효과가 중요한 역할을 한 것입니다. 뿐만 아니라, 시험 직전 학습한 정보는 집중력과 긴장감이 최고조에 달한 상태에서 학습된 경우가 많습니다. 이런 상태에서 학습된 정보는 더 효과적으로 기억에 각인될 가능성이 높습니다. 즉, 시험 준비 과정에서의 심리적 압박과 높은 몰입도가 신선도 효과와 결합되어 학습 효과를 극대화시키는 결과를 낳습니다.

이와 같은 이유로, 시험 직전 복습은 매우 중요한 전략으로 여겨집니다. 다만, 최근 학습한 정보에만 의존하지 않도록 이전에 학습한 내용을 충분히 복습하고 정리하여 장기 기억(Long-Term Memory)에도 저장하는 것이 필수적입니다. 이렇게 하면 신선도 효과와 장기 기억이 균형을 이루어, 시험에서 최상의 성과를 얻을 수 있습니다.

결론적으로, 신선도 효과는 시험 준비 과정에서 우리의 학습 효율을 높여 주는 강력한 도구입니다. 이를 잘 활용한다면, 짧은 시간 안에 높은 집중력을 발휘하여 중요한 정보를 효과적으로 기억하고, 시험장에서 그 내용을 자신감 있게 인출할 수 있습니다. 기억의 메커니즘을 이해하고 이를 학습에 적용하는 것이 성공적인 시험 준비의 열쇠가 됩니다.

· 신선도 효과의 실험적 근거

 신선도 효과는 허먼 에빙하우스와 애킨슨 & 쉬프린의 연구를 통해 입증된 현상으로, 정보 목록에서 마지막에 제시된 내용이 가장 잘 기억되는 경향을 말합니다. 이는 단기 기억의 제한된 용량과 정보가 저장되는 시간적 특성과 밀접하게 관련되어 있습니다. 시험 직전에 공부한 내용이 잘 떠오르거나, 연설의 마지막 메시지가 강하게 남고, 광고에서 마지막에 본 제품이 기억에 남는 사례가 이에 해당합니다.

 학습에서는 이 효과를 활용해 중요한 내용을 학습의 후반부나 시험 직전에 다시 복습하고, 학습 마무리 단계에서 핵심을 요약하는 것이 효과적입니다. 또한 학습 사이에 짧은 휴식을 두면 정보가 신선한 상태로 유지되어 기억에 도움이 됩니다. 다만 신선도 효과는 단기 기억에 의존하기 때문에 시간이 지나면 쉽게 약해질 수 있다는 한계가 있습니다. 따라서 이 효과에만 의존하기보다 반복 학습을 통해 장기 기억으로 전환하는 전략과 함께 활용할 때, 정보의 유지력과 실제 활용도가 높아지고 진정한 학습 효과를 얻을 수 있습니다.

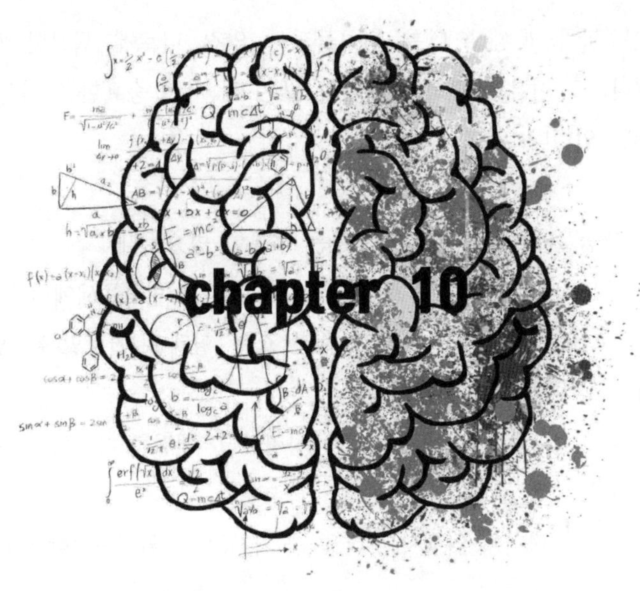

[수학의 틀 3가지]

첫 번째, 개념의 완벽한 이해

수학의 틀 3가지 & 첫 번째, 개념의 완벽한 이해

수학은 과목 특성상 다른 과목들과는 약간 다르게 접근할 필요가 있습니다. 그 이유는 수학이 다음과 같은 세 가지 중요한 영역을 포함하기 때문입니다.

첫째, 개념을 완벽히 이해해야 하는 부분이 있습니다.

둘째, 계산력이 기본적으로 뒷받침되어야 하며, 문제에서 제시된 수학적 표현을 빠르게 분석하고 풀기 좋은 형태로 변환할 수 있어야 합니다.

셋째, 다양한 문제를 체계적으로 정리하고 해결할 수 있는 능력이 필요합니다.

결국, 수학을 잘하기 위해서는 다음 세 가지 틀이 완성되어야 합니다.

(1) **개념**의 완벽한 이해

(2) 수학적 감각과 **독해력**

(3) 문제 **정리** 및 해결 능력

이제부터 이 세 가지 틀을 어떻게 준비하고 완성해 나갈지 하나씩 살펴보겠습니다.

"개념이 첫 단추"

이과적 성격을 가진 과목, 특히 수학에서는 개념이 첫 단추라고 불릴 만큼 중요한 이유는, 개념이 전체 학습의 기반이 되기 때문입니다. 수학은 논리적으로 연결된 과목이라, 하나의 개념이 다음 단계의 문제 풀이와 새로운 개념 이해로 자연스럽게 이어집니다. 만약 첫 단추인 개념을 제대로 이해하지 못하면, 이후 단계에서 문제가 발생할 가능성이 매우 높아집니다.

수학 문제를 풀다 보면 조건 하나가 문제의 본질을 결정짓는 경우가 많습니다. 이때 개념을 정확히 이해하지 못했다면, 문제를 잘못 해석하거나 전혀 다른 방향으로 풀이를 시도하게 됩니다. 특히 고등 수학처럼 복잡한 내용에서는 이런 작은 오해가 누적되어 더 큰 혼란과 실수로 이어질 수 있습니다.

개념은 나침반과도 같습니다. 나침반이 올바른 방향을 제시하지 못하면 목표에 도달하기 어렵듯, 개념을 명확히 이해하지 않으면 올바른 논리 전개와 풀이 과정이 불가능해집니다. 따라서 개념을 철저히 이해하고 이를 기반으로 사고력을 키우는 것이 수학 공부의 첫 번째이자 가장 중요한 단계입니다.

수학에 대한 두려움을 호기심으로 만들다.

여러분이 현재 배우고 있는 수학 이론은 오랜 세월 수많은 학자들의 연구로 만들어졌어요. 이러한 방대한 지식을 수험 기간이라는 짧은 시간 안에 모두 이해하기란 쉽지 않은 일입니다. 수학을 공부할 때 적극적으로 호기심을 갖고 도전적으로 임하는 자세와 두려움으로 인해 수동적으로 공부하는 자세는 큰 차이를 만들어 냅니다. 아래 이야기를 통해 공부에 임하는 자세에 대해 생각해 봅시다.

아래 장비는 오실로스코프(Oscilloscope)로, 전기 신호를 시간에 따라 시각적으로 관찰할 수 있게 해주는 전자 측정 장비입니다. 이 장비를 통해 전압의 변화, 신호의 파형, 주파수 등을 확인할 수 있으며, 전자 회로의 설계와 테스트에 매우 중요한 역할을 합니다. 선생님께서 사용법을 설명해 주시고, 자세히 작성된 사용 설명서도 제공됩니다. 여러분은 이 장비를 익히기 위해 어떤 방식으로 배워나갈 계획인가요?

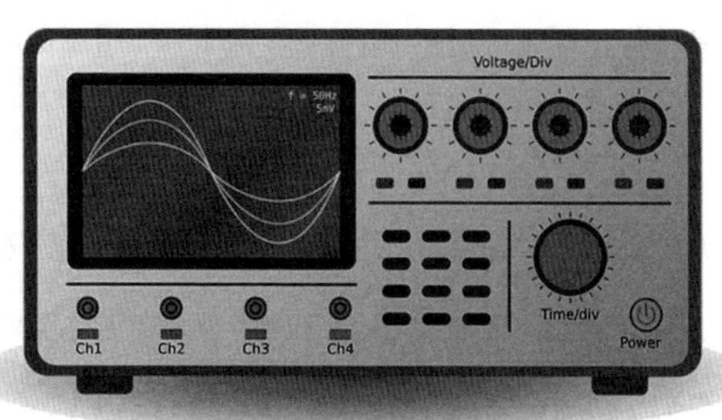

264

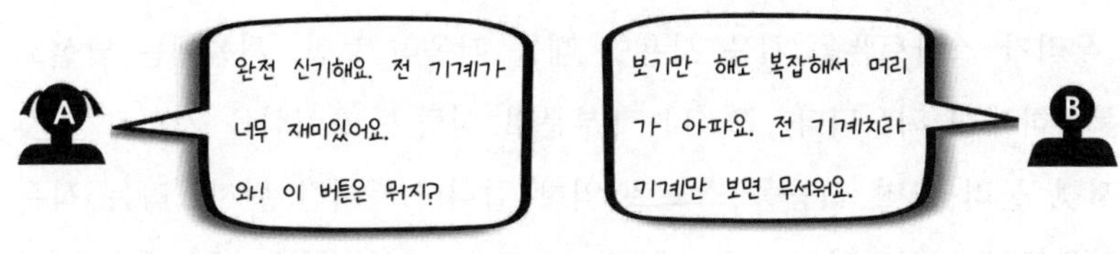

오실로스코프와 같은 새로운 기계를 다룰 때, 사람들의 반응은 두 가지로 나뉩니다. 호기심을 갖고 기계에 접근하는 사람과 두려움 때문에 주저하는 사람입니다. 여기서 중요한 차이는 그 마음가짐이 결과에 큰 영향을 미친다는 것입니다.

"공부란?…"

공부는 여러분이 이론이라는 바다에 몸을 던져 자유롭게 생각하며 헤엄치는 것, 바로 그 과정입니다. 이론의 흐름을 이해하고 이를 바탕으로 스스로 질문하고 답을 찾아가는 과정을 반복하다 보면, 어느새 이론의 바다를 능숙하게 탐험할 수 있게 됩니다. 중요한 것은 두려움을 내려놓고 이론에 푹 빠져 적극적으로 탐구하려는 마음가짐입니다. 이런 태도로 임한다면, 공부는 더 이상 어려운 일이 아니라 흥미로운 도전이 될 것입니다.

우리가 스마트폰을 처음 사용할 때를 떠올려 보면, 처음에는 낯설고 복잡하게 느껴집니다. 그러나 대부분의 사람은 호기심을 가지고 이것저것 눌러 보며 기능을 스스로 익혀 갑니다. "이건 뭐지?"라는 작은 질문들이 반복되면서, 어느새 스마트폰은 자연스럽게 익숙한 도구가 됩니다. 이처럼 호기심은 배움의 출발점이자 학습을 지속하게 만드는 힘입니다.

반대로 두려움은 학습을 가로막습니다. 오실로스코프처럼 복잡해 보이는 기계를 접했을 때, 호기심이 있는 사람은 실험과 관찰을 통해 원리를 하나씩 이해하지만, 두려움이 앞서면 고장 날까 봐 시도조차 하지 않습니다. 공부 역시 마찬가지입니다. "너무 어렵다.", "나는 못 할 것 같다."는 생각은 뇌를 닫게 만들고 도전을 멈추게 합니다.

반면 호기심은 뇌의 보상 시스템을 자극해 집중력과 몰입을 높입니다. "조금만 더 하면 이해될 것 같아"라는 긍정적인 자기 암시는 학습에 대한 부담을 줄이고, 배움을 즐기게 합니다. 결국 공부를 지속하게 만드는 것은 압박이 아니라 호기심이며, 성장을 막는 것은 능력이 아니라 두려움입니다.

"자기 암시의 힘"

결승전 경기 중반, 상대에게 9-14로 크게 뒤지고 있었습니다. 펜싱 경기의 특성상 단 한 점만 더 내주면 패배가 확정되는 절체절명의 순간이었죠. 대부분의 선수라면 이런 상황에서 절망감에 빠지기 쉽습니다. 하지만 이 선수는 달랐습니다. 그는 스스로에게 끊임없이 "할 수 있다."고 되뇌며 마음을 다잡는 모습을 보여 줬고, 이 장면은 화면에 고스란히 담겼습니다. 이 짧은 자기 암시는 단순한 말이 아니라, 그를 끝까지 포기하지 않게 만든 정신적 버팀목이었습니다.

그는 인터뷰에서도 이렇게 말했습니다.

"저는 그 순간에도 계속 '할 수 있다, 할 수 있다.'고 되뇌었어요. 이 말이 저를 다시 집중하게 만들었고, 끝까지 싸우도록 도와줬습니다."

이 자기 암시의 효과는 놀라웠습니다. 불가능해 보이던 상황에서 집중력을 되찾으며 침착하게 상대를 따라잡았고, 결국 역전 승리를 이루어 냈습니다.

자기 암시는 마음속에서 자신에게 건네는 내면의 대화이며, 공부에 임하는 태도를 결정짓는 중요한 요소입니다. "두렵다."는 생각이 들 때, 이를 "새로운 도전이다.", "처음은 누구나 어렵다.", "이 과정을 통해 성장할 수 있다."라는 말로 바꾸는 것만으로도 두려움은 호기심으로 전환될 수 있습니다. 이러한 긍정적인 자기 암시는 뇌를 닫게 만드는 두려움을 줄이고, 배움을 향한 탐구심을 깨웁니다.

공부에서 호기심은 배움의 출발점이자 지속하게 만드는 힘이며, 두려움은 시작조차 막는 장애물입니다. 오실로스코프처럼 복잡해 보이는 기계나 수학·과학처럼 어렵게 느껴지는 과목도, 호기심을 가지고 하나씩 탐구하다 보면 충분히 이해할 수 있습니다. 스마트폰을 익히듯 실수를 두려워하지 않고 시도하는 과정 속에서 실력은 자연스럽게 쌓입니다.

결국 결과를 바꾸는 것은 능력이 아니라 태도입니다. "이건 너무 어려워"라는 벽을 세우기보다 "이건 어떻게 작동할까?"라는 질문을 품는 순간, 학습은 부담이 아닌 성장의 여정이 됩니다. 그 작은 호기심이 큰 변화를 만들며, 이제 이러한 마음가짐으로 수학 개념 공부를 시작해 봅시다.

멘탈 관리에서 자기 객관화와 셀프 토크(self-talk)

자기 객관화란?

자신의 상태나 감정을 한 발짝 떨어져서 바라보는 능력이에요.

"지금 나는 너무 불안해하고 있구나."

"지금 상황은 내가 통제할 수 있는 부분과 그렇지 않은 부분이 있어."

이처럼 자신을 제 3자의 시선에서 바라보면 감정에 휘둘리지 않고 현실적으로 판단할 수 있어요. 이것은 문제 해결 뿐 아니라 감정 조절, 학습 효율에도 큰 도움을 줍니다.

셀프 토크란?

셀프 토크는 내면에서 스스로에게 말을 거는 것을 말해요.

부정적 셀프 토크 : "나는 안 돼.", "또 실패할 거야."

긍정적 셀프 토크 : "할 수 있어.", "이건 도전일 뿐이야."

자기 객관화가 현실을 바라보는 안경이라면, 셀프 토크는 그 현실에 어떻게 반응할지를 결정하는 내면의 응원자예요.

이 둘이 연결될 때

 자기 객관화를 통해 감정을 알아차리고, 셀프 토크를 통해 그 감정에 건설적으로 대응하게 됩니다.

 예를 들어 시험 전에 긴장될 때,

"지금 내가 긴장하고 있다는 걸 알아."(자기 객관화)

 → "긴장은 자연스러운 거야. 준비한 만큼 해보자."(긍정적 셀프 토크)

수학의 시작은 암기다.

수학적 언어의 표현을 자유자재로

수학을 잘하려면 수학적 언어와 표현에 익숙해져야 한다는 말을 많이 들어보셨을 겁니다.

수학에서는 기호를 언어로 표현할 수 있어야 하고, 반대로 언어로 된 문제를 기호화할 수 있어야 합니다. 이렇게 표현을 자유자재로 다룰 수 있어야 수학을 제대로 이해하고 문제를 원활하게 해결할 수 있습니다. 그렇다면, 어떻게 해야 수학적 언어와 표현을 자유롭게 다룰 수 있을까요? 단순히 문제를 많이 푼다고 해결될까요?

사실, 문제를 많이 푼다고 해서 이 문제가 완전히 해결되지는 않습니다. 물론 약간의 도움이 될 수는 있지만, 근본적인 해결책이 되지는 못합니다.

이를 이해하기 위해 새로운 언어를 배울 때를 떠올려 보시기 바랍니다. 처음 언어를 배울 때는 단어와 문법을 암기하며 기본적인 틀을 익히는 것부터 시작합니다. 언어의 기본 틀이 단단히 완성되지 않은 상태에서는 문장을 자유롭게 구사하거나 다른 사람의 말을 제대로 이해하기 어렵습니다. 수학도 마찬가지입니다. 수학적 언어의 기본 틀, 즉 기호와 표현 방식을 암기를 통해 확실히 익히는 것이 가장 먼저 이루어져야 합니다.

예를 들어, 수학에서 덧셈 기호(+), 곱셈 기호(×), 방정식의 형식과 같은 기본 개념을 확실히 익히는 것이 중요합니다. 이런 기초가 탄탄해야 문제를 풀고 응용하는 능력을 키울 수 있습니다.

결론적으로, 수학적 언어와 표현을 자유자재로 다루기 위해서는 기초적인 틀을 암기를 통해 단단히 다지는 것이 핵심입니다. 이러한 과정을 거쳐야 문제 풀이 뿐만 아니라 수학적 사고를 깊이 있게 확장할 수 있습니다.

수학은 기호로 된 언어

수학 기호에 대한 의미는 전체적으로 간단하게 보여 주기 것으로 자세한 의미는 생략했습니다.

1. 기본 산술 연산 기호

\+ (더하기) : 두 수를 합산

\- (빼기) : 두 수의 차를 계산

× 또는 · (곱하기) : 두 수를 곱함

÷ 또는 / (나누기) : 두 수를 나눔

2. 비교 및 관계 기호

= (같다) : 두 값이 같음을 나타냄

≠ (같지 않다) : 두 값이 다름을 나타냄

〉 (크다) : 앞의 값이 뒤의 값보다 큼

〈 (작다) : 앞의 값이 뒤의 값보다 작음

≥ (크거나 같다) : 앞의 값이 뒤의 값 이상임

≤ (작거나 같다) : 앞의 값이 뒤의 값 이하임

3. 집합 관련 기호

∈ (속하다) : 특정 요소가 집합에 속함

∉ (속하지 않다) : 특정 요소가 집합에 속하지 않음

⊂ (부분집합) : 한 집합이 다른 집합의 일부이거나 같음

∪ (합집합) : 두 집합의 모든 원소를 포함

∩ (교집합) : 두 집합의 공통 원소

∅ (공집합) : 원소가 없는 집합

4. 대수학 및 함수 관련 기호

x, y, z (변수) : 숫자 대신 사용할 수 있는 기호

f(x) (함수) : 입력값 x에 대해 출력값을 정의

Σ (시그마, 합계) : 특정 범위에서의 합

Π (파이, 곱) : 특정 범위에서의 곱

|x| (절댓값) : 원점으로부터의 거리

√ (제곱근) : 숫자의 제곱근

5. 미적분 관련 기호

d/dx (미분) : 어떤 함수의 변화율을 계산

∫ (적분) : 특정 범위에서의 넓이 계산

∞ (무한대) : 끝없이 계속되는 값을 나타냄

6. 복소수 및 특수 기호

i (허수 단위) : $i^2 = -1$을 만족하는 허수

e (자연로그의 밑) : 약 2.718

지수 함수의 기본

▽ (델 연산자) : 벡터와 미적분에서 사용

처음엔 괜찮은데 아래로 내려갈수록 외래어처럼 느껴져요.

네, 맞아요. 위에 있는 기호는 우리가 워낙 자주 사용하는 기호다 보니 외래어처럼 안 느껴지는데 자주 사용하지 않는 기호는 그렇게 느껴질 거예요.

예를 들어 영어를 처음 배울 때 "boy(소년)" 어떻게 공부했나요?

반복적으로 외웠어요.

수학도 마찬가지예요. 기호나 정의는 반복해서 장기 기억 속에 저장해 두어야 해요. 예를 들어 절댓값은 원점으로부터의 거리이고 기호는 | |로 나타내는데 이러한 내용은 의미 부여할 내용이 없기 때문에 무조건 외국어 배우듯 반복을 통해 암기하고 있어야 해요.

자, 영어 공부할 때 단어만 다 안다고 문장을 잘 해석할 수 없어요. 이유는 구조적 문법 구문도 알고 있어야 하기 때문이죠. 수학도 이와 다르지 않아요. 기호만 안다고 해결되지 않습니다. 이에 대한 얘기는 뒤에서 자세히 설명하도록 할게요.

수학의 정의나 기호를 외워야 하는 이유는 수학 학습의 효율성을 높이고 문제를 효과적으로 해결하기 위해서입니다. 다음은 그 이유를 몇 가지로 정리한 것입니다.

1. 언어로서의 수학 기호

수학은 기호를 통해 복잡한 개념을 간결하고 명확하게 표현하는 언어입니다.

예 : $\sum$ 기호 하나로 긴 덧셈 과정을 축약할 수 있습니다.

기호와 정의를 이해하지 못하면 문제를 해석하거나 답을 도출하는데 시간이 많이 걸립니다. 수학을 언어로 보면, 기호를 외우는 것은 단어를 외우는 것과 같습니다. 단어를 모르고는 문장을 이해할 수 없듯, 기호를 모르면 수학 문제를 해석할 수 없습니다.

2. 문제 풀이의 속도와 효율성

시험이나 실생활에서 수학 문제를 풀 때는 제한된 시간 안에 답을 도출해야 합니다. 정의나 기호를 외우고 있으면 문제를 읽는 순간 필요한 정보를 바로 이해할 수 있습니다.

예 : $f(x) = x^2$이 함수라는 것을 알고 있어야 $f(3)$의 값을 빠르게 계산할 수 있습니다. 따라서 정의와 기호를 알고 있는 것은 문제 풀이 시간을 단축시키는데 매우 중요합니다.

결국, 수학의 정의와 기호를 외우는 것은 단순히 시험을 잘 보기 위한 것이 아니라, 효율적이고 논리적인 사고를 위한 필수 과정입니다. 이를 통해 문제를 빠르고 정확하게 해석하고, 깊이 있는 개념 이해와 응용 능력을 키울 수 있습니다. "기초 체력"처럼 반복 학습과 연습을 통해 자연스럽게 익히는 것이 중요합니다.

능동적 학습으로 전환하는 셀프 질문(Self-questioning)

> "
> 중요한 것은 끊임없이 질문하는 것이다.
> "
>
> 알베르트 아인슈타인 (Albert Einstein)

이해한다는 것은 단순히 정보를 암기하는 것이 아니라, 새로운 정보와 기존 지식 사이의 관계를 파악하고 연결하는 과정이다. 새로운 개념을 배울 때, 그것이 기존의 지식과 어떻게 연관되는지를 알면 더 깊이 이해하고 오래 기억할 수 있다.

이러한 과정에서 셀프 질문을 통해 개념을 스스로 점검하는 방식은, 마치 매듭이 제대로 연결되어 있는지 확인하는 작업과 같다. 각각의 지식이 따로따로 존재하면 필요할 때 활용하기 어렵다. 하지만 스스로 질문하고 답하며 개념 간의 관계를 점검하면, 지식의 흐름이 끊어지지 않고 자연스럽게 이어진다.

하나의 개념을 제대로 이해하면, 그 개념을 중심으로 관련된 여러 가지 내용이 따라 올라오듯 연결된다. 이처럼 셀프 질문은 개념 간의 연결이 제대로 이루어졌는지를 확인하는 중요한 과정이다. 마치 매듭이 단단히 묶여 있어야 줄이 풀리지 않는 것처럼, 개념과 개념이 연결되어야 지식이 단단해진다.

예를 들어, 과학에서 "지구가 둥글다."는 개념을 이해하려면, 중력, 천체 운동, 위성 사진 등의 개념과 연결해야 한다. 수학에서는 미분을 "순간 변화율을 구하는 것"이라고 이해하려면, 함수, 기울기, 극한 개념과의 관계를 파악해야 한다. 언어에서도 새로운 단어를 배울 때, 해당 단어가 문장에서 어떻게 쓰이는지, 유사한 단어와 어떤 차이가 있는지를 파악하면 더 쉽게 이해할 수 있다.

결국, 이해란 개별적인 정보를 따로 알고 있는 것이 아니라, 그것들이 서로 연결되어 있는지를 확인하는 과정이다. 그리고 셀프 질문은 이 연결이 단단한지를 점검하는 중요한 도구로, 깊이 있는 학습을 위해 반드시 필요한 과정이다.

셀프 질문이 수학 개념 공부에서 효과적인 이유

셀프 질문 학습은 단순 암기를 넘어 이해 중심의 공부를 가능하게 합니다. "왜 이렇게 푸는가?", "이 공식은 언제 사용하는가?"와 같은 질문을 스스로 던지면 개념과 원리를 정확히 이해하게 되고, 지식은 오래 유지되며 다양한 상황에 유연하게 적용됩니다. 또한 질문하며 풀이 과정을 설명하는 동안 자신의 사고 흐름을 정리하게 되어, 어디에서 막히는지 무엇을 놓쳤는지를 스스로 점검할 수 있습니다.

이 과정은 문제 해결력도 함께 키워 줍니다. "이 문제는 어떤 개념과 연결될까?", "다른 방법은 없을까?"라는 질문은 사고의 폭을 넓혀 주어 고난도 문제에서도 힘을 발휘합니다. 더 나아가 반복적인 셀프 질문은 뇌를 깊은 사고 상태로 전환시켜 정보 간 연결을 강화하고, 장기 기억으로 저장되는 데에도 효과적입니다.

의미 기반 학습(meaningful learning)으로 전환

맞아요. 그래서 셀프 질문이 중요한 거예요.
"이 공식은 왜 필요한 걸까?", "이 개념은 어떤 문제와 연결될 수 있을까?"
이런 질문을 스스로 던지면, 나만을 위한 개념 공부가 되는 거죠.
그 과정에서 주관적인 의미 부여가 일어나고, 그게 곧 오래 기억에 남는 지식이 되는 거예요.

결국, 수학도 의미를 찾으려는 노력이 있어야 진짜 내 것이 되는 거네요. 암기 천재들도 의미 부여를 통한 방식으로 그렇게 됐으니까 저도 셀프 질문을 통해 수학 개념 천재가 되고 싶어요.

의미 없이 반복만 하는 건 비효율적이에요. 스스로 생각하고 연결해야 비로소 사고력이 생기고, 장기 기억에 남게 돼요.

'셀프 질문 학습법' 의미 기반 학습을 통해 장기 기억에 남도록 도와주고 능동적인 학습을 할 수 있어 집중력까지 높이고 정말 좋은 학습법 같아요.

다음은 방정식과 항등식에 관한 개념 설명이에요. 이 내용을 통해 셀프 질문으로 학습해 가는 과정을 보여 드릴 거예요.

항등식과 방정식 개념 설명

1. 항등식과 방정식

(1) 항등식

문자를 포함한 등식에서, 문자에 어떤 값을 대입해도 항상 성립하는 등식을 항등식이라고 한다.

(2) 방정식

문자를 포함한 등식에서, 문자에 특정한 값을 대입했을 때만 성립하는 등식을 방정식이라고 한다.

$$\text{등식} \begin{cases} \text{항등식} \\ \\ \text{방정식} \end{cases}$$

예제

1. 다음 등식을 살펴보자.

$$(x+1)^2 = x^2 + 2x + 1$$

➜ 이 식은 x에 어떤 값을 대입하더라도 항상 성립하므로 **항등식**이다.

2. 다음 등식을 살펴보자.

$$x^2 + 3x - 10 = 0$$

➜ 이 식은 $x = -5$ 또는 $x = 2$를 대입했을 때만 성립하므로 **방정식**이다.

Q1 : 항등식이 뭐지?

A1 : 음... '문자를 포함한 등식에서, 문자에 어떤 값을 넣어도 항상
성립하는 식'이라고 되어 있네. 무슨 말인지 감이 잘 안 오는데…

Q2 : 어떤 값을 넣어도 항상 성립한다고? 예제가 없을까?

A2 : 아! 밑에 예제가 나와 있구나. 한번 직접 대입해 보자.

예를 들어, $(x+1)^2 = x^2 + 2x + 1$이라는 식이 있는데,

x에 1을 넣어도, 5를 넣어도, -10을 넣어도… 양쪽이 항상 같네!

어라? 진짜 어떤 값을 넣어도 등식이 항상 성립하잖아.

아~ 이런 걸 항등식이라고 하는구나!

모든 값을 넣어도 항상 성립 → 이름도 딱 맞네. '항상 성립하는
등식', 항등식!

Q3 : 이번엔 방정식은 뭐지? 항등식이랑 뭐가 다른 걸까?

A3 : 음... 정의만 보면 어렵지만, 역시 예제를 보는 게 좋겠어.

밑에 있는 예제를 살펴보자.

$x^2 + 3x - 10 = 0$라는 식이 있는데…

x에 1 넣으면? → 틀림.

x에 2 넣으면? → 오! 양쪽이 같아진다.

x에 -5 넣으면? → 오! 양쪽이 같아진다.

그럼 다른 값은? 다 안 되네.

아하! 이건 특정 값에서만 성립하는 식이네.

→ 이런 게 바로 방정식이구나!

이제 확실히 알겠어.

모든 값에 대해 항상 성립 → 항등식

특정 값에서만 성립 → 방정식

결국, 등식은 이렇게 두 종류로 나뉘는 거네.

질문을 던지고 예제를 통해 직접 확인하며 답을 찾아가는 과정이 바로 능동적인 공부 방식이에요. 앞서도 말했지만 스스로에게 질문을 던진다는 건 단순히 외우는 것을 넘어서, 자기 나름대로 의미를 부여하는 행위예요.

그냥 글을 읽어 나가는 것보다 집중력도 높아지고, 개념 하나하나를 서로 연결하는 데에도 도움이 돼요. 이런 식으로 공부하면 기억에도 오래 남고, 이해도 훨씬 깊어질 수밖에 없어요.

책상에서 공부하면 공부 외에 다른 생각을 하거나 행동을 했는데 이렇게 공부하면 그런 일은 없을 거 같아요.

> 더 나은 방식으로 할 수 있는 방법에 대해 끊임없이 생각하고 스스로에게 질문을 던지는 것이 가장 중요한 조언이다.
>
> 일론 머스크(Elon Musk)

셀프 질문은 집중력 향상에 매우 효과적

 셀프 질문은 공부 중 흐트러진 주의를 개념에 고정시키는 강력한 도구입니다. "이 문제에서 가장 중요한 조건은 무엇일까?"라고 스스로 묻는 순간, 뇌는 자동으로 답을 찾기 위해 핵심에 집중하게 됩니다. 이 과정에서 단순히 읽고 듣는 수동적인 공부는 질문에 답하며 사고하는 능동적인 공부로 전환됩니다.

 또한 하나의 질문은 또 다른 질문으로 이어져 사고를 지속시키고, 자연스럽게 깊은 몰입 상태를 만들어 줍니다. 셀프 질문은 공부를 단조로운 반복이 아니라 해결해야 할 미션처럼 느끼게 하여 지루함을 줄이고 흥미를 높입니다. 결국 질문하는 습관은 집중력과 몰입도를 동시에 끌어올리는 가장 효과적인 학습 태도입니다.

> **"**
> 우리는 고립된 정보를 쉽게 잊지만, 서로 연결된 정보는 오래 기억된다.
> **"**
>
> 헤르만 에빙하우스(Hermann Ebbinghaus)
>
> 헤르만 에빙하우스(Hermann Ebbinghaus) : 독일의 심리학자로, 기억과 학습에 대한 과학적 연구의 선구자

아! 셀프 질문을 통해 공부하면 장기 기억에 남는 이유는, 의미 부여를 통해 지식이 고립되지 않고 나와 연결되기 때문이네요.

수학에서 질문을 통한 피드백이 개념을 완성시키는 이유는 질문이 학습자의 사고를 직접 유도하고, 개념의 본질을 스스로 탐구하게 만들기 때문입니다. 정답을 바로 제시하는 방식과 달리, 질문은 문제를 분석하고 사고 과정을 점검하게 하여 능동적인 사고와 깊은 이해를 이끌어 냅니다. 이러한 피드백 과정은 개념을 막연한 지식이 아니라 구조적으로 완성된 이해로 만들어 줍니다.

이는 에어비앤비의 성공 과정과도 닮아 있습니다. 에어비앤비는 고객의 니즈를 파악하고 지속적인 피드백을 반영하며 서비스를 개선해 왔고, 그 과정에서 혁신과 성장을 이루어 냈습니다. 이처럼 피드백은 현재 상태를 평가하는 데 그치지 않고 부족한 부분을 보완해 더 나은 결과로 나아가게 합니다. 결국 수학 학습에서도 질문을 통한 피드백은 개념을 완성시키는 가장 핵심적인 도구입니다.

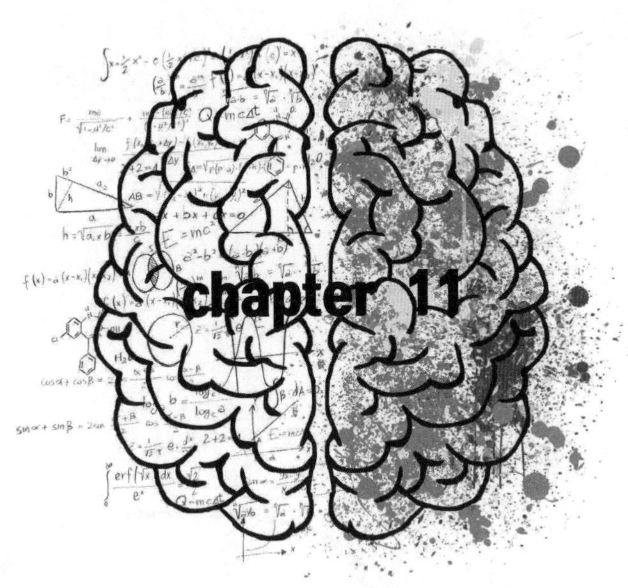

[수학의 틀 3가지]

두 번째, 수학적 감각 및 독해력 그리고 계산력

"개념 보고 바로 문제 들어가면 자신감만 떨어진다."

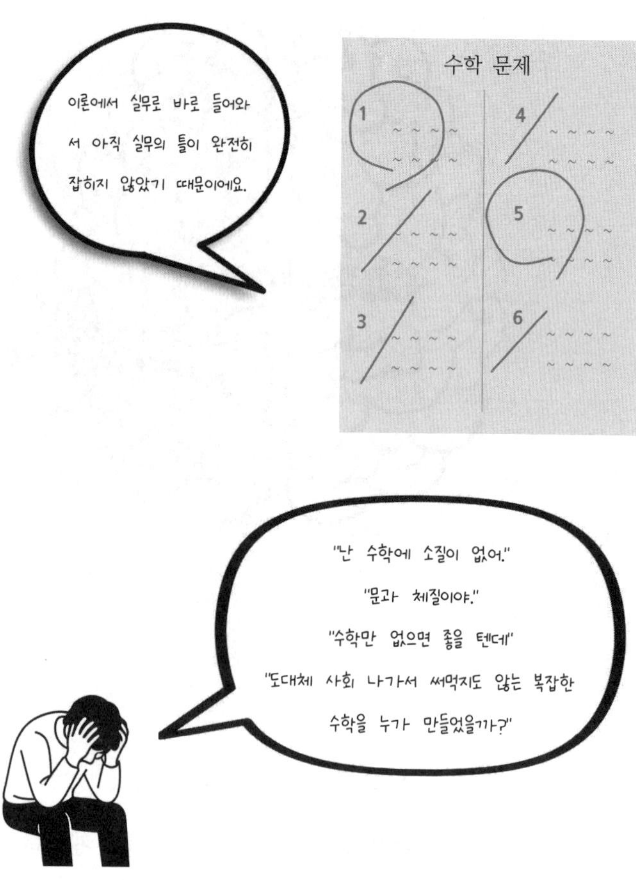

개념을 공부한 직후 곧바로 문제 풀이에 들어가면 많은 수험생은 쉽게 자괴감을 느끼게 됩니다. 쏟아지는 문제들에 압도되며 "나는 수학 머리가 없다"는 생각에 빠지고, 결국 수학을 포기하는 단계로 이어지기 쉽습니다. 이는 고등 수학에 대한 충분한 이해 없이 문제 풀이에만 집중하는 학습 방식에서 비롯됩니다.

이를 축구에 비유하면, 전략과 전술은 모른 채 평가전만 반복하는 것과 같습니다. 경기마다 드러나는 문제를 임시방편으로 해결하다 보니, 결과는 좋을 리 없고 점점 흥미와 자신감을 잃게 됩니다. 그러나 실제로 학생들에게 수학의 전략과 전술을 체계적으로 지도해 주는 '감독' 같은 존재는 많지 않습니다. 현재 교육은 개념 설명과 문제 풀이 기술, 그리고 평가 점수에 지나치게 집중되어 있으며, 정작 "왜 그렇게 접근하는지", "다른 관점은 없는지"를 고민하는 과정은 소홀히 다뤄집니다.

이러한 구조는 단기적인 성과는 낼 수 있을지 몰라도, 장기적으로는 수학적 사고력과 창의력을 약화시키고 수학에 대한 흥미와 자신감을 떨어뜨립니다. 문제를 이해하기보다 풀이 과정에 매달리게 되기 때문입니다.

하지만 방향을 바꾸면 상황은 달라질 수 있습니다. 수학 공부의 본질에 집중하고, 문제를 바라보는 전략과 사고 과정을 배우는데 시간을 투자해야 합니다. 축구 선수가 경기의 흐름을 읽고 전략적으로 움직이듯, 학생도 문제를 분석하고 해결하는 사고방식을 익혀야 합니다. 이 과정에서 얻는 성취감은 수학에 대한 흥미를 되살리고, 결국 성적 향상으로 이어집니다.

결국 수학은 문제 풀이 기술만으로 해결되지 않습니다. 전략적 사고와 개념에 대한 깊은 이해가 함께할 때, 학생들은 비로소 수학을 자신 있게 다룰 수 있습니다.

수학 개념을 보다 더 완벽하게

수학은 다른 과목과 달리 두 가지 맥락의 틀을 함께 세워야 해요.
첫 번째는 '개념의 틀', 두 번째는 '표현의 틀'이에요.
우선, 이번에는 그중 '개념의 틀'에 대해 먼저 이야기해 보려고 해요.

선생님, 셀프 질문으로 개념을 공부하면 거의 완벽해지는
것 같은데요? 그럼에도 더 해야 할 게 있나요?

네, 맞아요. 그래서 수학에서는 개념이 완전히 이해되면 굳이 별도의
구조화 노트를 만들지 않는 학생들도 많아요.
필요한 내용이 생기면 개념서나 문제집 여백에 간단히 보완해 넣는
정도로 공부하죠. 결국 중요한 건 본인에게 맞는 방식으로 공부해 나
가는 것이에요.
지금 제가 설명드리는 내용은 좀 더 꼼꼼하게 정리하며 공부하고 싶
은 친구들을 위한 tip이에요.

앞서 맥락의 틀 만드는 방법과 같이 수학 개념서를 통해
개념 내용에 관해 구조화를 시켜줍니다. 그 다음은 어떻게
해야 할까요?

구조화 다음 단계는 도식화 아닌가요?

구조화는 말 그대로 서랍의 이름을 붙이는 단계라서, 먼저 큰 타이틀을 만들어 주면 되고 그 다음은 도식화로 내용을 채워 넣는 과정이라고 생각해요.

도식화는 셀프 질문을 통한 도식화, 선생님 강의를 통해 얻는 도식화, 문제를 통한 도식화 이런 식으로 계속 살을 붙여가면 되는 것 같은데…

제가 말한 방향이 맞나요?

정확하게 말했어요. 도식화라고 하면 다소 어려운 말처럼 들릴 수 있지만, 사실은 내가 이해한 내용을 나만 알아볼 수 있도록 함축적으로 표현한 것이라고 생각하면 돼요. 그래서 간단히 요약한 내용도 구조화 안에서는 모두 도식화에 포함돼요. 중요한 점은, 이렇게 함축된 표현이 기억의 연결 고리 역할을 한다는 거예요. 따라서 휘발되기 전에 반드시 흔적을 남기는 것이 필요해요. 이 과정은 단순한 정리가 아니라, 자연스러운 몰입을 유도하고 장기 기억으로 이어 주는 핵심적인 단계가 돼요.

선생님, 문제를 통한 도식화는 어떤 문제로 시작해야 하는지 좀 더 구체적으로 설명해 주세요.

개념서에는 반드시 풀어야 할 필수 문제가 있어요. 문제를 풀다가 막히는 부분이 생기면, 곧바로 개념 본문으로 돌아가 어떤 내용을 놓쳤는지 확인해야 해요.

만약 빠진 부분이 있다면, 그 내용을 '개념의 틀'에 다시 살을 붙여 보완하면 돼요.

그리고 여기서도 해결되지 않는다면 증명 페이지를 확인해 놓친 개념이 없는지 점검해야 해요.

이 과정이 바로 이론과 실전을 연결하는 공부 방식이에요.

특히 수학은 '개념의 틀' 뿐만 아니라 앞에서 이야기한 것처럼 '표현의 틀'도 함께 만들어야 해요. 그래야 문제에서 어떤 형태로 물어보든 한눈에 파악하고 적용할 수 있어요.

수학을 어렵다고 느끼는 이유는 논리만으로
이뤄진 과목으로 착각하기 때문이다.

선생님, 당연히 수학은 논리 과목 아닌가요? 

당연히 수학은 논리 과목이 맞아요.

그런데 '논리'라는 틀에 하나를 더 연결해야 한다는 사실을 놓치기 쉽죠.

바로 이것이 수학을 어렵게 느끼는 주요 이유 중 하나예요.

즉, 하이브리드 역량이 필요한 과목이죠.

앞에서도 잠깐 언급했는데, 그렇다면 그 또 다른 연결은 무엇일까요?

네, 맞아요. 영어도 단어만 외운다고 끝나는 게 아닌 것처럼, 수학도 단순히 기호만 외운다고 문제가 해결되지는 않아요.

영어에서 문법 구조를 머릿속에 넣듯, 수학에서도 다양한 표현을 반복 학습을 통해 노트가 아닌 '장기 기억'에 저장해야 해요.

이게 바로 '표현의 틀'을 만드는 과정이에요.

언어는 기반 지식이 부족하면 쉽게 과부하가 걸려요.

문장을 듣거나 읽는 순간, 뇌는 동시에 단어 해석, 문법 이해, 문맥 파악, 의미 추론 같은 여러 작업을 처리해야 하죠.

이 모든 걸 짧은 시간 안에 뇌가 감당해야 하다 보니, 기반 지식이 충분하지 않으면 금방 피로해지고 이해가 느려져요.

반대로 기반 지식이 잘 쌓여 있으면, 언어는 '자연스러운 흐름'처럼 느껴지고, 기반 지식이 부족하면 '암호 해독'처럼 어렵게 느껴져요.

이 원리는 앞에서 설명했던 영문법 구조 학습과 매우 유사해요.

수학에서도 하나의 개념을 다양한 방식으로 표현하고, 문제는 이를 다양한 관점에서 물어보는 경우가 많기 때문에, '표현의 틀'을 반복해 익히는 학습이 꼭 필요해요.

수학의 3가지 틀 & 두 번째, 수학적 감각 및 독해력 그리고 계산력

문제를 많이 풀었다고 해서 나중에 여러분이 그 문제를 시험장에서 확실하게 기억에서 꺼내서 답을 할 수 있나요?

아니요. 분명 풀었던 문제인데 시험장에서는 긴장을 해서인지 기억이 날 듯 안날 듯 너무 아쉬웠어요.

그 이유는 수납공간, 즉 '표현의 틀'이 확실히 자리 잡지 못한 상태에서 많은 정보를 단순히 쌓아 두기만 했기 때문입니다. 이로 인해 정리가 제대로 되지 않아, 시험장에서 필요한 내용을 바로 기억해 내지 못하는 일이 생기게 되는 거죠.

그럼 어떻게 해야 할까요? 유형별로 정리된 문제집을 풀었는데 이런 건 도움이 안 되는 건가요?

중학교 때까지는 유형이 어느 정도 정해져 있어서 도움이 됐지만 고등학교에 와서는 유형 자체가 워낙 많고 풀이 과정이 긴 문제가 많기 때문에 유형별 문제집을 한두 권 푼다고 해결되진 않아요.

어떤 틀(뼈대)에서 시작해야 더 크고 높게 올릴까요?

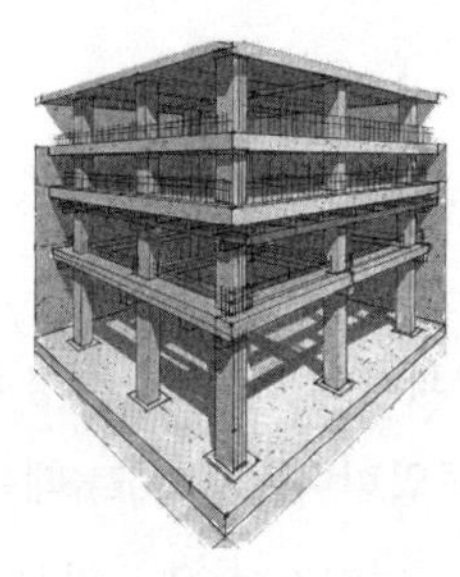

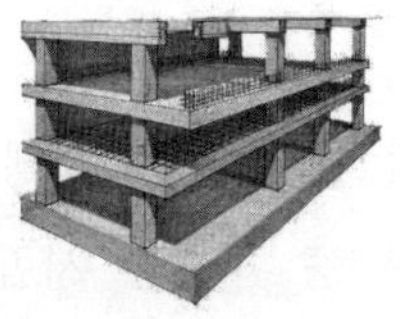

처음 학습을 시작할 때는 새로운 내용을 연결해 나가는 틀을 만드는데 시간이 걸립니다. 즉, 위 그림처럼 왼쪽에 있는 틀을 만드는데 시간이 더 걸리지만 그 이후에 건물을 더 크고 더 높게 올리는데 걸리는 시간은 오른쪽 틀을 가진 건물보다 더 빠를 것입니다.

충분한 기반 지식이 쌓이고 나면, 새로운 정보를 더 쉽게 이해하고 빠르게 받아들일 수 있습니다. 이는 기존 지식이 새로운 지식을 붙잡아 주는 연결 고리 역할을 하기 때문이며, 학습 속도가 점점 더 가속되는 현상으로 이어집니다.

지속적인 반복 학습을 통해 기억이 사라지기 전에 연결 고리를 강화해야 합니다. 마치 끈끈이를 발라 날아가려는 종이를 붙잡듯이, 꾸준한 반복을 통해 학습 구조를 더욱 견고하게 만들어야 합니다.

따라서 처음에는 기반을 다지는 과정이 힘들고 더디게 느껴질 수 있지만, 일단 탄탄한 틀을 갖추면 그 이후의 학습 속도는 기하급수적으로 증가합니다. 반복과 연결을 통해 학습의 가속도를 높이면, 더 깊은 사고력과 빠른 문제 해결 능력을 갖출 수 있습니다. 결국, 일정한 임계점을 넘어서면 더 큰 힘을 들이지 않아도 점점 빠르게 확장될 수 있습니다.

수학 시험 시간 부족의 해결책

고등학교에 올라가면서 학생들이 수학 과목에서 가장 적응하기 어려워하는 부분 중 하나는 시험 시간 부족입니다. 중학교 때는 산술적 사고를 요구하는 수학에서 대수적 사고로 넘어가는 과도기적 시기이기 때문에 풀이 과정이 비교적 단순합니다. 하지만 고등학교에서는 본격적으로 대수적 사고를 요구하며, 풀이 과정이 더 길고 복잡해집니다. 이로 인해 많은 학생이 제한된 시험 시간 안에 문제를 해결하기 어려워하고, 시간 부족을 크게 느끼게 됩니다.

이런 상황에서 학생들은 나름대로 열심히 공부하며 문제집을 많이 풀어 보려 하지만, 중학교 때처럼 문제집 몇 권만 풀면 될 것이라고 생각하는 경우가 많습니다. 그러나 고등학교 시험에서는 그 정도의 노력으로는 원하는 결과를 얻기가 어렵습니다. 결국 시험 결과가 기대에 못 미치면서 실망하게 되는 경우가 많습니다.

수학에서도 단권화 전략이 통합니다. 예를 들어, 제 아내도 수학 강사로서 기본기가 부족한 학생들의 성적을 올리는 효과적인 방법을 사용했는데, 그 핵심은 교재 한 권을 선택해서 반복적으로 푸는 것이었습니다. 단, 교재에 바로 풀지 않고 노트에 풀이를 작성하도록 했습니다. 이유는 한 권의 교재를 여러 번 반복해서 풀기 위해서인데, 이때 풀 문제의 페이지와 문제 번호를 노트에 적어 관리하도록 했습니다. 이렇게 하면 누적된 과제를 통해 처음에는 느리게 풀던 문제도 횟수를 거듭할수록 보자마자 빠르게 풀이할 수 있는 실력으로 발전합니다.

이 방식은 수학의 기본 틀을 완성하고, 성적이 잘 오르지 않는 학생들에게 특히 효과적입니다. 반복 학습을 통해 수학적 사고와 풀이 능력을 체계적으로 다질 수 있기 때문입니다. 다만, 이 방법에는 한계가 있습니다. 교재 한 권에만 집중하다 보면 더 높은 수준의 성적을 내기 어려울 수 있습니다. 따라서 일정 수준 이상의 성적을 목표로 한다면, 이 방법 이후에 추가적인 학습 전략이 필요합니다.

수학은 양치기?

"수학은 양치기"라는 말은 수학에서 문제를 많이 풀어보는 것이 중요하다는 것을 비유적으로 표현한 말로 수학 공부도 데이터가 많으면 많을수록 결과도 좋다는 의미입니다. 그런데 과연 효과는 어떨까요? 결과는 좋을 수 있지만 효율적이지 못하고 학생들에게 너무나 가혹한 방법입니다. 이 방법은 뼈대가 튼튼하지 못한 상태에서 건물을 계속 위로 올리는 것과 같습니다.

틀이 없는 양치기는 비효율적이다.

 학생들 사이에서 흔히 들을 수 있는 말 중 하나가 "수학은 양치기"라는 말입니다. 여기서 양치기란, 수학 성적을 올리는 가장 효과적인 방법이 많은 문제를 풀고 양으로 승부를 본다는 뜻입니다. 대부분 사람들은 수학에 뾰족한 묘책이 없으며, 시중의 다양한 문제집을 많이 풀어보는 것만이 유일한 방법이라고 생각합니다.

 사실, 이러한 방법이 결과적으로 효과를 발휘할 때도 있습니다. 예를 들어, 2016년 이세돌 9단과 알파고(AlphaGo) 간의 바둑 대결이 큰 화제가 되었습니다. 알파고는 프로 기사들의 기보 3000만 수를 분석하고 학습하며, 인간을 뛰어넘는 실력을 갖추게 되었습니다. 이는 데이터의 양과 분석이 성능 향상에 중요한 역할을 한다는 것을 보여 줍니다. 수학에서도 마찬가지입니다. 문제를 많이 풀어보는 것은 경험치를 쌓는 과정입니다. 문제를 많이 풀수록 반복되는 유형을 익히게 되고, 이를 통해 체계적으로 정리하는 능력이 향상됩니다. 시험에서는 제한된 시간 안에 문제를 해결해야 하므로, 익숙한 문제를 빠르게 풀어낼 수 있는 훈련이 필요합니다. 한 번이라도 풀어본 문제는 아이디어를 떠올리기 훨씬 쉽기 때문에 고득점을 받기 위해선 이러한 준비가 중요합니다. 이러한 이유로 사교육에서는 문제 풀이량을 강조하는 경우가 많습니다.

 학원의 커리큘럼을 따라가며 원하는 대학에 진학하는 경우도 있지만, 이는 일부 학생들에게만 해당하는 사례입니다.

 예를 들어, 초등학생 시절부터 선행 학습을 통해 고등학교 진입 전에 고등학교 과정을 마치고, 적어도 3회 이상 반복한 이후 학년별로 실력

정석이나 킬러 문제 위주로 공부하며 의대에 합격한 사례는 흔히 학부모들에게 알려진 성공담입니다. 그래서 특목고나 자사고를 목표로 하는 학부모들은 초등학교 시절부터 선행 학습을 강조하고, 학원이나 과외를 병행하며 치열하게 준비를 시킵니다. 그러나 이러한 방법이 모든 학생들에게 적합한 것은 아닙니다.

 선행 학습을 통해 성공하는 경우도 있지만, 과도한 학습은 학생들로 하여금 수학에 대한 흥미를 잃게 하거나 학습 효율이 떨어지게 만들기도 합니다. 사람마다 학습 스타일과 속도는 다르기 때문에, 소수의 성공 사례를 일반화하기엔 무리가 있습니다.

 무엇보다 인간은 AI가 아닙니다. 인간은 AI처럼 한 번 학습하고 모든 내용을 기억해 낼 수 없기 때문에 단순히 데이터를 많이 쌓는 방식으로 승부를 보겠다는 것은 스스로 문제 푸는 기계로 만드는 일입니다. 하지만 인간에게는 생각하는 힘이 있습니다. 따라서 수학을 효율적이고 전략적으로 학습하는 방식이 필요합니다.

 효율적인 수학 학습 전략이란, 먼저 수학의 기본 틀을 확실히 세운 뒤, 그 위에 다양한 피드백을 받아 가며 내용을 정리하고, 문제 풀이의 흐름을 체계적으로 연결해 나가는 방식입니다. 이렇게 연결 고리를 만들어 가며 학습해야 지식이 확장되고, 시험장에서 문제를 빠르고 정확하게 해결할 수 있는 출력 능력도 키울 수 있습니다. 단순히 많은 문제를 푸는데 그치지 말고, 기억을 붙잡아 두고 개념의 틀을 단단히 다지며 공부해야 합니다.

 AI는 기억의 한계가 없어 무제한으로 데이터를 학습할 수 있지만, 인간은 기억의 용량이 제한되어 있기 때문에 반복 학습을 통해 정보를 장기 기억에 정리하고, 다음에 학습할 내용과 유기적으로 연결해 나가는 방식이 필수적입니다.

틀 만드는데 공을 들여야 하는 이유

A

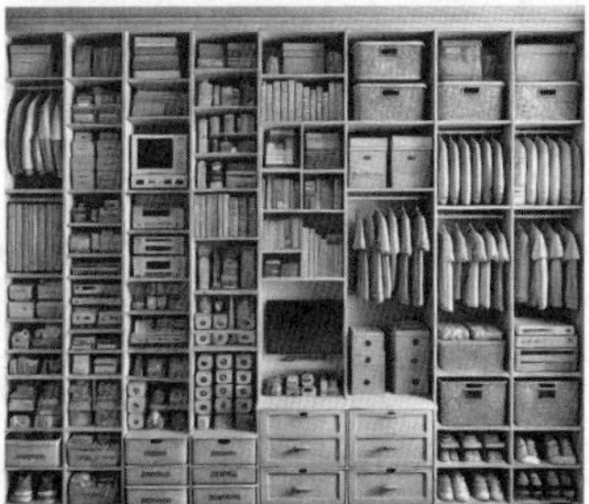

B

A는 양치기를 했을 때의 상황이라고 생각하면 됩니다. 기존에 제대로 된 틀이 없기 때문에, 비슷한 문제가 나올 때마다 그때그때 연결 지어 정리하는 방식이에요. 이러한 방식은 정리가 되려면 정말 많은 양의 문제를 풀어야 해요. 문제를 기억하고 있다면 다행이지만, 시간이 지나면 기억이 흐려질 수 있죠.

결국 단순히 어느 정도 많은 문제를 푼다고 정리가 되는 게 아니라, 엄청난 양의 문제를 단기간에 풀어야 효과가 나타납니다. 이런 방식은 단계적으로 실력을 쌓아가는 방법이 아니기 때문에, 극단적인 끈기가 없으면 중간에 포기하게 될 가능성이 높아요.

B는 수납공간이라는 틀을 만들어 놓고 시작하기 때문에 틀을 만드는데까지 시간은 걸리지만 그 이후엔 빠르게 정리해 나갈 수 있어요. 여기에 새로운 문제가 등장할 때마다 기존 틀과 연결해 공부하는 방식으로 시험 때 유사한 문제가 나오면 빠르게 인출해 낼 수 있어요.

계속 들어오는 물건은 우리가 배우는 학습 내용이었네요. 고등학교에 올라오면서 배워야 할 내용은 많아졌지만, 정리할 틀이 제대로 갖춰져 있지 않다 보니 공부가 잘되지 않았던 건 당연한 일이었네요. 유형 문제집을 한두 권 푼다고 해결되지 않았던 이유가 있었네요.

공부를 잘하고 싶다면, **B**처럼 탄탄한 틀을 만들고 시작해야 해요. 이 시간을 아까워하면 안 돼요. 처음엔 그냥 바로 공부하는 게 더 나을 것 같지만, 시간이 지나면 틀을 제대로 잡은 사람과 그렇지 않은 사람의 속도 차이는 엄청나게 벌어져요. 결국, 틀을 탄탄하게 다지는 게 나중에 훨씬 더 큰 차이를 만들어 내요.

선생님, 이렇게 틀을 만드는 방식이 인출하는데 효과적이라 시험 볼 때 유리하는 건 알겠는데 틀을 만들어 정리하는 방식도 물건을 많이 정리하면 정리할수록 좋은 거 아닌가요?

좋은 질문이에요. 지금까지 설명한 건 큰 틀을 보는 방식(줌아웃)이고 문제 하나를 풀 때 세부 구조(틀)를 볼 수 있는 눈(줌인)도 필요해요. 그래야 많은 양의 문제를 효과적으로 처리할 수 있어요. 이 부분은 나중에 자세히 설명할 거예요.

양치기의 구체적 단점들

수학 공부에서 흔히 말하는 '양치기'는 많은 문제를 반복해서 푸는 방식으로, 일정한 효과는 있지만 분명한 한계도 있습니다. 개념 이해 없이 문제 수만 늘리면 비슷한 유형에는 익숙해질 수 있어도, 새로운 문제를 만났을 때는 제대로 대응하지 못합니다. 이는 문제의 본질을 파악하기보다 풀이 패턴에 의존하게 만들어 학습을 비효율적으로 만듭니다.

또한 양치기는 특정 방식에만 익숙해지게 해 다양한 접근과 개념 간의 연결을 놓치기 쉽습니다. 그 결과 응용문제나 고난도 문제에서 한계를 드러내며, 잘못된 풀이가 반복될 경우 오개념이 습관처럼 굳어질 위험도 커집니다. 시험에서도 조건이 조금만 달라져도 적용하지 못하는 상황이 발생할 수 있습니다.

무엇보다 무작정 많은 문제를 푸는 학습은 지루함과 피로를 키워 흥미와 성취감을 떨어뜨립니다. 결국 수학에서 중요한 것은 문제의 양이 아니라, 문제 사이의 관계와 맥락을 이해하며 개념을 중심으로 사고하는 것입니다. 이러한 학습이 장기적으로 더 효과적인 결과를 만들어 냅니다.

양치기는 극단적인 방법이에요. 둘 중 하나가 나가떨어질 수밖에 없는 방법, 이러한 인식으로 인해 학업에서도 점점 양극화 현상이 일어나고 있다고 생각이 들어요. 한쪽은 힘들어 포기하고 다른 한 쪽은 엄청난 양으로 밀어붙이고 ……

선생님, 그럼 구체적으로 수학에서는 어떤 방식으로 해야 단계적으로 올릴 수 있을까요?

건물의 뼈대 역할을 하는 틀을 만들어 놓고 시작을 하는 것이 중요해요. 구체적으로 설명하자면 필수 문제를 반복해야 해요.

선생님, 그럼 어떤 문제가 필수 문제가 될까요?

교과서에서는 기본 문제, 시중 개념서에서는 대표 예제 문제가 필수 문제가 돼요. 이때 중요한 건 무조건 반복이 아닌 효율적 반복을 하는 것이 중요해요. 문제 난이도 또는 중요도에 따라 반복 횟수를 다르게 하는 방식이에요. 그리고 필수 문제가 끝나면 다음 단계로 그보다 한 단계 높은 문제집을 선택하여 역시 마찬가지로 반복 횟수를 다르게 하면서 반복해 가면 됩니다. 이러한 방식으로 계속 단계별로 교재 난이도를 올리면 돼요. 이렇게 하면 기존 틀에 바로 연결이 되어 수학의 틀이 풍성해져요.

우리는 이미 '이론'과 '실무'는 다르다는 사실을 알고 있어요.

예를 들어, '플로우섬'까지 가는 경로나 어떤 배를 이용해 몇 명을 태울지 계획하는 것은 '이론'에 해당해요. 반면, 실제로 그 섬에 다녀온 사람들의 경험과 조언을 종합하는 것은 '실무', 곧 실전이라고 볼 수 있어요.

특히 수학 문제는 학습자가 다양한 관점에서 사고하고 있는지를 확인하는 도구이기도 해요.

같은 개념이라도 문제에서 표현을 다양하게 바꾸는 이유가 바로 여기에 있어요.

뒤에서 더 자세히 설명하겠지만, 필수 문제를 반복해서 푸는 것은 문제 속 다양한 표현과 접근 방식을 머릿속에 구조화하고 정리하는데 매우 효과적이에요.

선생님, 저는 처음엔 반복해서 풀라는 말이 그냥 풀이와 답을 외워서 풀라는 뜻인 줄 알았어요. 그런데 그게 아니라 수학의 필수 표현 구조를 머릿속에 수납하듯 정리하기 위한 과정이었네요.

이제야 그 감이 잡히는 것 같아요.

작업 기억(Working Memory)의 부담을 줄이자.

기억의 세 가지 유형 비교

항목	작업 기억 (Working Memory)	단기 기억 (Short-Term Memory)	장기 기억 (Long-Term Memory)
주요 역할	정보 저장 + 처리 동시 수행	정보의 일시적 저장	정보의 오래된 저장소
지속 시간	수 초 ~ 수십 초	수 초 ~ 수십 초	수 분 ~ 평생
저장 용량	제한적 (보통 5~9개 항목)	제한적 (보통 5~9개 항목)	사실상 무제한
처리 능력	정보 조작, 계산, 추론 포함	단순 저장 기능만 있음	인출·조합·활용 가능
예시	머릿속으로 계산, 문장 이해 등	전화번호를 잠깐 외우는 상황	언어, 수학 개념, 인생 경험 등
관련 뇌 영역	전두엽 (전전두엽 등)	해마(hippocampus), 전두엽 일부	해마 → 대뇌피질 전반

간단하게

작업 기억 = 뇌의 계산기 or 작업대 (실시간 처리)

단기 기억 = 포스트잇 메모 (잠깐 저장)

장기 기억 = 서랍 속 폴더 (필요할 때 꺼내 쓰는 지식 저장소)

이렇게 정리할 수 있는데 즉, 새로운 정보와 기존의 지식을 연결하는 '접점 공간'이 바로 작업 기억이에요.

작업 기억은 학습 능력과 직결되는 중요한 능력이네요.

그런데 작업 기억은 큰 단점이 있는데 너무 많은 정보가 한꺼번에 주어지면 정보 처리를 하는데 한계가 있어요. 이와 관련된 이론이 John Sweller가 1980년대에 제안한 인지 부하 이론 (Cognitive Load Theory)이에요.

John Sweller는 누구인가?

현대 교육 심리학에서 인지 부하 이론(Cognitive Load Theory)을 제시한 세계적인 인지 심리학자입니다. 그의 이론은 학습 자료 설계와 수업 전략의 방향을 바꾸는데 큰 영향을 주었으며, 현재도 전 세계의 교육자들이 참고하는 핵심 이론으로 자리 잡고 있습니다. 1946년 호주에서 태어난 Sweller 교수는 인지 심리학과 교육 심리학을 전문으로 연구해 왔으며, 호주 뉴사우스웨일스 대학교(University of New South Wales)의 명예 교수로 활동하고 있습니다. 그의 가장 대표적인 업적은 바로 인지 부하 이론(Cognitive Load Theory)으로, 이는 인간의 작업 기억(Working Memory)이 매우 제한적이기 때문에 학습 자료는 그 한계를 고려해 효율적으로 설계되어야 한다는 관점을 중심으로 합니다.

아! 뇌가 한꺼번에 너무 많은 걸 하려고 하면 과부하가 걸린다는 말인 거죠? 그럼 구체적으로 어떻게 학습을 해야 하나요?

John Sweller는 작업 기억의 부담을 줄이기 위해 여러 가지 효과적인 전략을 제시합니다.
그는 기반 지식이 많을수록 내재적 인지 부하가 줄어든다고 보았으며, 이를 위해 반복 학습을 통해 장기 기억에 기반 지식을 충분히 축적하는 것이 중요하다고 강조합니다. 또한, 정보를 시각적으로 구조화하고 도식화하는 방식은 작업 기억의 부담을 줄이고, 학습의 효율성을 높이는데 큰 도움이 된다고 설명합니다.

첫 번째, 기반 지식이 많을수록
내재적 인지 부하(intrinsic cognitive load)가 줄어든다.

문제

사과가 한 줄에 6개씩 있습니다. 이런 줄이 21줄 있을 때, 사과는
모두 몇 개일까요?

해결 1 (구구단을 알 때)

6 × 21 = 126 → 답 : 126개
구구단이 장기 기억에 저장돼 있어 바로 풀 수 있는 문제로 작업 기억
부담이 거의 없어요.

해결 2 (구구단을 모를 때)

6 + 6 + 6 + 6 + … + 6을 21번 더해서 구하면 답 : 126개
작업 기억 부담이 크고, 반복 덧셈 계산 과정이 길어 중간에 실수하거나
까먹을 수 있어요.

구구단처럼 기초적인 지식(기반 지식)이 장기 기억에 있을수록, 작업 기억의 부담이 줄어들고, 더 복잡한 문제도 부드럽게 처리할 수 있게 돼요.

이것이 바로 John Sweller가 강조한 "기반 지식이 많을수록 내재적 인지 부하가 줄어든다."는 의미에요.

기반 지식은 지식 성장의 종잣돈이다.

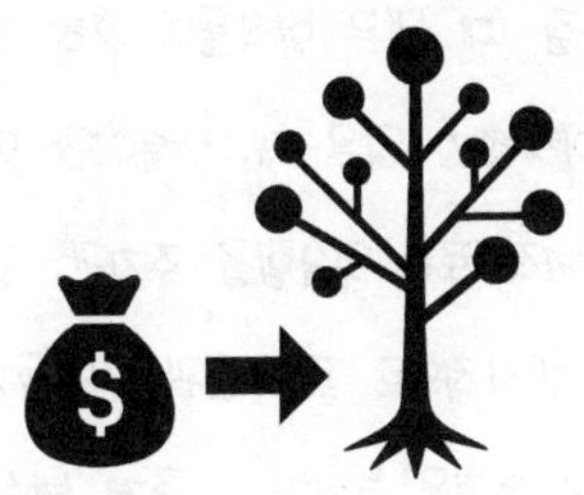

돈을 불리기 위해서는 반드시 종잣돈이 필요하듯, 지식도 마찬가지예요. 기반 지식은 새로운 지식이 연결되고 확장되기 위한 출발점, 즉 지식의 종잣돈이라고 할 수 있어요.

종잣돈이 아예 없으면 아무리 좋은 투자 기회가 와도 시작조차 할 수 없듯, 기반 지식이 없는 상태에서는 아무리 양질의 정보가 들어와도 그것이 머릿속에 붙지 않아요. 예를 들어, 수학의 기본 개념이 없는 사람이 미적분 강의를 듣는다면 그 정보는 머릿속을 스쳐 지나가고 말 거예요.

하지만 기본 개념이 이미 정리된 사람은 새로운 개념을 기존 틀에 연결하여 빠르게 흡수할 수 있어요.

기반 지식이 많을수록 새로운 정보를 분류하고, 비교하고, 해석할 수 있는 '틀'이 많아지기 때문에, 지식은 단단한 연결망을 통해 더 깊이 있고 넓게 확장될 수 있어요.

· 기반 지식을 선(先) 이해, 후(後) 반복으로 쌓아야 하는 이유

상황

초등학생 민지는 구구단의 원리를 이해하기보다는 암기에만 집중해 6단을 금방 외울 수 있습니다. 하지만 아래와 같은 문제가 나오자, 갑자기 멈칫하더니 문제를 제대로 읽지 않고 익숙한 숫자 조합만 보고 기계적으로 답을 내버립니다.

문제

사탕이 6개씩 들어 있는 사탕 봉지가 여러 개 있습니다.
어제 7봉지를 먹고 오늘은 2봉지를 먹었습니다. 어제와 오늘 먹은 사탕은 모두 몇 개입니까?

잘못된 해결 (구구단을 원리 이해보다 반복 위주로 했을 때)

6 × 7 × 2 = 84
실제는 6개 × (7봉지 + 2봉지)=54여야 하는데, 6 × 7 × 2 = 84는
순서나 연산의 의미를 전혀 고려하지 않은 계산이에요.

구구단을 단순히 외우기만 하면 문제를 읽지도 않고 숫자만 보고
계산하려는 반사적 습관이 생겨요. 원리를 모르면 문제 자체를
제대로 이해할 수 없습니다.
초등학생들이 문장제 문제를 어려워하는 이유는, 원리를 이해하기보
다는 암기 위주의 학습에 익숙해졌기 때문입니다.

AI 시대에는 원리 중심 교육이 더 중요해져요. AI는 답을 빠르게
줄 수 있지만, 원리까지 대신해 주지는 못해요. 그래서 사용자가
원리를 모르면 질문을 제대로 만들지 못하고, AI가 낸 답을 정확
히 검증할 수도 없어요.
결국 원리를 이해한 사람이 AI를 이끌고, 원리를 모르는 사람은
AI에 끌려가게 돼요.

왜? 유독 수학에만 수포자란 말이 있을까?

· **과학은 기반 지식이 약해도 가능한 이유**

이유	설명
단원별 주제 중심 학습	지구과학, 생물, 화학, 물리 등이 나뉘어 있고, 그 안에서도 파트가 분리됨 → 앞 단원을 몰라도 뒷부분은 따라갈 수 있는 경우 많음
직관적 이해 가능	과학 개념은 현실 세계와 연결돼 있어 그림, 실험, 사례를 통해 이해 가능함
설명 중심 학습	공식보다 개념, 현상, 원인-결과 중심 설명이 많음 → 논리적 흐름만 이해하면 따라가기 가능
기초 공식이 간단하거나 바로 주어짐	문제에 공식을 제공하는 경우도 많고, 맥락에서 암기해도 큰 무리 없음

· **수학은 기반 지식이 필수인 이유**

이유	설명
축적식 지식 구조	앞 개념 위에 다음 개념이 바로 쌓임 (예 : 덧셈 → 곱셈 → 인수 분해 → 방정식 → 함수 → 미적분)
기호·논리 중심 추상적 구조	숫자와 문자, 기호로 구성돼 있어 직관보다는 수식 이해와 논리 구조가 필수
선행 없으면 이해 불가능한 구조	예를 들어, '함수'를 모르면 '미분'을 못 배우고, '지수'를 모르면 '로그'를 못 풀이함
문제 해결 방식이 축적된 기술 필요	풀이 방법이 누적되며 발전하므로 이전 방식이 없으면 새로운 문제 접근 자체가 어려움

· 수학은 "수직 구조", 과학은 "수평 구조"

구분	수학	과학
구조	수직, 위로 쌓는 피라미드형	수평, 옆으로 확장되는 네트워크형
선행 지식	매우 중요	있으면 좋지만 없어도 어느 정도 가능
이해 방식	추상 → 논리 → 계산	현상 → 개념 → 설명
학습 방식	반드시 '앞 내용'을 알아야 함	단원별로 어느 정도 독립적

네, 맞아요. 정확히 이해했어요. 고등 수학에서는 배우는 양이 많고, 개념 간 연결이 복잡해서 기반 지식이 없으면 감당이 어려워요. 쉽게 말해 고등학교에 올라오면서 배워야 할 내용은 폭발적으로 늘어나는데 그에 앞서 기반을 제대로 다지지 않으면, 마치 물건 정리를 하지 않고 계속 쌓기만 하는 창고처럼 학습 내용이 머릿속에서 정리되지 못해 결국, 다른 과목과는 다르게 포기로 이어지게 되는 것과 같아요.

선생님, 그런데 만약에 고등 수학을 배우는데 중학교 과정을 모르는 상황이 되면 위 내용대로라면 반드시 해당 단원으로 돌아가 복습을 해야겠네요.

네, 맞아요, 아주 핵심을 짚었어요!
수학은 이전 개념 위에 새로운 개념이 쌓이는 누적형 과목이기 때문에, 고등 수학을 공부하다가 중학교 개념이 막히는 순간이 오면 그냥 넘기지 말고 바로 그때 필요한 단원을 복습하는 방식이 훨씬 효과적이에요. 이 방식은 기반 지식의 공백을 채우는 동시에, 현재 배우는 고등 수학 내용도 훨씬 빠르게 이해할 수 있게 도와줘요.

기반 지식과 영어 회화

한 유명 보이 그룹이 있었다. 데뷔 초에는 국내 무대에서 활동하던 이들은 점차 인기를 얻어 세계적인 그룹으로 성장했고, 마침내 국제무대에서 인터뷰를 하게 되는 기회를 맞이했다. 놀라운 것은, 그 인터뷰에서 한 멤버가 마치 외국에서 자란 듯 유창한 영어로 자연스럽게 대화를 이어갔다는 점이다. 통역 없이 진행되는 인터뷰였음에도 불구하고 전혀 주눅 들지 않고, 오히려 상대방과 농담을 주고받을 정도였다. 이를 본 팬들과 대중은 '어떻게 영어를 그렇게 잘하게 되었을까?' 궁금해했고, 실제로 나중에 진행된 방송 인터뷰에서 이에 대한 질문이 나왔다. 그 멤버는 이렇게 답했다.

"어렸을 때 엄마랑 미국 시트콤을 수없이 반복해서 많이 봤어요. 자막 없이도 보고, 똑같이 따라 말하기도 하고요. 그게 지금 생각해 보면 제 영어의 가장 큰 바탕이 된 것 같아요."

이 말을 듣고 나서야 그의 유창한 말솜씨가 단순한 언어 실력이 아니라, 오랜 시간 축적된 '기반 지식(Base Knowledge)'의 결과였다는 사실을 깨달을 수 있었다. 단순히 단어를 외운 것이 아니라, 언어가 실제로 사용되는 장면과 표현의 맥락, 문화적인 배경까지 익히며 자연스럽게 체화한 것이었다.

그가 어릴 때부터 시트콤이라는 매체를 통해 반복적으로 노출되고, 듣고 따라 하며 축적한 경험들은 단순한 '노출량'을 넘어서, 영어라는 언어를 실제로 '살아있는 지식'으로 받아들이는데 큰 역할을 했을 것이다. 이처럼 기반 지식은 어느 날 갑자기 만들어지는 것이 아니라, 작은 경험의 반복과 의미 있는 축적을 통해 쌓여가는 것임을 보여 주는 좋은 사례라고 할 수 있다.

[본문에 실린 사례는 특정 선수의 이야기를 바탕으로 집필 과정에서 일부 재구성되었으며, 사용된 삽화는 특정 인물과 직접적인 관련이 없는 이미지입니다.]

선생님, 저도 이런 비슷한 상황을 본 적 있어요. 우리나라에 온 외국인인데 우리가 실생활에서 쓰는 말을 너무 잘하는 거예요. 그 이유를 알고 봤더니 요즘 한류가 뜨잖아요. 좋아하는 드라마를 반복해서 많이 봤던 게 효과를 봤다고 하더라고요.

영어 회화 공부할 때 시트콤 공부법이 효과적인 이유는 재미 때문이 아니라, 뇌가 언어를 맥락(Context) 중심으로 저장하기 때문이에요. 시트콤 속 표현은 단어로 따로 외워지는 것이 아니라 상황, 감정, 표정, 제스처, 대사가 하나로 묶여 기억돼요. 그래서 비슷한 상황이 오면 문장을 떠올리려 애쓰지 않아도 자연스럽게 말이 나와요.

또한 반복되는 캐릭터의 말투와 어휘, 에피소드 간의 연결성은 언어를 암기가 아닌 흐름과 관계로 이해하게 만들어요. 여기에 일상을 다루는 고빈도 표현이 지속적으로 노출되면서 실전 영어가 무의식적으로 쌓여요. 특히 좋아하는 시트콤을 반복해 본 경험은 하나의 기반 지식이 되고, 이후 다른 드라마와 표현들이 여기에 연결되면서 이해 속도와 몰입도가 크게 높아져요.

결과적으로 시트콤 학습은

연결 → 확장 → 누적 → 가속의 구조를 만들며, 영어를 외우는 대상이 아니라 자연스럽게 사용하는 언어로 바꿔줘요.

그래서 공부하면 할수록 점점 더 공부가 잘되는 구조가 만들어지는 거군요.

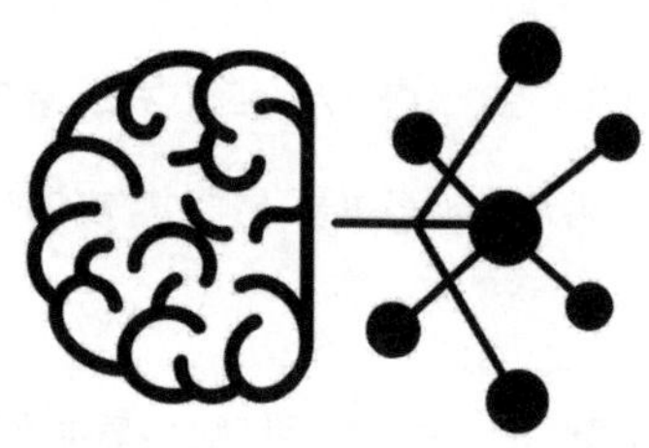

뇌는 사용하면 더 강해진다.

뇌는 사용하면 할수록 더 강해진다.

'Use it or lose it'이라는 말처럼, 뇌는 자주 사용하는 회로는 점점 더 굵고 빠르게 연결되지만, 쓰지 않는 회로는 점차 약해지게 된다.

시냅스 가소성(synaptic plasticity)에 따르면, 공부를 많이 할수록 뇌 안의 연결 고리가 많아지고, 이는 곧 지식 간의 확장력과 응용 능력의 증가로 이어진다.

즉, 공부는 곧 뇌를 사용하는 것이고, 뇌를 사용할수록 뇌의 연결망이 확장되며, 그 결과 지식을 더 빠르게 이해하고 연결할 수 있는 구조가 형성되는 것이다.

기반 지식이 많을수록 '붙일 끈'도 많아진다.

새로운 지식은 기존 지식과 연결될 때 더 잘 이해되고, 더 오래 기억된다.

이것은 마치 시냅스가 여러 방향으로 열려 있는 뇌의 상태와 비슷하다.

어떤 정보가 들어오더라도 연결될 고리가 많기 때문에 뇌는 더 빠르게 반응하고, 새로운 정보를 더 정교하게 조직할 수 있다.

결국, 기반 지식과 뇌의 발달은 구조적으로 매우 닮은 개념이며, 둘 모두 연결이 많을수록 더 빠르게 성장하고 확장되는 특성을 지닌다.

그래서 공부는 단순한 암기가 아니라, 뇌 안에 연결을 설계해 나가는 과정인 것이다.

두 번째, 구조화하고 도식화하는 방식은

작업 기억의 부담을 줄인다.

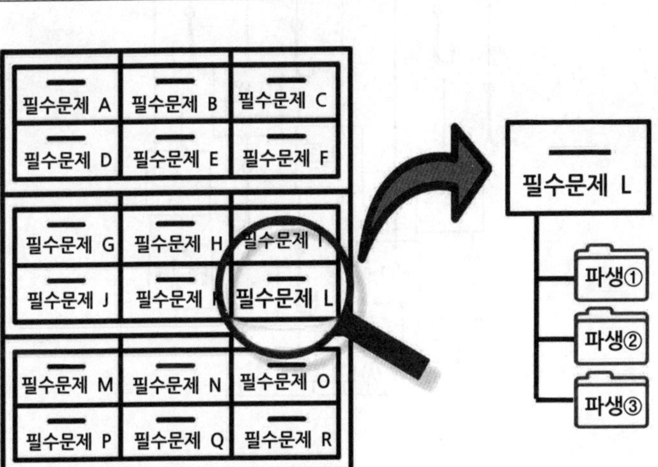

앞서 필수 문제는 시중 개념서 교재의 대표 문제가 필수 문제가 된다고 했어요. 이러한 필수 문제는 따로 구조화할 필요가 없어요. 왜냐하면 필수 문제 구성 자체가 각기 다른 대표 유형의 문제로 구조화되어 있기 때문이에요.

필수 문제 속에는 다양한 수학적 표현이 숨어 있기 때문에 장기 기억에 넣고 시작해야 여러 새로운 문제들이 들어오면 보다 쉽게 연결해서 풀어갈 수 있어요.

즉, 구조화된 필수 문제를 반복하면 기반 지식 틀이 구조화되어 완성되고 그 이후의 배우는 내용이 틀에 붙게 되어 지식이 확장되는 거죠.

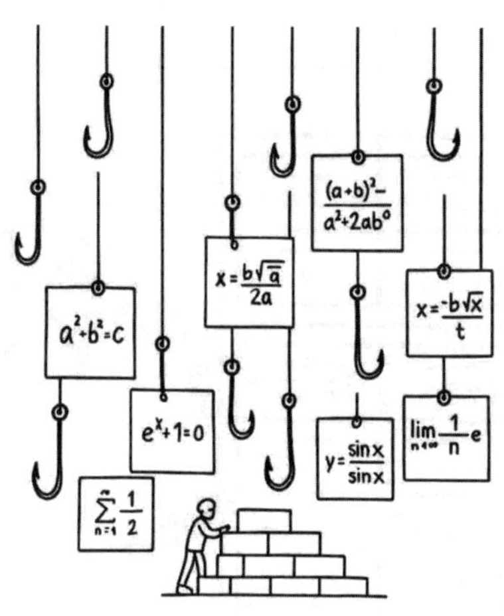

제가 다시 한번 정리해 볼게요.

처음에 연결할 수 있는 갈고리(기반 지식과 구조)가 많으면 나중에 배우는 내용이 붙을 자리가 많아져요.

그래서 새로운 개념이 오면 "어? 이거 저번에 했던 거랑 비슷한데?" 하고 자동으로 연결돼요.

이게 바로 구조화된 필수 문제 반복이 하는 역할이에요.

필수 문제 반복은 뇌 속에 '허브(중심 노드)'를 만드는 과정이에요.

허브가 만들어지면 새로운 문제나 새로운 개념이 그 허브에 척척 연결되면서 기억이 오래가고, 필요할 때 꺼내 쓰는 것(output)이 엄청 쉬워져요.

결국

맥락 = 연결이고

연결 = 쉽게 인출이고

필수 문제 반복 = 맥락의 틀을 만드는 과정이에요.

그래서 구조화된 필수 문제 반복은 "문제 버전의 맥락의 틀"이라고 보면 딱 맞는 거 같아요.

구조화, 즉 허브를 만드는 과정은 결국 정보를 더 효율적으로 처리하기 위한 핵심 요건이었네요.

지금까지는 '큰 틀을 보는 방식', 즉 줌아웃(zoom-out) 관점에서 설명을 드렸어요. 이제부터는 '작은 틀을 보는 방식', 즉 세부 구조를 들여다보는 줌인(zoom-in) 관점으로 넘어가 보려고 해요. 이때 핵심이 되는 것이 바로 '도식화'예요.

도식화는 보통 그림, 표, 흐름도의 형태로 표현할 수 있어요. 이 중에서도 수학에서는 그림과 흐름도가 특히 중요하답니다. 그림 표현은 강의나 교재를 통해 비교적 쉽게 접할 수 있지만, 수학에서의 '흐름도' 방식의 접근은 익숙하지 않은 경우가 많아요. 흐름도는 쉽게 말해, 수납장이 있고 그에 대한 설계 도면이 함께 있다면, 물건을 찾을 때 가장 효율적인 동선을 파악하는 것과 비슷해요. 즉, 흐름도는 정보를 어떻게 꺼낼지에 대한 길을 시각적으로 정리한 도구라고 보면 돼요.

이와 관련된 자세한 내용은 뒤에서 더 구체적으로 설명해 드릴 예정이에요.

전문가 되려면 배경지식을 기반 지식처럼

그런데 선생님, 저도 지식이 확장되는 비슷한 경험을 한 적이 있어요. 역사 수업을 듣는데 마침 관련 책을 읽고 있어서 선생님 설명하시는데 이해가 바로바로 잘 됐던 기억이 나요. 배경지식이 기반 지식 역할을 한 게 아닐까요?

평소에 배경지식을 쌓아 두면 공부하는데 큰 도움이 됩니다. '기반 지식'과 '배경지식'은 모두 새로운 정보를 이해하거나 처리하는데 도움을 주는, 이미 알고 있는 지식이라는 공통점이 있지만, 두 개념 사이에는 약간의 차이가 있어요.

1. 기반 지식(Foundation Knowledge)

 어떤 새로운 개념이나 기술을 배우기 위해서는 필수적으로 갖추어야
할 기본적인 지식이 필요합니다. 이는 특정 분야에서 학습을 시작하는
출발점이 되는 것으로, 흔히 '기반 지식'이라고 합니다. 예를 들어,
수학에서는 덧셈과 뺄셈을 알아야 곱셈과 나눗셈을 배울 수 있고,
프로그래밍을 배우기 위해서는 기본적인 논리 연산이나 변수 개념을
먼저 이해하고 있어야 합니다.

2. 배경지식(Background Knowledge)

 특정 주제나 상황을 이해하는데 도움이 되는 넓은 범위의 지식을 '배경
지식'이라고 합니다. 이는 개인의 경험, 문화, 역사, 사회적 맥락 등을
포함할 수 있으며, 새로운 정보를 이해하고 받아들이는데 중요한 역할을
합니다.

 예를 들어, 한국사를 공부할 때 조선 시대의 사회 구조에 대한 배경
지식을 알고 있다면 내용을 더 쉽게 이해할 수 있고, 영어를 배울 때
서양 문화나 관용 표현에 대한 배경지식이 있다면 언어의 의미를 더
빠르게 파악할 수 있습니다.

차이점 정리

구분	기반 지식	배경지식
정의	학습을 위한 필수 기초 지식	이해를 돕는 넓은 맥락의 지식
성격	필수적, 논리적 구조가 있음	선택적, 경험에 따라 다름
예시	수학의 사칙 연산, 프로그래밍의 변수 개념	역사적 사건, 문화적 차이, 관용적 표현

즉, 기반 지식은 '배워야 할 필수적인 기초'이고, 배경지식은 '이해를 더 깊이 도와주는 보조적 지식'이에요.

여러분이 현재 학교에서 배우는 내용은 어느 정도 가이드라인이 정해져 있어 배경지식이 많으면 좋지만 결과에 절대적 영향을 미치진 않아요. 하지만 여러분이 사회에 나가 그 분야의 최고가 되려면 상황은 달라져요. 책은 물론 논문까지 방대한 자료를 처리하고 인출할 수 있어야 해요. 그러려면 앞서 빌 게이츠나 일론 머스크처럼 자료를 효율적으로 처리하거나 반복을 통해 장기 기억에 넣어 두어 언제나 꺼낼 수 있고 다른 지식과 연결할 수 있도록 해야 해요.

틀을 바탕으로 공부하는 방식은 단순히 학교 성적에만 그치는 것이 아니네요.

이런 학습 방식은 사회에 나가서도 큰 도움이 될 수 있겠어요.

진짜 전문가는 단순히 많은 정보를 알고 있는 사람이 아니라, 알고 있는 정보를 언제든지 꺼내 쓸 수 있고, 다른 지식들과 연결할 수 있는 사람이었네요.

현재 나의 직업은 '학생'입니다.

우리는 흔히 '직업'이라고 하면 돈을 벌거나 사회적인 역할을 떠올리지만, 지금 나에게 주어진 가장 중요한 역할은 바로 '학생'입니다.

학생이라는 직업의 본질은 학업에 집중하고, 자신을 성장시키는 것이에요.

운동선수가 경기에 나가 실수하거나 제 기량을 발휘하지 못하면 많은 사람이 비난을 쏟아붓습니다.

하지만 그 선수가 그 자리에 오르기까지 얼마나 오랜 시간 땀 흘려 훈련했는지, 얼마나 많은 날을 이겨내며 자신을 다져왔는지를 우리는 잘 모릅니다.

어쩌면 그 실수조차도 치열하게 살았기에 가능한 순간적인 긴장감의 결과일지 몰라요. 그렇다면 나 자신에게도 똑같이 물어봐야 합니다.

지금 나는, 학생이라는 내 직업에 얼마나 진심으로 임하고 있을까?

하루하루를 얼마나 치열하게 공부하며 보내고 있는지,

나의 현재 위치에 어울리는 준비를 하고 있는지를 돌아봐야 합니다.

혹시 아직 자신의 재능이나 진로를 찾지 못했더라도 괜찮습니다.

그건 학생이라는 직업의 과정 속에 당연히 포함된 탐색의 시간이니까요.

중요한 건 멈춰 있지 않고 계속 나아가는 거예요.

책을 읽고, 다양한 경험을 하고, 스스로에게 질문을 던지며 나만의 길을 찾아가는 그 과정이 바로 지금 이 시기를 의미 있게 만들어 줍니다.

틀 만드는 과정에서 계산력은 저절로 해결

계산력(=체력)과 문제 이해(=전술 이해)는 서로 다른 영역

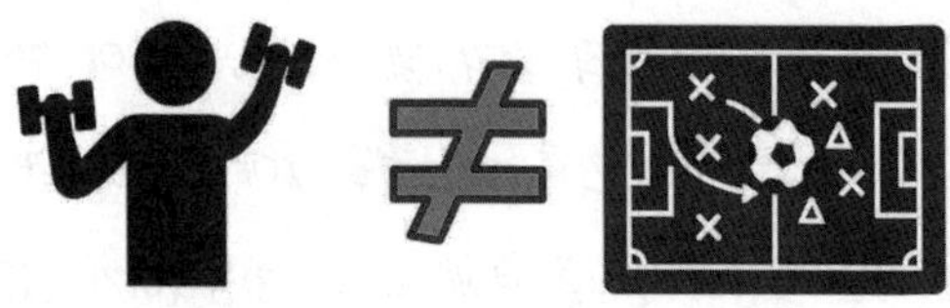

 축구로 비유하면, 수학에서 계산력은 기초 체력과도 같습니다. 축구에서 체력이 부족하면 실력을 제대로 발휘할 수 없는 것처럼, 계산력이 부족하면 수학 시험에서 좋은 성적을 기대하기 어렵죠. 하지만 축구가 단순히 체력만으로 이루어지는 것이 아니듯, 수학도 계산력만으로 해결되지 않습니다.

 축구에는 전술에 대한 이해와 상황에 맞는 전략이 필요한 것처럼, 수학에서도 문제를 이해하고 분석하는 능력이 중요합니다. 계산력(=체력)과 문제 이해(=전술 이해)는 서로 다른 영역이며, 각각의 역할이 중요합니다. 체력이 좋다고 해서 축구를 잘한다고 말할 수 없듯이, 계산력이 뛰어나다고 해서 고등학교 수학을 잘한다고 단정할 수는 없습니다. 그래서 계산력(=체력)은 따로 시간을 내서 하기 보단 효율적으로 해 나가는 것이 중요합니다.

틀 만드는 과정에서 감각 및 독해력도 저절로 해결

1) 점 $P(2)$에서 거리가 3인 점 Q

2) 수직선 위의 두 점 A, B 사이의 거리가 3일 때,
   A의 좌표가 2이면 B의 좌표는 얼마인지 구하시오.

3) $A(2)$, $B(k)$이고, $\overline{AB}=3$이면 k의 값은 얼마인지
   구하시오.

위 세 가지는 모두 같은 문제를 의미하지만, 표현 방식이 다릅니다. 이렇게 동일한 문제도 여러 형태로 제시될 수 있는 것이 수학의 특성입니다.

문제가 다양한 표현으로 주어지다 보니, 비슷한 문제를 본 적이 있음에도 불구하고 이를 정리하거나 체계적으로 익히지 않았다면 당황하거나 어렵다고 느끼기 쉽습니다. 이런 문제를 효과적으로 해결하려면, 다양한 표현 방식을 충분히 익히고 정리하는 과정이 필요합니다.

수학에서는 특히 이러한 표현들이 매우 많고 다양하기 때문에, 이를 일일이 노트에 정리하기는 쉽지 않습니다.

따라서 필수 문제를 통해 주요 표현의 틀을 만들어 놓는 것이 중요합니다. 이 틀이 정리되면 이후 다양한 표현으로 주어진 문제를 만났을 때도 체계적으로 이해하고 쉽게 해결할 수 있습니다.

예를 들어, 위 문제의 경우 "점 $P(2)$에서 거리가 3인 점 Q"라는 표현이 필수 표현의 틀이라면, 이를 중심으로 다른 형태의 표현을 연결지어 정리하는 겁니다. 이러한 반복 학습을 통해 표현의 틀이 단단해지면, 나중에 다양한 문제를 만나도 자연스럽게 해석하고 풀이로 이어질 수 있습니다.

결론적으로, 필수 문제를 반복 학습하는 과정은 수학적 표현과 독해력을 키우기 위해 필수적인 단계입니다. 이 과정은 단순히 문제를 많이 푸는 것이 아니라, 수학적 언어를 체계적으로 정리하고 이해하는 데 중점을 두는 공부법입니다. 이러한 학습 방법이야말로 복잡한 수학 문제를 명확히 해석하고 해결하는데 큰 도움이 될 것입니다.

[삽화는 특정 인물과 직접적인 관련이 없는 범용 이미지입니다.]

운동 감각(운동 지각 또는 운동 제어 능력)은 후천적으로 충분히 키울 수 있습니다. 선천적인 요인도 일부 영향을 미치지만, 운동 감각은 훈련과 경험을 통해 크게 발전할 수 있는 영역입니다.

반복적인 운동 훈련을 통해 신경 회로가 새롭게 형성되거나 강화되며, 특정 운동 동작을 더 잘 수행할 수 있게 됩니다. 예를 들어 처음엔 어려웠던 드리블이나 정확한 공차기 동작도 반복 훈련을 통해 자연스럽게 수행할 수 있게 됩니다. 왜냐하면 반복적인 움직임은 근육과 신경계 사이에 효율적인 운동 패턴을 구축하기 때문입니다.

> **❝**
>
> 어떻게 보면 감각도 반복되는 훈련이 진짜 제일 중요한 거 같아요.
>
> **❞**
>
> 손흥민 선수

오답 노트만으로는 부족하다.

오답 노트를 작성했다고 해서 공부가 끝난 건 아니에요.

스스로 어렵다고 느꼈던 문제일수록, 한 번 더 푸는 걸로는 부족해요.

그런 문제는 단순한 실수가 아니라, 아직 머릿속에 개념의 틀이

자리 잡지 못한 상태이기 때문이에요. 그래서 반복해서 풀어 보며,

그 개념이 확실하게 내 지식 구조 안에 자리 잡도록 만들어야 해요.

앞에서도 말씀드렸듯이, 수학은 단순한 계산이 아니라 논리적인

구조를 지닌 언어예요. 언어는 기반 지식이 부족하면 작업 기억에

과부하가 걸리기 쉬워요.

그 결과, 이해나 표현, 추론에 모두 어려움이 생기게 돼요.

그래서 언어 학습에서는 단어를 무작정 많이 외우는 것보다, 문맥

속에서 자주 반복하면서 기반 지식을 쌓는 것이 훨씬 더 중요해요.

마찬가지로, 수학에서 까다로운 문제가 나왔다는 건 내가 익숙하

지 않던 표현이나 구조가 등장했다는 의미예요.

그럴수록 반복을 통해, 새로운 개념이 내 사고 구조 안에 틀로 연결

되도록 만들어야 해요.

그래서 틀을 다지지 않고 양치기만 하면 연결 고리가 약해 밑 빠진 독에 물을 붓는 상황과 같을 수 있겠네요. 다지면서 올라가야 틀로 자리잡고 이어서 공부하는 내용이 쉽게 연결되고, 속도도 빨라지는 효과를 내는 거네요. 원리를 아니까 거부감 없이 공부해 나갈 수 있을 거 같아요.
또, 필수 문제 반복이 '중위 허브'를 만드는 과정이라면 까다로운 수학 문제 반복은 '상위 허브'를 만드는 과정인 거 같아요.

이런 방식으로 공부하면, 앞서 말씀드린 것처럼 수학 성적을 단계적으로 올릴 수 있습니다. 실제로 전교 상위권에 있는 학생들 대부분이 이와 비슷한 방법으로 수학을 공부하고 있어요. 틀리거나 어려운 문제를 한두 번 풀고 그냥 넘기기보다는, 반복하면서 새로운 틀을 만들어 가죠. 그 과정에서 기존 지식과 연결이 이루어지고, 수학에 대한 이해가 점점 더 확장되는 겁니다.

네, 맞아요. 상위권 친구들은 조금이라도 모르는 문제가 나오면 그냥 넘기는 법이 없었어요. 확실하게 알 때까지 끝까지 몇 번이고 풀어 보더라고요. 그런 이유가 있었네요.

여러분이 이러한 원리를 알고 접근하면 얼마든지 실력을 상위권으로 끌어 올릴 수 있어요.

프로그래밍, 수학과 같은 방식으로 배워요.

수학에서는 먼저 필수 문제(유형)를 반복해서 풉니다.

그 과정에서 공식과 풀이 패턴(틀)을 익히게 됩니다.

그러면 새로운 문제에서도 기존에 익힌 틀을 응용하여 자연스럽게 사고할 수 있습니다.

프로그래밍도 수학처럼 언어의 틀과 논리의 틀을 함께 갖고 있는데 처음에는 기본 문법과 코딩 패턴을 반복 연습하고, 자주 등장하는 알고리즘 유형(정렬, 탐색, 동적 계획법 등)을 익힙니다. 그러면 새로운 문제에서도 익숙해진 틀을 바탕으로 빠르게 구현할 수 있습니다.

특히 프로그래밍 학습에서 필수 유형 문제를 정해 반복하는 방식이 매우 효과적입니다. 예를 들어 달력 만들기, 계산기 만들기, *CRUD 기능 구현, 문자열 처리 같은 기본 프로그램을 여러 번 반복해서 만들어 보면 구조적 사고력과 코드 작성 감각이 자연스럽게 향상됩니다.

이는 수학에서 필수 문제를 반복하면서 풀이 패턴을 익히는 과정과 동일한 원리입니다.

CRUD : Create(생성), Read(읽기), Update(수정), Delete(삭제)의 약자로, 데이터를 만들고, 불러오고, 수정하고, 삭제하는 기본 기능을 뜻한다. 웹사이트나 앱에서 회원가입, 글 작성, 수정, 삭제 등의 기능이 모두 CRUD에 해당한다.

네, 맞아요. 프로그래밍 감각이 부족한 사람들은 보통 어디서부터 코딩을 시작해야 할지 막막해하고, 어떤 문법이나 구조를 적용해야 할지 감이 잘 오지 않으며, 에러가 났을 때 원인 파악과 해결에 어려움을 겪는 경우가 많아요.

이는 패턴 인식과 구조화 경험이 부족해서 생기는 자연스러운 현상이에요.

이럴 때 수학의 필수 문제 반복 구조가 큰 도움이 돼요.

수학에서 유형 문제를 반복하다 보면 풀이 패턴에 대한 감이 생기듯, 프로그래밍에서도 기본 문법과 알고리즘 패턴, 필수 프로그램 유형을 반복 학습하면 코드 흐름과 로직 구조에 대한 감각이 자연스럽게 형성돼요.

결론적으로, 틀이 쌓이면 자유롭게 응용하는 실력이 커지기 때문에 프로그래밍 감각이 부족한 사람일수록 수학 공부하듯 반복적인 구조화 학습법을 적용하면 코드 흐름을 이해하는 감각이 자연스럽게 향상돼요.

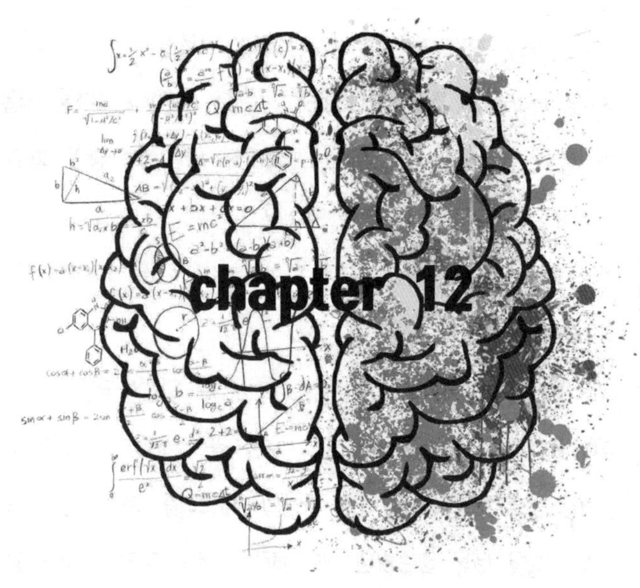

chapter 12

[수학의 틀 3가지]

세 번째, 문제 정리 및 해결 능력

세부 틀(줌인Zoom In)을 보는 눈 ① 문제를 바꿔라.

문제를 다양한 표현으로 출제하는 이유는 학습자의 이해력과 응용력, 그리고 문제 해결 능력을 종합적으로 기르기 위해서입니다. 같은 개념이라도 표현이 달라지면 단순 암기에 의존한 경우 쉽게 흔들리지만, 개념을 제대로 이해했다면 형태가 바뀌어도 문제를 해결할 수 있습니다. 또한 실제 상황에서는 수학적 표현이 그대로 드러나지 않고 다른 방식으로 제시되는 경우가 많기 때문에, 다양한 표현을 접하는 경험은 문제를 유연하게 분석하고 적용하는 힘을 키워 줍니다. 시험 역시 한 가지 형식으로만 출제되지 않으므로, 여러 표현으로 연습해 두면 낯선 문제 앞에서도 당황하지 않고 대응할 수 있습니다. 더 나아가 이러한 과정은 문제를 읽고 해석하는 수학적 독해력과 사고력을 길러 주어, 단순 계산을 넘어 개념의 본질을 파악하고 정확한 답에 도달하는 능력을 키우게 합니다. 결국 다양한 표현의 문제는 수학적 사고력을 완성하기 위한 필수적인 학습 장치입니다.

세부 틀(줌인Zoom In)을 보는 눈 ② 수학엔 거품이 숨어 있다.

수학에서 중요한 것은 계산(거품)을 넘어
본질(알맹이)을 파악하는 것

수학 풀이에서 거품에 해당하는 부분은 주로 반복적이고 기계적인 계산 과정입니다. 이 계산 과정은 풀이의 필수적인 부분이기는 하지만, 문제의 본질을 이해하거나 해결 전략을 세우는데 있어 핵심적인 역할을 하지는 않습니다.

반면, 알맹이는 문제를 본질적으로 분석하고, 불필요한 조건들을 제거한 뒤 최종적으로 남은 핵심적인 식 또는 문제의 구조입니다. 이 알맹이는 문제를 변형하거나 재구성하는 과정에서 드러나며, 이는 수학적 사고력을 요구합니다.

· 문제 해결 도출 과정

1. 문제 변형

 복잡한 문제를 조건에 맞게 단순화합니다. 식을 정리하여 핵심만 남기는 단계입니다.

2. 최종식 도출

 문제 변형을 거쳐 남은 식이 문제의 알맹이입니다. 이 최종식은 해법을 결정하는 핵심으로, 다양한 접근 중 가장 효율적인 해결 방향을 찾게 합니다.

3. 조합과 답 도출

 알맹이를 바탕으로 조건을 조합해 답을 도출하는 과정은 수학 문제 해결의 핵심입니다. 이 조합 과정은 도식화(그림, 표, 흐름도) 중에서도 흐름도에 해당하며, 조건 간의 관계와 사고의 전개 순서를 명확하게 보여 주는 구조적 도구입니다. 흐름도는 설계도 자체가 아니라, 설계도에서 최적의 동선을 표시한 안내도와 같은 역할을 합니다.

 수학에서 중요한 것은 단순 계산이라는 '거품'이 아니라 문제의 알맹이, 즉 본질을 파악하는 능력입니다. 계산은 반복으로 익숙해질 수 있지만, 문제를 변형하고 구조화해 사고의 흐름을 만드는 능력은 훈련된 사고력을 필요로 합니다. 따라서 계산에만 의존하기보다 흐름도와 같은 도식화 도구를 활용해 문제의 구조와 핵심 경로를 시각적으로 정리하는 것이 중요합니다.

 결국 수학의 핵심은 계산에 매몰되지 않고, 문제의 본질을 구조적으로 파악해 핵심으로 향하는 사고의 흐름을 그리는 데 있습니다.

조건 변형

그림과 같이 <u>반지름의 길이가 7cm인 사분원 OAB와</u>
조건 Ⓑ

<u>여기에 내접하는 넓이가 16cm²인 사각형 OCDE가 있다.</u>
조건 ©

이때, <u>$\overline{AC} + \overline{CE} + \overline{EB}$의 길이는 $a$cm라고 할 때 a의 값을</u>
조건 Ⓓ

구하세요.

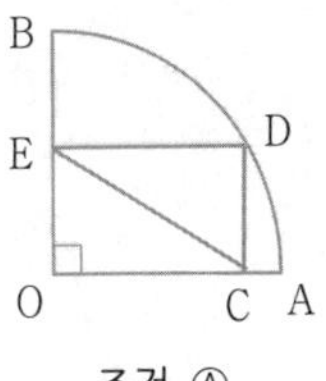

1단계   그림의 조건을 변형하면

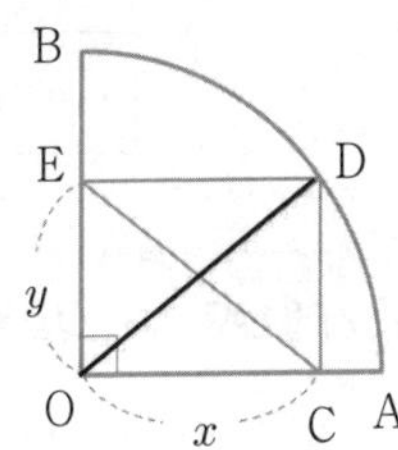

$\overline{OC} = x\,\mathrm{cm},\ \overline{OE} = y\,\mathrm{cm}$라 하면

2단계   조건 Ⓑ를 변형하면

직사각형의 대각선의 길이 = 원의 반지름의 길이 $\Rightarrow$ $x^2 + y^2 = 7^2$

$$x^2 + y^2 = 7^2 \qquad xy = 16 \qquad a = 21 - (x + y)$$

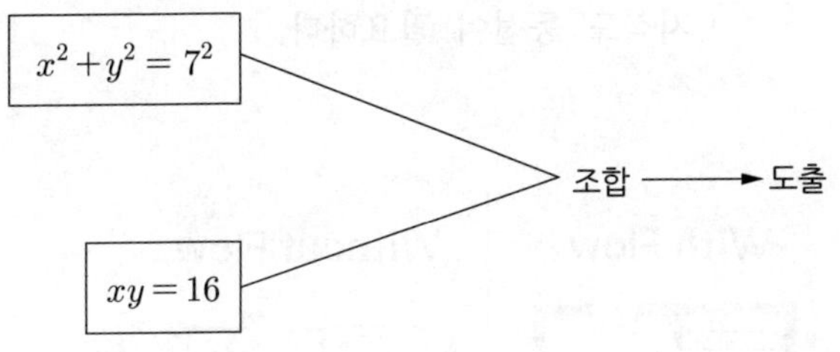

$$(x+y)^2 = x^2 + y^2 + 2xy = 49 + 32 = 81$$

$$\Rightarrow \ (x+y)^2 = 81 \ \Rightarrow \ x+y = \pm 9 (\text{길이이므로} \ +9\text{만 성립})$$

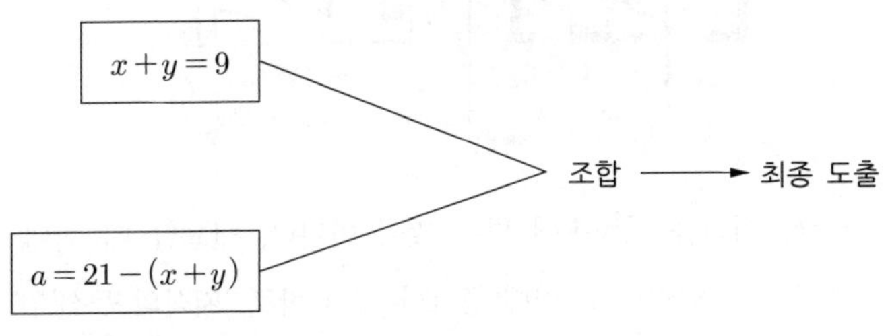

$$a = 21 - 9 = 12$$

선생님, 조합 ⇨ 도출로 알맹이 건지고, 다시 다른 알맹이의 조합으로 도출하고

이런 과정을 하다 보면 최종 결론에 도달이 된다는 말씀이네요.

지식도 동선이 필요하다.

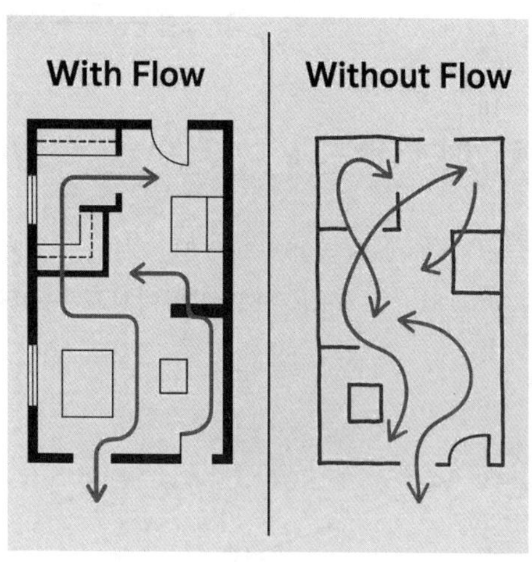

공부는 단순히 지식을 머릿속에 넣는 것이 아니라, 필요할 때 꺼내 쓰기 좋게 정리해 두는 작업입니다. 이때 중요한 것이 바로 '지식의 동선'입니다.

마치 건축 설계도에서 사람이 어디로 움직일지 동선을 미리 그려 두는 것처럼, 공부할 때도 정보를 꺼내는 경로를 머릿속에 설계해 두어야 합니다.

예를 들어, 수학 문제를 풀 때는

어떤 조건부터 꺼내야 할지,

무엇을 먼저 계산해야 할지,

마지막에 어떤 결론으로 가야 할지

이 모든 흐름이 곧 '지식의 동선'입니다.

이 동선을 미리 훈련하고 익혀 두면, 실제 문제 상황에서도 헤매지 않고 빠르고 정확하게 정리된 경로를 따라 해결에 도달할 수 있게 됩니다.

결국, 머릿속에 동선이 설계된 공부는 정확한 정보 인출, 효율적인 문제 해결, 지식 간 연결력 강화까지 이끌어 주는 공부의 핵심 전략입니다.

그림과 같이 반지름의 길이가 $7\,\mathrm{cm}$인 사분원 OAB와

$$x^2 + y^2 = 7^2$$

여기에 내접하는 넓이가 $16\,\mathrm{cm}^2$인 사각형 $OCDE$가 있다.

$$xy = 16$$

$$x + y = 9$$

이때, $\overline{AC} + \overline{CE} + \overline{EB}$의 길이는 $a\,\mathrm{cm}$라고 할 때 a의 값을 구하세요.

$$a = 21 - (x + y)$$

냉동된 고기로 야채와 함께 국을 끓이고 싶다면 동선과 작업 순서를 동시에 설계해야 해요.

우선 냉장고에 갈 때 냉동 고기와 야채를 한 번에 꺼내야 합니다. 그다음 냉동 고기를 해동하는 동안 물을 올려 끓이기 시작하고, 물이 끓는 동안 야채를 썰면 시간이 가장 효율적으로 맞춰져요.

반대로 야채만 먼저 꺼내서 썰고 → 물을 끓이고 → 마지막에 냉동 고기를 꺼내면 해동 시간을 기다리느라 전체 조리 시간이 불필요하게 늘어나죠.

즉, 동선(냉장고 한 번)과 순서(해동·물·손질)를 함께 고려해야 가장 짜임새 있는 조리 흐름이 완성됩니다.

마찬가지로, 수학 문제 해결도 흐름도를 통해 해결 동선을 미리 설계해 두면 어디서부터 시작하고 어떤 조건을 먼저 꺼내야 하는지, 어떤 공식을 연결해야 하는지가 자연스럽게 떠올라요.

즉, 흐름도는 머릿속 '동선 지도'인 셈이죠.

이 동선을 반복해서 익혀 두면, 실제 문제 상황에서 당황하지 않고 바로바로 필요한 정보를 꺼내어 정확하게 활용할 수 있어요.

결국, 잘 정리된 동선 설계는 문제 해결력과 직결된 공부의 핵심 도구랍니다.

효율적인 학습과 사고 자동화를 위한 핵심 경로

학습의 효율을 높이는 4단계

1. 구조화 (Structuring)

 정보를 분류하고 맥락 속에 배치해 틀을 만드는 과정입니다.

2. 도식화 (Schematizing)

 구조화된 정보를 그림, 표, 흐름도 등으로 시각화해서 뇌가 한눈에 파악하기 쉽게 만드는 과정입니다. 도식화는 구조를 눈으로 '그려보는 사고'이자, 작업 기억의 부담을 확실히 줄여 주는 도구예요.

3. 반복 (Repetition)

 구조화된 도식 위에 반복적으로 내용을 쌓아 올리며 기억의 연결 고리가 강해지며 내용이 압축됩니다.

4. *스키마화 (Schema-building)

 반복된 학습이 경험과 연결되면서 자동화된 사고 틀, 즉 스키마로 자리잡습니다. 이 단계에서는 새로운 정보를 받아도 이미 만들어진 틀에 빠르게 연결하거나 확장할 수 있게 됩니다.

스키마(Schema) : 우리가 알고 있는 정보를 체계적으로 묶어서, 새로운 정보를 쉽게 이해하고 기억하게 해 주는 '뇌의 틀'입니다.

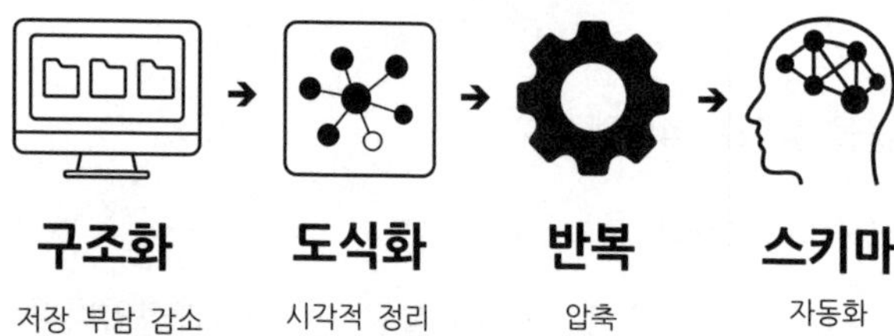

도식화는 '지도'예요. 정확히 말하면 수납공간 안에서 비슷한 것끼리 묶어 배치해 놓은 작은 지도죠.

반복은 그 지도를 여러 번 걸어, 동선이 몸에 익는 과정이에요.

길을 외우듯이 지식의 흐름이 자동화되는 단계죠.

스키마는 새로운 길이 생겼을 때, 그 길이 기존 길들과 어디서 어떻게 이어지는지가 자연스럽게 보이는 상태예요.

새로운 정보가 자동으로 제자리를 찾는 구조적 인식 능력이죠.

선생님, 저도 비유를 한번 해 볼게요.

물건을 수납공간에 정리하는 게 구조화,

수납공간에서 묶음별 도면을 나타낸 게 도식화,

여러 번 물건을 찾는 것이 반복,

새로운 물건이 들어오면 어디에 수납할지 연결할 수 있는 단계가 스키마 맞죠?

네, 맞아요. 정말 잘 표현했어요.

그리고 스키마는 장기 기억에 저장되어 있기 때문에, 새로운 정보가 들어올 때 쉽게 연결되어 지식을 확장시켜 나갈 수 있어요.

회사에서 업무가 빠른 사람들의 특징

업무에 적용되는 '지식 정리 흐름'

1. 구조화 (Structuring)

   업무 정보, 프로젝트 목표, 이해관계자, 리소스 등을 큰 틀에서 정리

   예 : 기획서 초안에서 전체 구성 목차, 진행 단계, 담당자 역할 등
        을 분류

   목표 : 전체 맥락을 빠르게 파악할 수 있도록 체계화

2. 도식화 (Visualization)

   복잡한 업무 흐름이나 보고 내용을 도표, 흐름도, 개념도로 시각화

   예 : 보고 체계, 서비스 흐름도 등

   목표 : 정보 간 관계를 빠르게 인식하고, 커뮤니케이션을 쉽게 하기

3. 반복 (Iteration)

   정기 회의, 피드백, 리허설 등을 통해 핵심 업무 내용을 반복 점검

   예 : PT 발표 연습, 고객 응대 매뉴얼 반복 숙지

   목표 : 숙련도 향상, 자동화 수준에 가까운 실행력 확보

4. 스키마 (Schema)

   구조화된 업무 지식이 머릿속에 자동화된 판단 기준으로 정착

예 : 프로젝트 초기 기획만 보면 예상 문제와 흐름이 떠오름

목표 : 상황 변화에도 흔들리지 않는 유연한 대응력 확보

5. 신입 교육과 인수인계도 빠름

도식화된 시스템을 갖춘 사람은 "이대로 따라오면 돼요."라고 말할
수 있습니다. 흐름이 명확하니 설명이 쉬워지고, 실전에서도 신입이
빠르게 적응할 수 있습니다.

목적과 몰입, 그리고 구조화(큰 틀) 및 도식화(작은 틀)

우리는 흔히 "몰입하려면 집중해야 한다."고 말합니다.

하지만 정작 중요한 것은 집중의 결과가 아니라, 집중이 시작되는 '원인'입니다. 몰입은 억지로 만들어 내는 것이 아닙니다.

몰입이 일어나는 가장 핵심적인 조건은 바로 '분명한 목적'입니다.

몰입(flow)의 개념을 연구한 심리학자 미하이 칙센트미하이(Mihaly Csikszentmihalyi)는 다음과 같이 말했습니다.

"목표가 분명하고, 도전과 능력이 균형을 이룰 때, 사람은 몰입 상태에 빠질 수 있다."

이는 공부든 일이든, 일상의 모든 활동에 그대로 적용됩니다.

분명한 목적이 있어야 행동은 방향을 갖고, 방향이 있어야 에너지가 모이며, 그때 비로소 몰입이 시작됩니다.

그런데 몰입을 유지하고, 그것을 성장으로 연결하기 위한 핵심은 '구조화 및 도식화'입니다.

그리고 중요한 사실은, 무언가를 구조화와 도식화를 하려는 '의도'가 생기는 순간, 몰입은 자연스럽게 따라온다는 점입니다.

예를 들어, 수업 시간에 선생님의 설명을 듣고 나서

"이걸 어떻게 구조화하고 도식화할까?"라는 목적이 생기면,

자연스럽게 머리는 그 정보를 엮고 정리하려고 집중하게 됩니다.

이것은 단순히 듣고 넘기는 것과는 완전히 다른 차원의 인지 활동입니다.

개념을 연결하고, 나만의 틀로 재구성하는 구조화와 도식화 작업은 단순한 기록을 넘어선 의미 부여의 과정입니다.

그리고 이 과정에서 정보는 '나의 것'이 되며, 몰입은 더 깊어집니다. 또한 구조화와 도식화는 뇌의 인지적 부하를 줄여 주는 역할도 합니다. 정보를 정리하고 체계화하면, 뇌는 그 정보를 훨씬 더 쉽게 저장하고 꺼낼 수 있습니다.

즉, 작업 기억의 부담을 줄이고, 장기 기억에 저장할 준비를 하게 되는 것입니다.

이러한 구조화와 도식화가 반복되면 머릿속에는 이미지화된 개념 틀, 연결 고리, 논리의 흐름이 형성됩니다.

이 상태에서의 반복은 자연스럽게 자동화로 이어지고, 자동화는 결국 복잡한 내용을 압축된 형태로 인식하고 저장하게 만듭니다.

이와 같은 학습 구조는 공부에만 국한되지 않습니다.

일과 업무, 더 나아가 인생의 문제 해결에도 그대로 적용됩니다.

업무에서도 "왜 이 일을 하는가?"라는 목적의식이 분명해야 몰입이 가능하고, 그 일을 어떻게 구조화할 것인지에 따라 성과의 질과 지속 가능성이 달라지게 됩니다.

구조화와 도식화하려는 목적이 생기면 몰입은 자연스럽게 따라와요.
즉, 구조화와 도식화는 나만의 도구를 만들어 가는 과정이에요.
이 과정에서 몰입은 억지로 하려 하지 않아도 자연스럽게 이루어져요.

이러한 과정이 왜 몰입으로 이어지는지 알 것 같아요.
구조화와 도식화를 통해 뇌의 부담이 줄어들면 지식을 더 빠르고 효율적으로 처리할 수 있게 되고, 그 과정에서 자연스럽게 의미를 부여하며 나와의 연결 고리를 만들게 돼요.
내가 주체가 되어 문제를 다루기 때문에 몰입이 뒤따르는 거죠.
그래서 구조화나 도식화를 할 때는 단순히 형식적으로 보여 주기 위한 것이 아니라, 나만의 효율적이고 실질적인 방식으로 만들어 나가는 것이 중요하다고 생각해요.

AI 시대일수록 진짜 실력은 구조화된 기반 지식에 달려 있다.

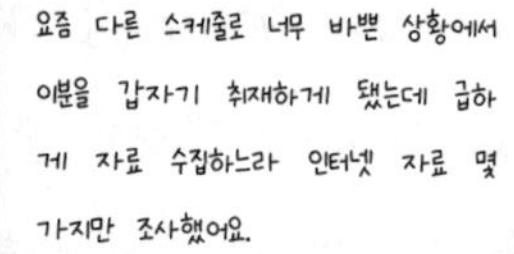

· 결국 기반 지식이 창조를 이끈다.

기반 지식을 토대로 구조화와 도식화를 해 나가는 과정은 단순히 '아는 것'을 늘리는 차원을 넘어, 지식을 재배치하고 결합해 완전히 새로운 생각을 만들어 내는 힘을 길러 주는 일이에요.

AI 시대에는 단순히 '잘하는 정도'만으로는 살아남기 어려워요. 누구나 일정 수준의 지식과 기술을 갖추게 되면, 차이를 만드는 것은 새로운 관점으로 문제를 보고 창조적으로 해결하는 능력이에요. 이 때문에 기반 지식을 탄탄히 쌓고, 그 지식을 구조화와 도식화를 통해 머릿속에서 자유롭게 꺼내 쓰고, 다른 분야와 연결해 새로운 틀을 만들어 내는 과정이 무엇보다 중요해요. 이것이야말로 AI 시대에도 대체 불가능한 사고력과 창조력의 원천이 되거든요.

아래 예시는 기반 지식을 통해 새로운 틀을 만들어 가는 과정을 보여 주기 위한 거에요. 예를 들어, 옷과 신발이라는 서로 다른 영역에 대해 각각의 구조적 기반 지식이 있다고 가정해 볼게요.

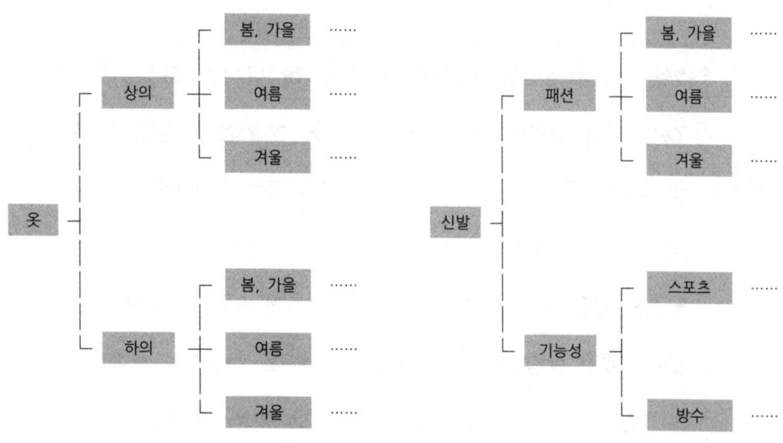

겉으로 보기에는 옷과 신발이 완전히 다른 분야의 지식처럼 느껴질 수 있지만,

실제로는 서로 충분히 연결될 수 있는 요소들이 숨어 있어요.

예를 들어, 색상 조합, 계절별 특성, 기능성과 디자인의 조화 같은 공통 기준을 적용해 보면, 옷과 신발을 매치하는 과정에서 수많은 새로운 아이디어가 탄생할 수 있어요.

이 과정은 단순히 '잘 어울리는 코디'를 찾는 것을 넘어, 두 영역의 구조적 요소를 결합해 전혀 새로운 스타일, 규칙, 또는 트렌드를 창조하는 일이에요.

결국, 서로 다른 영역의 기반 지식을 어떻게 연결하느냐에 따라 우리가 만들어 낼 수 있는 결과물의 폭과 깊이가 달라져요.

옷과 신발의 매치가 조화를 이루듯, 서로 다른 분야의 지식도 충분히 조화롭게 어울려 새로운 가치를 창출할 수 있는 거예요.

선생님께서 앞에서 설명해 주셨던 것처럼, 서로 다른 영역의 틀이라고 생각했던 조합론의 틀과 대수 기하학의 틀을 융합했던 것과 같은 거네요.

정말 융합이 가능하려면, 기본적으로 각 영역의 기반 지식 틀을 갖추고 있는 것이 중요한 것 같아요. 이런 기반 지식이 머릿속에 남아 있어야 좋은 질문을 던질 수 있고, 서로 연결해 나갈 수 있을 것 같아요.

맞아요. AI 시대일수록 얼마나 많은 기반 지식을 갖추고 있느냐가 곧 인사이트의 깊이와 폭을 결정합니다.

기반 지식은 단순한 정보의 나열이 아니라, 필요할 때 꺼내 쓸 수 있도록 구조화된 사고의 틀이어야 합니다.

이 틀이 많고 다양할수록, 서로 다른 분야를 연결하는 질문이 풍부해지고, 그 질문 속에서 새로운 인사이트가 태어나죠.

깊이 있는 질문과 넓은 연결을 위해서는 반드시 그 바탕이 되는 기반 지식이 필요합니다. 기반 지식은 새로운 정보를 받아들일 수 있는 틀이자, 다양한 연결을 가능하게 하는 재료입니다.

하지만 이 지식이 머릿속에 흩어져 있으면, 생각은 연결되지 못하고 단편적인 수준에 머물 수밖에 없습니다. 그래서 우리는 반드시 구조화와 도식화 과정을 거쳐야 합니다.

구조화는 흩어진 지식을 질서 있는 체계로 재배열하는 작업이고, 도식화는 그 지도를 시각적으로 표현해 머릿속에서 쉽게 불러올 수 있도록 하는 과정입니다. 이 과정을 통해 지식은 서로 연결되고, 새로운 상황에 맞게 재구성될 수 있습니다. 특히, 각 영역별 기반 지식이 확고히 다져져 있어야 합니다.

수학, 과학, 역사, 인문학 등 서로 다른 분야에서 기본기를 갖추면, 그 지식들이 새로운 맥락 속에서 만나고 조합되어 창조적인 새로운 틀이 만들어집니다. AI 시대에는 단순히 '잘하는 정도'만으로는 살아 남기 어렵습니다.

누구나 일정 수준의 지식과 기술을 갖추게 되면, 차이를 만드는 것은 새로운 관점으로 문제를 보고 창조적으로 해결하는 능력입니다. 이 능력은 바로 기반 지식을 토대로 한 구조화와 도식화에서 비롯됩니다.

결국, 기반 지식을 탄탄히 쌓고 구조화와 도식화를 통해 머릿속에서 자유롭게 꺼내 쓰며, 다른 분야와 연결해 새로운 틀을 만들어 내는 과정이 AI 시대에도 대체 불가능한 사고력과 창조력의 원천이 되는 것 입니다.

드라마틱한 수학 성적의 변화를 위한 노력

문제집을 본격적으로 풀기 시작할 건데 중요한 사항이 몇 가지 있어요.

특히, 수학은 다른 과목과 달리 공부한 만큼 바로 성적으로 이어지기 어려운 과목 중 하나입니다. 그 이유 중 가장 큰 부분은 어려운 문제에 도전하지 않고, 비교적 쉬운 문제들만 반복해서 공부하기 때문입니다. 어려운 문제를 단계적으로 찾아서 공부해야 합니다. 그래야 눈에 띄는 성적 변화를 이룰 수 있어요.

저 뿐만 아니라 대부분의 학생이 수학 문제집 푸는 게 버겁다 보니 어려운 문제를 찾아서 공부하기란 정말 쉽지 않은 거 같아요. 구체적으로 어떻게 해야 할지 알려 주세요.

한계를 넘어야 성장한다.

운동선수가 한계를 넘는 훈련을 통해 성장하듯, 수학에서도 어려운 문제에 도전해야 사고력과 문제 해결 능력이 향상됩니다. 쉬운 문제만 반복하면 현재 수준에 머물지만, 어려운 문제를 풀며 새로운 접근법을 배우고 자신감을 키울 수 있습니다. 한계를 뛰어넘는 도전이 성장을 만드는 핵심입니다.

"한계선상까지 밀어붙여야 발전이 있다."는 원칙은 운동과 수학 공부에 공통으로 적용됩니다. 운동선수가 기록을 단축하기 위해 편안한 훈련을 벗어나 고강도 훈련에 도전하듯, 수학에서도 쉬운 문제만 반복해서는 실력이 자라지 않습니다. 익숙한 수준은 현재 상태를 유지하게 할 뿐, 성장을 만들어 주지는 않습니다.

수학 공부에서의 한계 도전은 지금의 실력으로는 쉽게 풀리지 않는 문제에 맞서는 것입니다. 이러한 문제는 새로운 분석과 사고를 요구하며, 처음에는 막막하게 느껴질 수 있습니다. 그러나 반복적으로 도전하는 과정에서 사고의 폭이 넓어지고, 문제 해결력과 논리적 사고력이 빠르게 향상됩니다. 이 경험은 시험장에서 낯선 문제를 만나도 흔들리지 않는 힘으로 이어집니다.

어려운 문제에 도전하는 과정은 창의적 사고를 자극하고, "나도 해낼 수 있다."는 자신감을 쌓아 두려움을 줄여 줍니다. 운동에서 체력과 기술이 함께 발전하듯, 수학에서도 기본 개념과 문제 해결 능력은 한계 도전을 통해 동시에 성장합니다. 결국 수학 실력은 쉬운 문제의 반복이 아니라, 한계를 넘어서는 도전 속에서 만들어집니다.

chapter 13

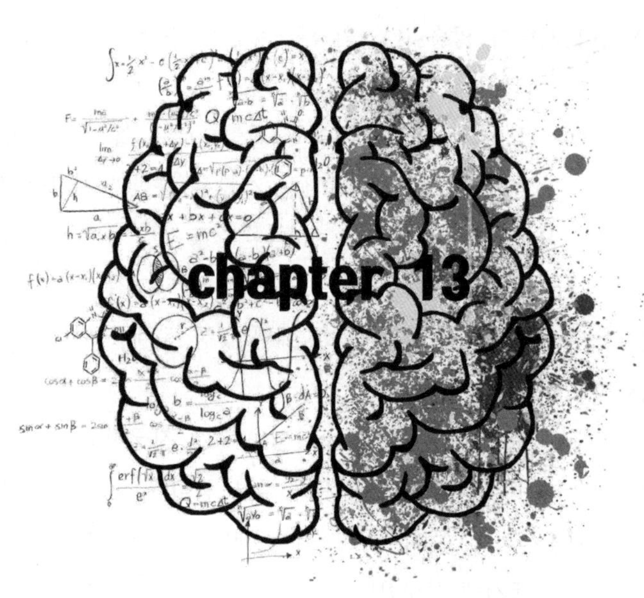

[고난도 문제]

무의식을 활용한 뇌 200% 사용법

난이도(上) 공략법

여러분은 어느 정도 수학의 틀이 잡혀 있기 때문에 문제집을 꼭 풀어 보지 않더라도 풀 수 있는 문제와 풀기 어려운 문제를 구분할 수 있어요. 풀기 어려운 문제에서 난이도(上)의 문제에 체크(☆)를 합니다.

선생님, 고난도 또는 초고난도 수준의 문제는 어떻게 하나요?

고난도 또는 초고난도의 문제는 체크(☆☆)를 하는데 이러한 문제는 워낙 풀이 과정이 복잡하기 때문에 전 과정을 출력(output)을 해야 정리가 되는데 접근하는 방법에 대해 이후에 자세히 설명하도록 할게요.

난이도(上)은 앞에서 접근했던 방식으로 풀어 나가면 되는 거 아닌가요?

네, 맞아요. 조건 변형⇨알맹이⇨조합의 형태로 풀어 나가면 되는데 여기서 중요한 건 풀 수 있다는 판단 즉, 위 단계들이 이해가 되면 문제를 풀지 않는다는 거예요. 물론 문제를 풀다 보면 과정에서 답이 도출되는 경우도 있지만 푸는 과정이 이해만 되면 계산을 통해 답을 내는 건 이후에 한꺼번에 하도록 할 거에요. 일단 이해 위주로 보는 것이 중요해요. 이렇게 이해 위주로 생각과 고민을 해야 하는 경우에는 여러분 각자의 생체 리듬에 따라 집중력이 높을 때 공략하도록 합니다.

아침형 or 저녁형

아침형 인간과 저녁형 인간은 사람의 생체 리듬(일주기 리듬)에 따라 활동적이고 집중력이 높은 시간이 다른 것을 말합니다. 이는 개인의 유전자, 환경, 생활 습관 등에 따라 결정되며, 각각의 특징과 장단점이 있습니다. 자신의 리듬에 맞는 활동 시간대를 활용하면 효율을 극대화할 수 있습니다. 중요한 건 자신의 타입을 이해하고, 이를 전략적으로 활용하는 것입니다!

무의식의 활용

전날 풀리지 않던 수학 문제가 다음 날 갑자기 해결되는 경험은 무의식적 사고와 관련이 있습니다. 문제를 붙잡고 고민하는 동안 의식적으로는 해결하지 못하더라도, 뇌에는 관련 정보가 입력되고 정리가 시작됩니다. 이후 잠을 자거나 다른 일을 하며 문제에서 벗어나면, 무의식은 배경에서 계속 정보를 연결하고 새로운 관점을 탐색합니다.

이 과정에서 정리된 정보가 다음 날 의식으로 떠오르며 해결책을 직관적으로 깨닫게 되는데, 이를 인지적 잠복기 현상이라고 합니다. 특히 수면 중에는 뇌가 정보들을 재구성하고 기존 지식과 새로운 문제를 연결해 창의적 통찰을 돕습니다. 결국 문제 해결은 의식적 노력과 무의식적 처리의 결합으로 이루어지며, 막혔을 때 잠시 쉬거나 문제를 내려놓는 것이 오히려 해결을 앞당기는 효과적인 전략이 될 수 있습니다.

무의식을 활용한 병렬식 몰입

많은 사람들이 "몰입"이라고 하면 한 가지 일에 오랜 시간 동안 집중하는 상태를 떠올려요. 예를 들면, 요리에 집중하다 보니 어느새 시간이 훌쩍 지나 있다든지, 음악 연주에 완전히 빠져드는 그런 상태요. 이런 몰입은 직렬 방식에 가깝다고 볼 수 있어요.

선생님, 그럼 병렬식 몰입은 무엇이고 어떤 장점이 있나요?

엄밀히 말하자면 "무의식을 활용한 간헐적 병렬식 몰입"이 더 정확한 표현이에요. 멀티태스킹과 무의식을 활용한 간헐적 병렬식 몰입은 겉으로 보면 "여러 일을 동시에 한다."는 점에서 비슷하게 들릴 수 있지만, 뇌의 작동 방식·목적·효과가 완전히 달라요.

멀티태스킹 vs 무의식 활용 간헐적 병렬식 몰입

구분	멀티태스킹(Multi-tasking)	무의식 활용 간헐적 병렬식 몰입 (Intermittent Parallel Immersion)
핵심 개념	한정된 주의 자원을 나눠서 동시에 여러 작업을 수행	한 작업은 의식적으로 진행하고, 다른 작업은 무의식에서 '배경 처리'하도록 두는 방식
뇌의 작동 방식	전두엽(집중·판단) 자원을 분할 → 작업 간 전환 비용 발생	무의식·기본 모드 네트워크(DMN)가 의식 작업과 병행해 배경에서 처리
시간 사용	같은 시간 안에 여러 작업을 번갈아 처리 → 실질적으로 작업 전환에 시간 소모	시간 간격을 두고 의식·무의식이 번갈아 문제 처리
효율성	복잡한 작업일수록 효율 급감, 오류 증가	난이도 높은 문제일수록 무의식이 창의적 해법 제공 가능
예시	이메일 확인하면서 보고서 작성	풀리지 않는 수학 문제를 잠시 내려놓고 다른 일을 하다, 며칠 뒤 다시 시도
목표	여러 일을 '동시에' 끝내는 것	무의식이 문제를 '숙성'시켜 더 깊은 해결책을 찾도록 하는 것
위험 요인	집중력 저하, 기억 오류, 작업 품질 하락	방치 시간이 너무 길면 맥락이 끊겨 재시작 어려움
적합한 작업	단순 · 반복 · 자동화된 업무	창의 · 문제 해결 · 통찰이 필요한 고난이도 작업

멀티태스킹은 뇌가 주의 자원을 나눠 여러 작업을 동시에 처리하는 방식이에요.

하지만 작업을 바꿀 때마다 인지적인 부담이 커지기 때문에, 복잡하거나 어려운 문제에서는 효율이 크게 떨어져요.

반면, 간헐적 병렬식 몰입은 한 번에 하나의 일에 집중하면서, 풀리지 않는 문제를 무의식에 잠시 맡겨 두는 방식이에요.

의식은 다른 일을 하더라도, 무의식은 그 문제를 배경에서 계속 처리하면서 새로운 연결과 아이디어를 떠올리게 해줘요.

쉽게 말하면, 멀티태스킹은 여러 창을 동시에 열고 번갈아 클릭하면서 일하는 거고, 간헐적 병렬식 몰입은 한 창은 닫아두되, 백그라운드에서 자동 연산이 계속 되게 두는 방식이에요.

· 무의식 활용 간헐적 병렬식 몰입의 실천 사례

 무의식을 활용한 간헐적 병렬식 몰입은 문제를 한 번에 해결하려 애쓰기보다, 의식적 집중과 휴식을 반복하며 사고를 병렬로 작동시키는 방식입니다. 예를 들어 수학·물리·코딩 문제처럼 풀리지 않는 과제는 하루나 며칠 간격으로 다시 보며 접근 방식을 조금씩 바꾸면, 무의식이 다양한 시도를 결합해 새로운 해법을 떠올리게 합니다. 논문 주제나 기획 아이디어 역시 잠시 내려놓고 산책이나 일상 활동을 하는 동안 불현듯 통찰이 떠오르곤 하며, 글쓰기나 창작에서도 초안을 두었다가 다시 보면 더 나은 표현과 구조가 자연스럽게 보입니다.

 업무와 기획에서도 마찬가지입니다. 결론이 나지 않는 프로젝트를 잠시 보류하면 무의식이 여러 시나리오를 조합해 더 나은 설계안을 제시하고, 디자인·브랜딩 작업이나 마케팅 전략 역시 숙성 시간을 거칠수록 부족한 점과 개선 방향이 또렷해집니다. 일상생활에서도 중요한 의사 결정이나 대인 관계 문제를 즉각 처리하기보다 시간을 두면 감정이 정리되고 판단의 균형이 잡힙니다. 결국 간헐적 병렬식 몰입은 멈추는 것이 아니라, 무의식의 힘을 활용해 더 깊고 창의적인 해결로 나아가는 전략입니다.

간헐적 병렬식 몰입을 잘 하려면, 문제를 완전히 포기하지 말고 '열린 과제'로 뇌에 남겨두는 게 중요해요. 그 상태에서 몇 시간~ 며칠 간격으로 다시 보면, 무의식이 계속 그 문제를 다루게 돼요.
그 사이엔 산책이나 가벼운 운동, 다른 공부처럼 뇌의 긴장을 풀 수 있는 활동을 하면 좋아요. 그리고 언제 통찰이 잘 떠오르는지 기록해 두면 나만의 리듬을 찾는 데 도움이 돼요.
또한 장소나 시간, 도구를 바꿔서 재접근하면 무의식 자극이 더 강해져요.
같은 문제라도 다른 환경에서 보면, 전혀 새로운 아이디어가 떠오를 수 있어요.

직렬식 몰입과 병렬식 몰입은 상황에 따라 강력한 효과를 발휘할 수 있기 때문에 그 특성과 장단점을 잘 이해하고 과제 성격에 맞게 적용하는 것이 중요해요. 아래는 두 몰입 방식을 비교해 정리한 내용이에요.

· **직렬식 몰입 vs 병렬식 몰입 비교**

구분	직렬식 몰입	병렬식 몰입
정의	한 가지 일에 깊이 몰입하여 장시간 집중하는 방식	여러 주제를 번갈아 떠올리며 반복적으로 몰입하는 방식
몰입 대상 수	하나	여러 개
대표 비유	레이저처럼 한 점에 에너지 집중	레이더처럼 넓게 여러 곳을 비추며 탐색
장점	- 집중력 극대화 - 깊이 있는 이해 - 빠른 성과 도출 가능	- 유연한 사고 전환 - 무의식적 통찰 생성 - 창의적 연결 가능
단점	- 피로 누적 빠름 - 전환에 시간이 걸림 - 사고가 경직될 수 있음	- 깊이 부족 가능성 - 초반에 산만함 느낌 - 성과까지 시간 소요
적합한 상황	마감 있는 작업	창의적 기획, 아이디어 구상

대부분 직렬식 몰입만 생각하는데 이처럼 몰입은 반드시 한 가지에만 오래 빠져야 하는 건 아니에요. 과제의 성격과 목표에 따라 깊이 파고들지, 넓게 반복할지를 선택할 수 있어야 해요. 이게 바로 현대형 몰입 전략, 병렬식 몰입이에요. 이 몰입은 한 가지에만 깊이 빠지는 몰입과 달리, 여러 생각을 짧고 반복적으로 다루면서 무의식과 연결을 활용하는 몰입의 확장형이에요.

선생님, 그런데 이게 뇌 과학적으로 가능한가요?

네, 가능해요. 뇌는 의식적으로는 한 번에 한 가지 일만 다룰 수 있지만,
무의식은 여러 가지 정보를 백그라운드에서 병렬적으로 동시에 처리하고 있어요.
그래서 의식적으로는 한 가지 과제에 몰입하되, 다른 주제들도 자주 떠올렸다가 다시 놓아주는 반복적인 접근을 계속해 주면 무의식은 그 모든 주제를 함께 "끓이고" 있게 되는 거예요. 이것이 바로 무의식 기반 병렬 몰입이에요.

반도체의 병렬 구조 vs 인간의 병렬식 사고

병렬식으로 생각하는 방식은 컴퓨터의 반도체 구조, 특히 멀티 코어 프로세서(Multi-Core Processor)와 비슷한 점이 많아요.

멀티 코어 프로세서란?

요즘 거의 모든 컴퓨터, 스마트폰, 태블릿에 들어 있는 현대 CPU의 기본 구조입니다. 하나의 CPU 안에 여러 개의 '작업 처리 유닛(코어)'이 들어 있는 프로세서를 말하는데 과거에는 CPU 하나가 한 번에 한 작업(직렬 처리)만 했어요. 하지만 멀티 코어 CPU는 여러 개의 코어가 있어서, 여러 작업을 동시에(병렬로) 처리할 수 있어요.

선생님, 그럼 반도체는 언제 직렬식에서 병렬식으로 바뀐 건가요? 

컴퓨터의 반도체 구조는 2000년대 중반부터 본격적으로 병렬식 처리 방식으로 바꿔었어요. 그전까지는 CPU의 성능을 높이기 위해 *클럭 속도(GHz)를 올리는 방식이 주로 사용됐지만, 발열과 전력 소모 문제로 더 이상 속도만으로는 성능을 높이기 어려워졌어요. 또한, 사용자가 동시에 여러 작업을 처리하는 경우가 많아지고, 영상 편집, 인공 지능, 게임처럼 고성능 연산이 필요한 작업이 많아지면서 여러 작업을 동시에 처리할 수 있는 멀티 코어 구조가 도입되었어요.

특히 2005년, 인텔이 처음으로 듀얼 코어 CPU를 출시하면서 병렬식 구조가 컴퓨팅의 중심 흐름이 되기 시작했어요. 이후 대부분의 컴퓨터는 병렬 처리 방식을 기본으로 사용하게 되었답니다.

클럭 속도(GHz)는 CPU가 1초에 얼마나 많은 명령을 처리할 수 있는지를 나타내는 수치입니다. 숫자가 높을수록 빠르지만, 그 외의 구조적 요소도 함께 고려해야 합니다.

우리의 사고방식 중 하나인 '병렬적 사고'는 한 가지 일에만 집중하는 것이 아니라, 여러 가지 생각이나 과제를 번갈아 떠올리며 처리하는 방식을 말합니다. 이런 사고방식은 컴퓨터의 멀티 코어 프로세서 구조와 아주 닮아 있어요. 컴퓨터의 멀티 코어는 하나의 칩 안에 여러 개의 작은 처리 유닛(코어)이 있어서, 서로 다른 작업을 동시에 처리할 수 있는 구조입니다.

예를 들어, 한 코어는 음악을 재생하고, 다른 코어는 인터넷 브라우저를 실행하며, 또 다른 코어는 파일을 다운로드하는 식입니다.

우리 뇌도 마찬가지로, 한 가지에만 집중하는 것이 아니라 여러 가지 주제를 반복적으로 떠올리며 '분산된 몰입'을 할 수 있습니다.

이때 무의식은 백그라운드에서 각 주제를 계속 '끓이고' 있어서, 언뜻 보기엔 쉬고 있는 것 같아도 창의적 연결이나 통찰이 자연스럽게 떠오르는 효과를 만들 수 있습니다. 그래서 병렬 사고는 단순한 멀티태스킹이 아니라, 시간을 두고 여러 과제를 조금씩 반복하면서 각 주제에 몰입하는 독특한 사고 전략이고, 그 구조가 컴퓨터의 멀티 코어처럼 정교하게 작동한다고 볼 수 있습니다.

일론 머스크의 사고방식과 병렬식 몰입

　반도체의 병렬 구조와 반복 최적화 구조는 인간의 사고방식과 놀라울 정도로 유사합니다. 특히 일론 머스크의 사고방식은 이러한 병렬적 비동기적 프로세싱 모델과 매우 흡사하다고 볼 수 있습니다.

　한 가지 일에 오랜 시간 몰입하기보다는, 여러 가지 일을 병렬적으로 자주 떠올리고 반복해서 생각하는 방식이 오히려 창의적인 문제 해결에 도움이 될 수 있습니다. 일론 머스크처럼 다양한 프로젝트를 넘나들며 반복적으로 사유하는 사람은 무의식 속에서 문제의 실마리를 포착하는 능력이 더욱 발달할 가능성이 높습니다. 이러한 사고방식은 서로 다른 정보 조각들이 연결되며 새로운 아이디어를 떠올리게 하고, 무의식적인 사고 과정 속에서 복합적인 문제 해결이 이루어지도록 돕습니다.

· 병렬 처리 : 여러 프로젝트를 동시에 다루는 두뇌 구조입니다.

일론 머스크는 테슬라, 스페이스X, 뉴럴링크, 보링컴퍼니 등 여러 회사를 동시에 운영하면서도 각 사업의 핵심 기술과 전략을 명확하게 이해하고 있습니다. 이는 단순한 멀티태스킹이 아니라, 서로 다른 과제를 병렬로 저장하고 반복적으로 호출하며 무의식 속에서 지속적인 사고가 이어지는 구조에 가깝습니다. 이러한 방식은 반도체의 멀티 코어 구조처럼 다양한 작업을 동시에 처리하는 사고 체계와 유사합니다.

이를 통해 알 수 있는 것은, 일론 머스크가 마치 세상의 모든 이치를 통달한 사람처럼 느껴진다는 점이에요.

그는 방대한 자료를 빠르게 처리하고 정리하는 능력, 객관적인 피드백을 받아들여 스스로 검증하는 태도, 문제의 본질을 정확히 꿰뚫는 통찰력, 그리고 병렬적 사고를 통해 여러 작업을 동시에 추진하는 실행력까지 갖추고 있어요.

일반적인 관점에서 보면, 이 모든 능력을 한 사람이 동시에 발휘하는 것이 과연 가능할까 하는 의문이 들 수 있어요.

하지만 앞서 살펴본 것처럼, 각각의 능력을 논리적으로 분석하고 접근해 보면 그 원리는 충분히 이해 가능한 범위 안에 있고, 일반인도 의도적으로 훈련하고 반복한다면 일정 부분 따라갈 수 있는 가능성도 있어요. 비록 일론 머스크와 완전히 같은 수준에 도달하는 건 쉽지 않겠지만, 그의 사고방식과 학습 태도를 본받는다면 우리도 생각보다 훨씬 더 높은 수준의 사고력과 실행력을 발휘할 수 있을지도 몰라요.

저도 이 글을 보면서 꼭 타고난 천재가 아니어도, 다양한 관점으로 사고하고 반복적으로 훈련하면 일론 머스크처럼 높은 수준의 사고력을 키울 수 있다는 가능성을 느꼈어요. 앞으로는 한 가지 시각에만 머무르지 않고, 여러 각도에서 생각하는 관점을 적극적으로 받아들이면서 저만의 사고 틀과 실행력을 키워 가고 싶어요. 작지만 꾸준한 훈련을 통해, 저도 언젠가는 복잡한 문제를 유연하게 해결할 수 있는 사람이 되고 싶어요.

- 테슬라 공장, 자동화의 실패 그리고 직렬 몰입

일론 머스크는 처음에 테슬라 공장을 거의 100% 자동화된 공장으로 만들고자 했습니다. 기계가 모든 것을 처리하는 최첨단 시스템을 꿈꿨지요. 하지만 실제로는 로봇들이 너무 복잡하게 얽혀 있었고, 실수가 자주 발생해 생산이 마비되는 수준에 이르렀습니다.

그때 머스크는 모든 일정을 멈추고, 직접 공장으로 내려가 며칠 동안 공장 바닥에 있는 쇼파에서 쪽잠을 자며 문제를 해결했습니다.

식사도 제대로 하지 않은 채, 현장에서 시스템을 하나하나 점검하며 오직 이 한 문제에만 몰입했습니다.

오버 자동화란?
업무나 생산 공정을 너무 과도하게 기계나 시스템에 맡긴 나머지, 오히려 효율성과 유연성을 해치는 상태를 말합니다.

- 상황에 따라 병렬 또는 직렬 몰입을 선택

일론 머스크는 평소에는 병렬적으로 여러 프로젝트를 오가며, 생각을 반복하고 연결하면서 창의적으로 사고하는 방식을 택합니다.

하지만 기한이 촉박하고 반드시 해결해야 하는 문제 앞에서는 철저하게 직렬식 몰입, 즉 한 가지 일에 모든 에너지를 집중하는 방식을 선택합니다.

이러한 일화는 우리에게 중요한 메시지를 전달합니다.

- 모든 문제를 병렬적으로 해결할 수는 없습니다.

- 어떤 문제는 반드시 한 번에 하나씩 집중해서 다뤄야 해결됩니다.

- 따라서 사고나 일처리 방식은 과제의 성격에 따라 병렬식 또는 직렬식으로 구분해 적용하는 것이 중요합니다.

문제의 특성을 정확히 파악하고, 그에 맞는 몰입 방식을 전략적으로 선택하는 것이 효율적인 문제 해결과 창의적인 사고의 핵심이라고 할 수 있습니다.

문제를 해결할 때 무조건 한 가지 방식만 고집하는 게 아니라, 상황에 따라 병렬식이나 직렬식 몰입을 구분해서 쓰는 게 중요하다는 걸 알게 됐어요.

저도 앞으로는 과제의 성격을 먼저 판단하고, 그에 맞는 몰입 방식을 선택하려고 해요.

전문가를 넘어, '연결하는 설계자'의 시대로

일론 머스크의 일하는 방식은 앞으로 인재상이 어떻게 변화하고 있는지를 분명하게 보여 준다. 그는 하나의 분야를 깊게 파는 방식 대신, 전기 차·우주·에너지·AI·뇌 과학처럼 서로 다른 사업을 병렬적으로 운영하며 이를 유기적으로 연결한다. 이 과정에서 지식은 흩어지지 않고, 기술·데이터·시스템 사고라는 공통된 구조 위에서 통합되며 새로운 가치를 만들어 낸다. 로켓 개발 과정에서 축적된 기술은 자동차 산업으로 이어지고, 에너지와 AI 기술은 다시 여러 산업 전반의 효율을 끌어올리는 구조를 형성한다.

여기서 드러나는 메시지는 명확하다. 앞으로의 경쟁력은 하나의 전문성을 극단적으로 깊게 파는 데서 나오지 않는다. 물론 기본 전문성은 필수적이다. 그러나 복잡해진 시대의 문제는 대부분 여러 분야가 얽힌 구조적 문제이기 때문에, 단일 분야의 시야만으로는 이를 해결하기 어렵다. 이에 따라 인재상은 '한 분야의 전문가'에서, 여러 분야의 언어를 이해하고 그 사이의 연결 고리를 발견해 새로운 구조를 설계하는 사람으로 이동하고 있다.

AI 시대에는 이러한 변화가 더욱 가속된다. 단순 지식이나 반복 작업은 AI가 수행하게 되고, 인간에게 남는 역할은 연결·융합·구조화이다. 서로 다른 영역을 가로지르며 문제를 재정의하고, 기존에 없던 해법을 설계하는 능력이 핵심 역량이 된다. 이것이 바로 일론 머스크가 보여 주는 사고방식의 본질이다. 결국 미래의 인재란 하나를 잘하는 사람이 아니라, 여러 개를 이해하고 이를 하나의 구조로 엮어낼 수 있는 사람이다. 그리고 그 연결 능력이 곧 창조력이자 미래의 경쟁력이다.

・반복 호출과 캐시 메모리 : 빠른 접근성과 사고의 효율성을 높입니다.

 반도체는 자주 사용하는 데이터를 <u>캐시 메모리</u>에 저장해 빠르게 불러 옵니다. 인간의 뇌 역시 반복적인 노출을 통해 특정 정보는 작업 기억 이나 자동화된 사고 영역에 저장되어 더 빠르게 접근할 수 있게 됩니 다. 일론 머스크처럼 반복적으로 다양한 생각을 꺼내 보는 사람은 각 생각의 접근성이 높아져 사고 전환이 훨씬 유연하고 신속하게 이루어 집니다. 이는 고속 캐시 메모리에 접근하는 방식과 비슷하다고 할 수 있습니다.

- 캐시 메모리와 작업 기억의 유사성

항목	캐시 메모리(컴퓨터)	작업 기억(인간 뇌)
정의	CPU가 자주 사용하는 데이터를 임시로 저장해 빠르게 꺼내 쓰는 공간	뇌가 지금 당장 사용 중인 정보나 자극을 일시적으로 저장하고 처리하는 공간
위치	CPU 내 혹은 근처	전전두엽, 해마, 감각 영역 등과 연결
용량	작지만 매우 빠름	제한된 용량, 매우 활동적
속도	RAM이나 하드 디스크보다 훨씬 빠름	장기 기억보다 훨씬 빠르게 접근 가능
지속 시간	짧은 시간 유지 (전원이 꺼지면 사라짐)	주의 집중이 유지되는 동안만 유지됨
역할	연산 속도 향상, 작업 효율 극대화	사고, 문제 해결, 이해, 학습에 필수적

와우! 캐시 메모리가 작업 기억과 유사하다면, 기반 지식과 작업 기억의 관계처럼, 캐시 메모리의 특성을 잘 활용하면 무의식의 작동도 더 활발해질 수 있지 않을까요? 캐시처럼 자주 쓰는 정보를 가까이에 두는 방식이 무의식과 연결되는 사고 흐름에도 영향을 줄 수 있을 것 같아요.

선생님은 이런 생각을 해봤어요.

무의식이 병렬식 사고가 가능하다는 전제하에, 만약 우리가 해결해야 할 여러 문제들을 자주 반복해서 들여다본다면, 그 정보들이 뇌에 빠르게 처리해야 할 문제 즉, 중요한 문제로 받아들여 무의식 속에서 병렬식으로 빠른 시간에 처리될 가능성이 높아지는 거예요.

이건 마치, 반복을 통해 기반 지식을 형성하고 작업 기억의 부담을 줄여가며 지식을 더 빠르고 넓게 확장하는 학습 과정과도 비슷해요.

이처럼 해결해야 할 문제들을 반복적으로 들여다보면, 그 과정을 통해 머릿속에 사고의 틀이 만들어지고, 그 사고의 틀이 다른 생각들과 연결되는 고리가 되어 무의식 속에서 해결의 실마리와 함께 자연스럽고 빠르게 연결될 수 있다고 생각해요.

아마 일론 머스크도 이렇게 여러 문제를 병렬로 떠올리고 반복적으로 사고하면서, 그 연결 속에서 창의적인 해결책을 찾아냈을 거라고 유추해 볼 수 있어요.

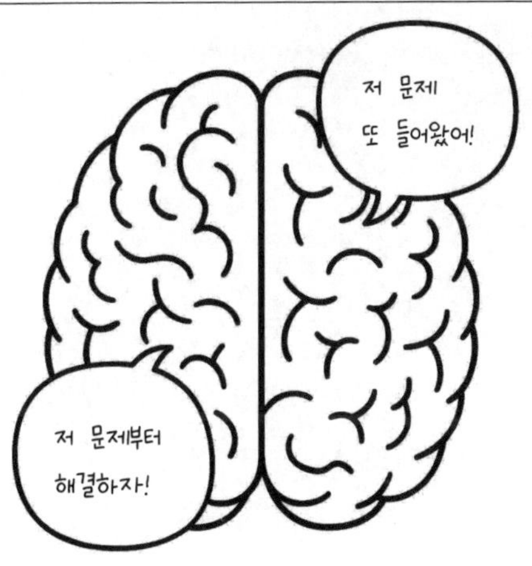

"

기반 지식이 작업 기억을 도왔던 것처럼 기반 사고가

무의식 작업 영역을 도울 수 있다.

"

최 작가

이 말은 누구의 인용도 아닙니다.

저자가 오랫동안 학습과 사고의 과정을 들여다보며 도달한, 저자만의 결론입니다.

용어 정의(이 책에서 제안하는 비공식 용어)

· 기반 사고(基盤思考, foundational thinking) : 반복적인 사고 경험
  을 통해 축적된, 무의식적 사고의 출발점이 되는 사고 구조

  이 책에서는 '기반 지식'이 새 지식의 이해를 도와주듯, '기반 사고'
  는 무의식 속에서 새로운 문제나 상황에 대한 인지적 방향을
  형성해 주는 사고 틀로 정의합니다. 이는 반복적 사유나 성찰을
  통해 만들어지며, 즉각적으로 인식되지는 않지만 사고의 흐름과
  연결 구조를 잡아 주는 무의식적 기반 역할을 합니다.

  ※ 이 용어는 정식 학술 용어가 아니며, 본 글 또는 자료에서 개념적 비유로 제안한 창안어
    입니다.

· 무의식 작업 영역(無意識作業領域, unconscious workspace) : 의식
  밖에서 정보가 저장·연결·변형되며, 사고의 배경에서 작용하는 심층
  사고 공간

  이 책에서는 무의식을 단순한 기억 창고로 보지 않고, 지속적으로
  다양한 정보와 경험이 연결되고 교차하며 문제 해결의 실마리를
  만드는 '작동 중인 공간'으로 봅니다.
  '무의식 작업 영역'은 마치 컴퓨터의 백그라운드 프로세스처럼,
  의식이 개입하지 않아도 스스로 정보 처리를 이어가는 뇌 속의
  공간적 개념입니다.

  ※ 이 용어 또한 기존 심리학이나 신경 과학의 용어가 아니며, 본 문맥에서 작업 기억에
    대응되는 '무의식적 사고의 활동 범위'를 설명하기 위해 새롭게 정의한 개념어입니다.

· 무의식 활용 : 해결되지 않은 문제를 '끓이듯' 데워 놓는 방식입니다.

머스크는 "잠잘 때나 샤워할 때 좋은 아이디어가 떠오른다."고 자주 말합니다. 이는 무의식이 백그라운드에서 문제를 계속 처리하고 있다는 뜻입니다. 이러한 과정은 반도체 시스템의 백그라운드 연산처럼 의식과는 별도로 비동기적으로 작동하며, 인간 사고의 잠재적 문제 해결력을 자연스럽게 끌어올립니다.

문제 해결의 사고 구조 전략적 설계

의식적 반복	→	기반화	→	무의식 병렬처리

직관만큼은 AI보다 인간이 우월하다.

김정호 교수님의 인터뷰에서 가장 돋보이는 점은 복잡한 공학 문제를 일상의 풍경에서 직관적으로 풀어내는 통찰력입니다. HBM(고대역폭 메모리)을 개발하는 과정에서도 그의 직관은 의외로 '부동산'에서 출발했습니다.

서울과 대전을 오가던 시절, 그는 판교와 정자동에 고층 건물이 끊임없이 올라가는 모습을 보며 처음에는 "왜 이렇게 비싼 땅에 굳이 살아야 하지?"라고 의문을 품었습니다. 그러나 곧 "땅이 좁고 비싸면 위로 올릴 수밖에 없다."는 단순한 진리를 깨닫습니다. 도시에서는 부족한 면적을 해결하기 위해 고층화를 선택할 수밖에 없듯이 말이죠.

그는 이 원리를 반도체에 그대로 적용했습니다. 반도체 칩 역시 한정된 '땅(기판)' 안에서 성능을 높이는데 분명한 물리적 한계가 있었기 때문입니다. 그래서 떠올린 해법이 바로 "반도체도 위로 쌓자.", 즉 적층(Stacking) 구조였습니다.

도시의 고층 아파트가 반도체 세계에서는 HBM이 된 셈입니다.

당시 업계의 상식은 "반도체는 싸게 만들어야 한다."였지만, 그는 오히려 "비싸더라도 적층으로 성능을 극대화하자."는 역발상적 결정을 내렸습니다.

이 직관의 선택은 결국 AI 시대의 핵심 기술인 HBM의 탄생으로 이어졌고, 한국 반도체 산업의 가치 또한 한 단계 끌어올렸습니다.

소원을 말해봐

‘소원을 말해봐’라는 말은 가볍게 들리지
만, 곱씹을수록 묘한 힘을 가진 문장이다.
마치 마음속 깊은 곳을 두드리는 주문처
럼 느껴진다. 한때 유행했던 *《시크릿》이라
는 개념도 비슷하다.

원하는 것을 계속 떠올리고, 머릿속에서 선명하게 그리면 결국 그것이 현실
로 이어진다는 이야기. 처음엔 다소 추상적이고 비현실적으로 느껴졌지만, 시
간이 지나며 다른 생각이 들기 시작했다.

혹시 이것이 단순한 ‘끌어당김’이 아니라 무의식이 움직이는 방식에 대한 이
야기라면 어떨까.

사람은 자신이 자주 떠올리는 방향으로 자연스럽게 시선과 선택을 옮긴다.

의식적으로는 인지하지 못하지만, 무의식은 이미 그 목표를 기준 삼아 사소한
판단과 행동들을 연결해 나간다.

원하는 장면을 계속 이미지화한다는 것은 무의식에게 하나의 방향표를 건네
는 일일지도 모른다.

“이쪽이다.”라고 조용히 알려 주는 신호처럼 말이다.

그러다 보면 어느 순간, 우리는 그 방향으로 움직이고 있는 자신을 발견하게
된다.

그래서 문득 이런 상상을 하게 됐다.

이 모든 과정이 결국 심상의 그릇을 빚는 과정은 아닐까.

간절히 떠올린 장면들이 마음속에 층층이 쌓이며 그릇의 크기와 형태를 만
들어 가고, 그 그릇이 커질수록 담아낼 수 있는 현실도 달라지는 건 아닐까.

소원을 말하는 일은 하늘에 부탁을 던지는 행위가 아니라, 무의식에게 조용히
방향을 알려주고 마음의 그릇을 조금씩 빚어가는 작업일지도 모른다.

론다 번의 저서 《시크릿》은 ‘끌어당김의 법칙’을 통해 긍정적인 생각과 강한 믿음이 삶의 부,
건강, 행복을 실제로 실현시킨다는 내용을 담고 있습니다.
‘생각이 현실이 된다.’는 메시지를 중심으로, 원하는 것을 간절히 바라고 이미 얻은 것처럼
느끼면 우주가 그 에너지를 끌어당겨 소망을 이뤄준다고 강조하는 자기 계발서입니다.

무의식을 활용한 수학 공부 전략

선생님, 수학에서도 무의식을 효과적으로 활용하려면 구체적으로 어떤 방법이 있을까요?

수학에서 무의식을 활용한다는 것은, 단순히 문제를 의식적으로 생각하는 것을 넘어서, 반복을 통해 뇌 속 깊이 기반 사고를 형성하고, 무의식적으로 문제를 해결할 수 있는 상태를 만드는 것을 의미해요.

특히 어려운 문제를 만났을 때 이 방법이 큰 힘을 발휘할 수 있어요. 처음에는 문제를 완벽하게 이해하지 못하더라도, 포기하지 않고 반복적으로 문제를 들여다보는 것이 중요해요. 이 과정을 통해 문제 자체가 뇌에 자연스럽게 남게 되고, 그 결과 기반 사고로 자리 잡게 돼요. 이렇게 뇌 속에 기반 사고가 형성되면, 우리가 의식적으로 생각하고 있지 않을 때조차도 무의식 속에서는 문제의 핵심 구조를 분석하고 해결의 실마리를 연결하려고 계속 작동해요.

어느 순간, 잠을 자거나 산책을 하거나 전혀 다른 일을 하다가 문득 문제 해결 방법이 떠오르는 경험을 하게 될 수도 있어요. 그것이 바로 무의식이 문제를 처리해준 결과예요.

선생님, 아직 저처럼 무의식을 활용할 정도의 수학 실력이 안 된다면, 어떻게 해야 할까요?

아직 기반 지식이 충분히 쌓이지 않은 상태라면, 무의식을 제대로 활용하는 것도 쉽지 않아요. 기반 지식조차 없는 상황에서 무의식이 문제를 해결해 주기를 기대 하는 것은 어려운 일이에요.

무의식은 어디까지나 이미 머릿속에 쌓인 지식과 경험을 바탕으로 배경에서 연결 하고 조합하는 작업을 합니다. 따라서 아직 수학 실력이 부족하다고 느낀다면, 무의식을 활용하려고 서두르기보다, 먼저 기반 지식을 차곡차곡 쌓는데 집중하는 것이 더 중요해요. 그리고 기반 지식이 어느 정도 갖춰지기 시작했다면, 무의식을 활용하는 문제를 점차 늘려가는 전략이 필요해요.

처음부터 모든 문제를 무의식에 맡기려고 하기보다는, 조금씩 그 범위를 넓혀가야 해요. 이런 방식으로 기반 지식과 무의식 활용 능력을 함께 성장시켜야, 보다 깊이 있는 문제 해결력과 창의적인 사고력을 키울 수 있어요.

반복 학습의 두 가지 효과

선생님, 그럼 만약 무의식에서도 해결하지 못했다면 어떻게 해야 할까요?

무의식에서도 해결하지 못했다면 그땐 해설의 도움을 받아야 하는데 이때도 조건 변형을 통해 알맹이 도출 그리고 조합에 대한 이해 위주로 보는 것이 중요해요. 그리고 이해가 됐다면 역시 마찬가지로 계산을 통해 답을 내는 건 이후에 한꺼번에 하도록 합니다.

여기서 잠깐! 해설지의 도움을 받아 푼 문제는 아직 완전히 내 것이 아니므로, 반드시 체크해 두고 여러 번 반복해서 풀어 보아야 해요. 수학은 반복을 통해 장기 기억의 수학의 틀을 완성해 나가는 것이 중요해요.

이 반복 학습은 두 가지 효과를 가져다줘요. 첫째는 문제를 다양한 관점에서 바라볼 수 있다는 점, 둘째는 지식의 틀을 더욱 단단하게 만든다는 점이에요.

해설지를 보는 것에 거부감을 느끼는 경우도 있지만, 중요한 건 반복을 통해 새로운 틀을 만들어 나가는 거예요.

· **첫째, 다양한 관점**

수학 문제를 반복해서 풀며 새로운 풀이가 보이는 현상은, 영화나 책을 여러 번 접하며 이전에는 보이지 않던 디테일과 메시지를 발견하는 것과 같은 원리입니다. 처음에는 전체 흐름이나 익숙한 방식에 집중해 표면적으로 이해하지만, 반복을 통해 익숙한 정보가 자동화되면서 숨은 구조와 연결이 드러납니다. 그 결과 수학에서는 더 단순하고 효율적인 풀이가 떠오르고, 영화나 책에서는 복선과 상징의 의미가 분명해집니다. 즉 반복은 단순한 재노출이 아니라 기존 이해 위에 새로운 관점을 더해 심층적 이해와 창의성을 확장하는 과정입니다.

· **둘째, 단단한 지식의 틀**

공부는 아무것도 없는 공간에 벽돌을 하나씩 쌓아 건축물을 세우는 과정과 같습니다. 처음에는 기초를 다지는 데 많은 시간과 노력이 들지만, 반복을 통해 지식의 틀이 점차 견고해지고 기존 지식과 새로운 지식이 자연스럽게 연결됩니다. 지식은 시간이 지나면 쉽게 흐려지므로, 단순히 배우는 데서 그치지 않고 반복을 통해 단단히 정착시켜야 합니다. 이때 모든 내용을 무작정 반복하기보다 취약한 부분과 연결이 약한 지점을 집중적으로 보완하는 것이 효과적입니다. 이렇게 형성된 지식의 구조는 단편적인 암기를 넘어 깊은 이해와 빠른 사고로 이어지며, 결국 공부는 부담이 아니라 사고력을 확장시키는 지적 성장의 기반이 됩니다.

틀을 깨거나 키우기 위한 반복적인 행동이 성장으로 이끈다.

독수리는 알에서 나오기 위해 껍질이라는 한계의 틀을 부리로 반복해 쪼아야 하고, 하늘을 날기 위해서도 절벽이라는 두려움을 넘으며 끊임없이 날갯짓을 반복합니다. 이는 성장이 단번에 이루어지지 않으며, 반복적인 행동과 도전을 통해서만 가능하다는 사실을 보여 줍니다. 틀은 때로 우리를 보호하지만, 성장 단계가 바뀌면 극복해야 할 한계가 됩니다. 결국 반복적으로 틀을 깨거나 확장해 나갈 때, 우리는 더 넓은 세계로 나아갈 수 있으며, 이 반복이 곧 성장의 본질입니다.

이제야 조금씩 알 거 같아요. 정리해 보면 완전하게 내 힘으로 해결한 것이 아니라면 반복을 통해 확실하게 내 것으로 만들 수 있는데 첫째가 다양한 관점을 키울 수 있어 해설지와 다른 관점으로 접근할 수 있고 둘째로 지식은 서로 연결되는데 *약한 연결 고리를 효율적 반복을 통한 공략으로 단단하게 만들어 지식을 계속 확장해 나갈 수 있다는 말씀이네요.

약한 연결 고리 : 기존에 풀었던 문제와는 다르게 익숙하지 않은 문제로 횟수를 체크하여 반복적으로 풀어 보아야함.

선생님, 그럼 계산을 통해 답을 내는 건 언제 하면 좋을까요? 그리고 이렇게 따로 한꺼번에 하는 이유가 궁금해요.

해결할 수 있는 길을 알아두었기 때문에 계산 위주로 공부할 때에는 고도의 집중력을 요구하지 않는데 공부하다 보면 수학 문제를 그냥 풀고 싶을 때가 있어요. 그럴 때 꺼내서 중간중간 풀어 보면 됩니다. 이때 스톱워치나 타이머를 활용하면 집중력 뿐 아니라 문제 푸는 시간을 단축하는데 도움이 돼요. 그리고 이렇게 한꺼번에 따로 푸는 이유는 실수를 잡기 위함이에요.

스톱워치나 타이머의 효과

스톱워치나 타이머를 활용해 보는 것도 좋은 방법입니다. 시간을 측정하며 문제를 풀면 단순히 기록 단축을 위한 도전이 될 뿐만 아니라, 문제를 해결하는 동안 집중력을 극대화할 수 있는 효과도 얻을 수 있습니다.

예를 들어, 제한 시간을 설정하고 그 안에 문제를 해결하려는 목표를 세우면, 평소보다 더 집중해서 문제를 분석하고 풀이에 몰두하게 됩니다. 또한, 자신이 어느 부분에서 시간이 많이 걸리는지 파악할 수 있어 약점을 발견하는 데도 도움이 됩니다.

이 방식은 단순히 문제를 빨리 푸는 것에 그치지 않습니다. 시간 압박 속에서 문제를 푸는 연습을 통해 시험장에서의 긴장감을 완화하고, 실전과 비슷한 환경을 체험하게 해 줍니다. 따라서, 시간을 재며 문제를 푸는 습관은 단순한 기록 단축 이상의 효과를 가져다줄 것입니다.

실수도 실력의 일부분, 실수를 통해 잡다.

"실수도 실력의 일부"라는 말은 실수를 실패가 아니라 자신의 현재 수준을 점검하는 기준으로 삼으라는 뜻입니다. 실수를 줄이는 방법은 그것을 피하는 것이 아니라, 원인을 분석해 스스로 교정하는 데 있습니다. 풀 수 있다고 생각한 문제를 다시 풀어 보면 계산 오류, 조건 오해, 논리적 착오 등 예상치 못한 실수가 드러납니다. 중요한 것은 단순한 수정이 아니라, 왜 틀렸는지를 기록하고 정리해 같은 실수를 반복하지 않도록 하는 것입니다. 특히 수학에서는 실수 관리 능력이 곧 실력이므로, 자주 발생하는 실수 패턴을 정리하고 시험 전 점검하는 습관이 효율적인 학습과 성장의 핵심이 됩니다.

메모는 숲의 이정표

　수학 문제를 풀며 실수한 부분이나 변형된 조건의 핵심을 간단히 메모하는 것은, 길을 잃지 않기 위해 나무에 표시를 남기는 것과 같습니다. 이 메모는 풀이 과정을 되짚을 수 있는 이정표가 되어, 혼란 속에서도 다시 올바른 방향을 찾게 해 줍니다. 또한 조건과 풀이의 핵심을 연결해 기억을 오래 유지하게 하며, 시험 전 복습 시에는 신선도 효과를 통해 중요한 포인트를 빠르게 떠올리게 합니다. 결국 이런 메모 습관은 실수를 줄이고 실전에서의 자신감을 높여 주는 효율적인 학습 도구입니다.

처음엔 계산을 배제한 알맹이 위주로 이해하고 이후에 한꺼번에 모아서 풀면 두 번 푸는 효과처럼 실수하는 부분을 더 집중해서 보게 될 거 같아요.
그런데 선생님, 그럼 이제 고난도와 초고난도가 남아 있는데 어떻게 해결해야 하나요?

초고난도 문제를 해결하기에 앞서 플립 러닝(Flipped Learning)에 대한 이해가 필요한데 이 내용을 먼저 알아보고 본격적으로 다루도록 할게요.

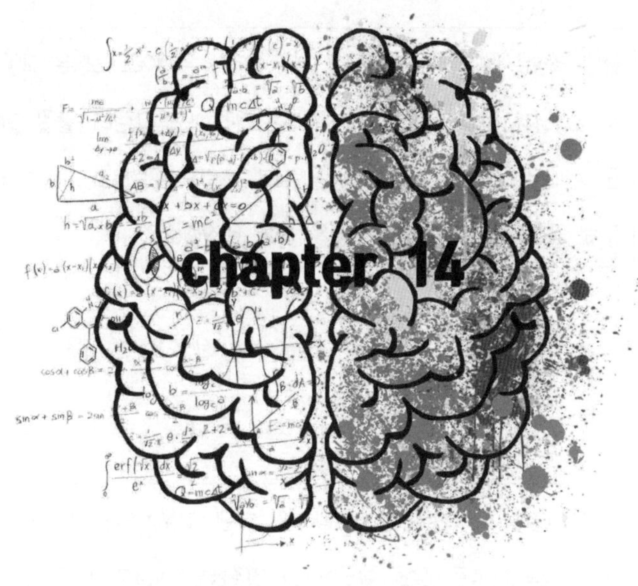

[새로운 교육 트랜드 "플립 러닝(Flipped Learning)"]

선생님, 플립 러닝이 뭐예요? 이름은 들어봤는데 잘 모르겠어요.

플립 러닝은 말 그대로 "뒤집힌 수업"이라는 뜻이에요. 보통은 교실에서 선생님이 강의하고 집에서 숙제를 하잖아요. 그런데 플립 러닝은 반대로, 집에서 먼저 영상을 보고 개념을 공부하고 교실에서는 문제 풀이, 토론, 프로젝트 활동을 하는 방식이에요.

그럼 교실에서는 선생님이 설명을 안 해주나요?

설명을 전혀 안 하는 건 아니에요. 다만 교실에서는 단순한 강의보다 질문과 토론, 응용 활동에 더 집중하는 거예요. 선생님은 지식을 전달하는 사람에서, 학습을 돕는 코치 역할로 바꾸는 거예요.

아, 그러면 집에서 공부를 안 하면 교실에서 힘들겠네요?

맞아요. 플립 러닝의 핵심은 사전 준비예요. 집에서 기본 개념을 보고 오지 않으면 교실 활동이 어렵고, 반대로 준비만 해오면 수업이 훨씬 재미있고 능동적으로 진행돼요.

플립 러닝의 장점은 뭐예요?

여러 가지가 있어요.

첫 번째는 집에서 영상을 보며 자기 속도에 맞게 반복 학습할 수 있어요.

두 번째는 교실에서는 친구들과 토론하며 비판적 사고와 협력 능력을 키울 수 있어요.

세 번째는 선생님은 학생 한 명, 한 명을 더 잘 도와줄 수 있어요.

그럼 단점도 있겠네요?

그렇죠. 학생이 집에서 준비를 안 하면 교실 수업이 어렵고, 영상만 보는 게 지루할 수 있어요. 또 말 그대로 학생이 주체가 되는 수업이다 보니, 모든 학생의 개별적인 의견을 수업 시간 안에 다 반영하기는 한계가 있어요. 무엇보다 자기 주도적으로 공부하려는 태도가 부족하면 효과가 줄어들 수 있어요.

듣고 보니, 그냥 지식을 듣는 게 아니라 스스로 준비하고 함께 탐구하는 수업이네요.

맞아요. 플립 러닝은 단순히 공부 방식을 바꾸는 게 아니라, 학생을 학습의 주체로 세우는 수업이에요.

기존 교육의 한계를 넘어서다.

전통적인 교육은 교사가 전달한 정보를 학생이 받아들이는 수동적 학습에 머무르기 쉬웠습니다. 이러한 한계를 보완하기 위해 등장한 플립러닝(Flipped Learning)은 수업의 주체를 교사에서 학생으로 전환한 학습 방식으로, 미국의 고등학교 교사 존 버그먼(Jon Bergmann)과 에런 샘(Aron Sams)이 제안했습니다. 플립 러닝은 수업 전에 온라인 학습으로 기본 개념을 익히고, 수업 시간에는 토론·실습·문제 해결을 통해 학습 내용을 심화합니다. 그 본질은 입력보다 출력에 있으며, 설명하고 발표하는 과정을 통해 배운 내용을 체화하고 장기 기억으로 전환함으로써 학생의 능동적 참여와 깊은 이해를 이끌어 냅니다.

· 사교육에서의 플립 러닝 활용

사교육 현장에서도 플립 러닝 방식이 점차 활용되고 있습니다.

대표적인 사례로는 학생들이 스스로 학습한 내용을 백지에 적어 보는 방식이나, 그룹별 토론과 발표를 통해 학습 내용을 공유하는 활동이 있습니다.

특히, 초등학생을 대상으로 한 사교육에서는 학생들이 어려운 수학 문제를 풀고 이를 다른 친구들과 토론하며 발표하는 방식이 자주 사용됩니다. 이 과정은 학생들에게 깊이 있는 사고력을 길러 줄 뿐만 아니라, 수학에 대한 흥미를 유발하는데도 큰 도움을 줍니다. 저자는 학원을 운영하면서 이와 유사한 방식으로 수업을 진행한 경험이 있는데, 학생들이 자연스럽게 문제 해결 과정을 말로 표현하고 공유함으로써 학습 효과가 극대화되었음을 확인할 수 있었습니다. 또한, 최근에는 학생이 선생님이 되어 배운 내용을 설명하는 학습 방식이 주목받고 있습니다. 학생들은 스스로 학습한 내용을 선생님에게 설명하면서 미흡한 부분은 피드백을 받고, 다시 학습하는 과정을 반복합니다. 이러한 방식은 학생들이 능동적인 자세로 학습에 임하게 하며, 출력(output) 학습의 대표적인 사례로 꼽힙니다.

· 출력 학습의 장점과 한계

출력 학습은 학습 내용을 장기 기억화하는데 탁월한 효과를 발휘합니다. 학습한 내용을 단순히 받아들이는데 그치지 않고, 직접 표현하고 설명하는 과정을 통해 학생들은 학습 내용을 스스로 체계화할 수 있습니다. 특히, 문제를 풀고 이를 다른 사람과 공유하는 과정에서 학습된 내용이 더 명확하게 정리되며, 장기 기억으로 저장되는 효과를 얻습니다. 그러나, 출력 학습에는 몇 가지 한계점도 존재합니다.

특히 시간 효율성 측면에서 문제가 제기될 수 있습니다. 플립 러닝 방식은 학생 개개인의 학습을 세밀하게 확인하고 지도하는 과정에서 시간이 많이 소요되며, 수업이 진행되는 동안 모든 학생들에게 충분한 시간을 제공하기 어려운 경우도 있습니다.

또한, 출력 학습이 모든 학생들에게 적합한 것은 아닙니다. 예를 들어, 시험 성적에 중점을 두는 중, 고등학생의 경우 플립 러닝 방식이 단기적인 시험 준비에는 비효율적일 수 있습니다.

앞서 효율적으로 공부하는 방법으로, 수학적 틀을 구축하기 위해 필수 문제를 반복하고, 그 위에 새로운 연결 고리가 될 수 있는 한계선상 문제들을 추가적으로 반복하며 틀을 확장해 나가는 방법에 대해 설명했습니다. 이제 남아 있는 과제는 초고난도 수준의 문제를 플립 러닝의 장점을 활용해 해결하는 것입니다.

초고난도 문제 효율적 접근법 : '선생님처럼 가르치기'

수학 문제를 풀 때, 모든 문제를 마치 선생님처럼 가르쳐 보는 방식은 오히려 비효율적일 수 있습니다. 기본적인 문제까지 하나하나 설명하려고 하면 시간이 과도하게 소요되고, 학습의 속도가 느려질 수 있기 때문입니다. 하지만 초고난도 문제처럼 난이도가 높은 문제일수록 '선생님처럼 가르쳐 보는 과정'이 오히려 학습 효과를 극대화할 수 있습니다.

초고난도 문제는 종종 복잡한 개념과 여러 개의 논리를 포함하고 있어, 직관적으로 접근하기 어렵습니다. 하지만 누군가에게 문제를 설명한다고 가정하면, 자연스럽게 핵심 개념을 정리하고 논리적으로 재구성하는 과정을 거치게 됩니다. 이 과정에서 문제를 보다 쉬운 단계로 나누고, 학생의 눈높이에 맞춰 단순화하는 능력이 요구됩니다.

· **단순화할 수 있다는 것은 곧 진짜 이해했다는 증거**

어떤 개념을 완전히 이해하지 못하면, 이를 다른 사람에게 쉽게 설명하기 어렵습니다. 반대로, 내용을 자신의 언어로 정리하고 쉽게 풀어낼 수 있다면, 해당 개념을 확실히 이해했다는 의미가 됩니다. 선생님처럼 가르쳐 보는 과정은 단순히 지식을 암기하는 것이 아니라, 스스로 개념을 정리하고 문제 해결 과정을 체계적으로 정리하는 훈련이 됩니다.

특히 초고난도 문제처럼 복잡한 문제일수록 이를 해결하는 과정을 단계적으로 정리하고, 핵심을 간추려 설명하는 것이 중요합니다.

이런 과정을 반복하다 보면, 단순히 답을 구하는 것 뿐만 아니라 해당 유형에 대한 직관과 문제 해결 능력까지 함께 길러질 수 있습니다.

· 효율적인 학습 전략 : 선생님이 되어 초고난도 문제를 해결하라.

- 모든 문제를 가르치듯 풀 필요는 없다. 기본적인 문제까지 일일이 설명하면 오히려 비효율적일 수 있다.
- 초고난도 문제는 선생님처럼 가르쳐 보는 방식이 효과적이다. 논리를 정리하고 단순화하는 과정에서 사고력이 확장된다.
- 단순화할 수 있다는 것은 확실히 이해했다는 의미이다. 복잡한 문제를 쉽게 설명할 수 있을 때, 문제 해결 능력이 한층 강화된다.
- 초고난도 문제를 풀 때, 집중력 있게 아웃풋(output)해 보는 것이 핵심이다. 답을 내는 것만이 아니라, 문제 해결 과정을 정리하고 설명하는 과정이 실질적인 실력 향상으로 이어진다.

말하는 행위 자체가 생각을 더 깊게 만들고,

새로운 연결을 만들어 준다.

수학의 초고난도 문제를 해결할 때, 가장 효과적인 방법 중 하나는 스스로 선생님이 된 것처럼 설명해 보는 것이에요. 단순히 풀이 과정을 암기하거나 따라가는 것이 아니라, 마치 누군가에게 가르쳐 주는 것처럼 문제를 하나하나 짚어가며 풀어 보는 방식이죠. 이 과정에서는 생각의 흐름이 정리되고, 모호했던 개념 사이의 연결이 명확해지면서 진짜 이해가 이뤄져요.

이건 마치 누구와 대화를 나누는 도중 좋은 아이디어가 떠오를 때와 비슷해요. 머릿속에만 담겨 있던 생각을 말로 풀어내다 보면, 나도 몰랐던 관점이나 해결의 실마리가 갑자기 보이게 되죠. 말하는 행위 자체가 생각을 더 깊게 만들고, 새로운 연결을 만들어 주는 거예요.

수학도 마찬가지예요. 문제를 설명하는 과정에서 '왜 이 풀이가 필요한지', '어떤 개념이 연결되는지'를 되짚으며 머릿속에 흩어져 있던 정보들이 구조화되기 시작해요. 그리고 그렇게 구조화된 지식은 쉽게 사라지지 않고, 다음 문제를 만났을 때 자연스럽게 떠오르게 됩니다.

설명하는 행위는 단순한 표현이 아니라, 스스로 생각의 실타래를 푸는 가장 강력한 방법 중 하나에요.

간단하게 설명할 수 없다면
그걸 이해하지 못한 것이다.

리처드 파인만(Richard Feynman, 1918-1988)

미국의 이론 물리학자로, 현대 물리학에서 가장 창의적이고 영향력 있는 학자로 꼽힙니다. 그는 양자 전기 역학(Quantum Electrodynamics)에 기여한 공로로 1965년 노벨 물리학상을 수상했으며, 특히 파인만 다이어그램이라는 혁신적인 시각적 도구를 개발하여 복잡한 물리적 상호 작용을 이해하는데 큰 도움을 주었습니다.

리처드 파인만(Richard Feynman)의 말, "초등학교 1학년 아이에게 설명할 수 없다면 그 개념을 제대로 이해한 것이 아니다."는 진정한 이해란 복잡한 내용을 쉽게 풀어낼 수 있는 능력임을 뜻합니다. 이는 지식을 외워 전달하는 것이 아니라, 개념의 핵심을 정확히 파악하고 자신의 언어로 재구성할 수 있는 상태를 말합니다. 어떤 개념이 어렵게 느껴지거나 설명이 막히는 이유는 대부분 본질을 피상적으로만 이해했기 때문입니다. 이를 극복하려면 복잡한 정보에서 핵심만 추려내고, 전문 용어를 걷어내 일상적인 언어로 다시 설명하는 과정이 필요합니다. 파인만은 이 방법으로 자신의 이해 부족을 점검하고 학습을 심화했으며, 이 원칙은 배우거나 가르칠 때 모두에게 유효한 기준이 됩니다. 결국, 단순하게 설명할 수 있다는 것은 깊이 이해했다는 가장 분명한 증거입니다.

· 파인만 다이어그램이란?

파인만 다이어그램은 입자들이 서로 힘을 주고받는 과정을 시각화한 그림입니다. 양자 역학과 상대성 이론이 결합된 이론인 양자 장론(Quantum Field Theory, QFT)에서 특히 양자 전자기학(QED)과 같은 복잡한 상호 작용을 계산할 때 쓰입니다.

왜 필요한가?

양자 세계에서 입자들은 일정한 경로로만 이동하거나 상호 작용하지 않습니다. 수많은 경로가 동시에 존재하며, 각 경로마다 '확률 진폭'을 계산해야 합니다. 그 수학이 엄청나게 복잡해지는데, 파인만은 이런 계산 과정을 시각적 패턴으로 단순화한 방법을 만든 겁니다.

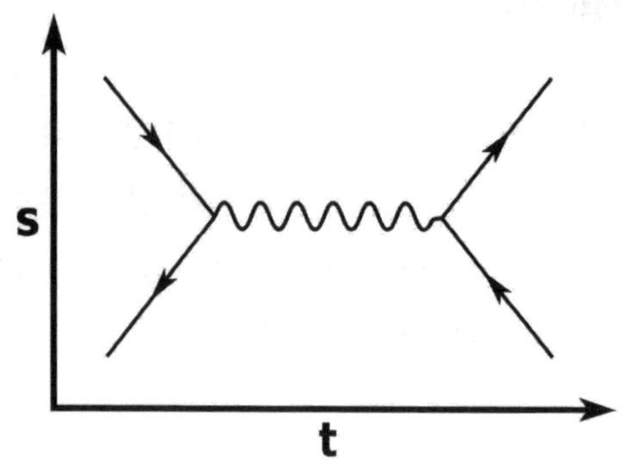

이 이미지는 파인만 다이어그램(Feynman diagram) 중 하나로, 입자 간의 상호 작용을 시각적으로 나타낸 것입니다. 해당 그림은 일반적으로 다음과 같은 물리적 상황을 설명할 수 있는데 좌측에서 두 입자가 들어오고, 중간에 지그재그 모양의 선(파동선)은 가상 입자의 교환을 나타내며, 우측으로 두 입자가 나가는 구조입니다.

위 내용은 이해를 돕기 위한 설명이라기보다, 복잡한 양자 역학과 같은 개념 조차도 단순한 도식화로 표현될 수 있다는 가능성을 보여 주기 위한 예시입니다.

한 번 생각해 볼게요. 저 내용을 설명하기 위해선 우선 직선 화살표, 지그재그 곡선, s와 t 등 이러한 것이 어떤 의미를 갖는지 의미 부여를 해 주어야 해요. 그리고 왜 저런 그림이 나오게 됐는지 하나하나 논리적으로 설명을 해야 하는데 이러한 과정이 증명이에요. 이렇게 해서 탄생한 도식화는 공식이라고 볼 수 있어요. 즉, "공식은 증명의 도식화된 표현이다."라고 말할 수 있는 거죠.

· 공식은 증명의 논리를 압축해 기호로 표현한,
일종의 도식화된 지식 구조

여러분이 도식화를 하는데 감을 한 번 제대로 느끼면 공부나 일의 처리가 빨라지는데 이는 상위권에서도 다시 극상위권으로 가는 과정이기도 해요. 여기서 다시 그 내용을 반복하게 되면 압축이 일어나 내용을 더 축약할 수 있게 되는데 그 많던 내용을 단 몇 페이지로 만드는 효과를 보게 돼요. 이를 경험하게 되면 여러분은 더딘 공부와 일의 효율이 머리가 아닌 관점과 원리, 그리고 방법이었다는 사실을 새삼 느끼게 될 거예요. 하지만 앞서 언급했듯, 도식화에만 집중하다 보면 압축된 공식에 치우쳐 본질(증명)을 소홀히 하기가 쉬워요. 본질을 놓치면 해결의 실마리를 찾기 어려워지므로, 이럴 때는 반드시 본질로 돌아가 다시 살펴보는 시간이 필요해요.

· 문제가 생기면 기본으로 돌아가자.

이 원리는 스포츠에서도 똑같이 나타나요. 세계적인 축구 선수들은 슬럼프가 오면 화려한 기술을 연습하는 대신, 가장 기본적인 패스 동작부터 점검하며 기반을 다져요. 세계적인 골프 선수들도 슬럼프가 오면 기본적인 퍼팅 연습부터 반복하면서 다시 기초부터 차근히 다져 올라갑니다. 겉보기에는 누구나 아는 동작을 왜 또 반복하는지 의문이 들 수 있고, 오히려 시간이 더 걸릴 거라 생각할 수도 있어요.

하지만 실제로는 그 반대예요. 이미 쌓인 경험과 감각이 있기 때문에, 기본기를 다시 점검하고 약한 부분을 단단히 다져 놓으면, 한 번 탄력이 붙을 때 이전보다 훨씬 더 빠른 속도로 성장할 수 있어요. 그래서 슬럼프가 오거나 문제가 잘 풀리지 않을 때는 조급해하지 말고, 오히려 "지금은 기반을 다질 수 있는 소중한 기회"라고 생각해 보는 게 좋아요. 그 순간은 멈춘 것이 아니라, 더 큰 도약을 위한 준비 과정일 수 있으니까요.

스포츠에서 슬럼프에 빠진 선수들이 기본기로 돌아가는 것은 매우 일반적인 전략입니다. 축구에서는 패스와 트래핑 같은 기본 동작을 반복해 감각을 되찾고, 골프에서는 퍼팅과 스윙의 기본자세를 점검하며 흐트러진 리듬을 회복합니다. 이는 단순한 반복이 아니라, 기본 동작을 다시 자동화하고 재학습하는 과정입니다.

기본기를 다시 연습하는 이유는 분명합니다. 반복을 통해 동작이 자동화되면 작업 기억의 부담이 줄어들어 경기 중 더 중요한 판단과 전략에 집중할 수 있고, 익숙한 동작을 반복하면서 심리적 안정감과 자신감도 회복됩니다. 또한 슬럼프의 원인이 되는 작은 기술적 오류를 근본부터 바로잡을 수 있습니다.

겉보기에는 처음부터 다시 시작하는 것처럼 보여 비효율적으로 느껴질 수 있지만, 실제로는 오류 위에 계속 쌓아가는 것보다 훨씬 빠른 회복을 가능하게 합니다. 실제 스포츠 심리학 연구에서도 기본기를 재점검한 선수들이 장기적으로 더 안정적인 퍼포먼스를 보였다는 결과가 있으며, 이는 기본으로 돌아가는 훈련이 가장 확실하고 효율적인 회복 전략임을 보여줍니다.

플립 러닝과 아마존 회의 방식

아마존(Amazon.com, Inc.)은 1994년 제프 베조스가 미국 시애틀에서 설립한 기업으로, 처음에는 온라인 서점으로 출발했지만 현재는 세계 최대의 전자 상거래 기업이자 클라우드 컴퓨팅, 디지털 콘텐츠, 인공 지능 분야까지 아우르는 글로벌 기술 기업으로 성장했다. 대표적인 서비스로는 온라인 쇼핑몰 Amazon.com, 클라우드 플랫폼 AWS, 음성 인공 지능 알렉사(Alexa), 영상 스트리밍 서비스 프라임 비디오(Prime Video) 등이 있으며, 물류 자동화와 빠른 배송 시스템에서도 혁신을 선도하고 있다. 아마존은 단순한 쇼핑 플랫폼을 넘어, 디지털 시대의 비즈니스 구조를 재편한 상징적인 기업으로 평가받는다.

아마존의 6페이지 메모(6-page memo)는 단순한 회의 자료 형식을 넘어서, 조직의 사고방식과 커뮤니케이션 문화를 바꾸는 회의 도구입니다. 이 방식은 제프 베조스가 직접 도입했으며, "얇은 파워포인트보다 깊이 있는 문장이 더 많은 것을 말해준다."는 철학에서 출발합니다.

일반적인 회사의 회의 시스템은 겉보기에는 체계적으로 보일 수 있지만, 실제로는 많은 비효율을 내포하고 있습니다. 회의 시간에 처음 자료를 공유하거나, 즉석에서 발표자의 설명을 듣고 판단해야 하는 구조는 참석자들에게 사고할 시간을 주지 않으며, 깊이 있는 논의보다는 즉흥적인 반응과 피상적인 결론으로 흐르기 쉽습니다. 그 결과, 명확한 방향 없이 다시 회의를 잡게 되거나, 회의 후에야 비로소 진지하게 고민하게 되는 일이 반복됩니다. 이는 업무의 속도와 질 모두에 영향을 미치는 고질적인 문제입니다.

이런 문제점을 극복하기 위해 아마존은 완전히 다른 회의 시스템을 도입했습니다. 바로 '6페이지 메모' 방식입니다. 이 방식은 회의 전에 발표자가 핵심 내용을 서사형으로 구성한 6페이지 분량의 문서를 작성하고, 미팅 전 문서를 공유하고 회의 시작 후 30분간 참석자 전원이 그 문서를 숙독한 뒤 본격적인 토론을 시작합니다. 이 과정에서 이미 참석자들은 동일한 정보를 공유하고 맥락을 이해한 상태이기 때문에, 회의 시간은 단순 전달이나 설명이 아닌 심층적인 토론과 결정을 위한 시간으로 활용됩니다. 사고는 회의 전에 끝났고, 회의는 사고한 내용을 검증하고 판단하는 시간이라는 점에서 기존 회의와 본질적으로 다릅니다.

이러한 방식은 교육에서의 플립 러닝(Flipped Learning)과도 구조적으로 닮아 있습니다. 플립 러닝은 수업 전에 학생들이 강의 콘텐츠를 학습하고, 수업 시간에는 문제 해결이나 토론 중심의 활동을 통해 배운 내용을 심화하는 방식입니다. 즉, 수업의 초점을 '지식 전달'이 아닌 '지식 활용'으로 전환한 구조입니다. 아마존의 6페이지 메모도 마찬가지로, 회의 전 정보 습득 → 회의 중 사고 확장이라는 플립 구조를 취하고 있습니다.

결국 이 두 방식은 같은 철학을 공유합니다.

"정보는 미리 준비하고, 시간은 깊이 있는 사고에 투자한다."

아마존의 회의 문화는 단순히 문서 형식을 바꾼 것이 아니라, 사고의 구조를 바꾼 것이며, 비즈니스 환경에서도 플립 러닝의 철학이 얼마나 유효한지를 보여 주는 사례입니다. 일반 기업들도 단순히 '회의를 잘하는 법'을 고민하는 것이 아니라, 회의의 구조 자체를 재설계하는 방향으로 나아가야 할 시점입니다.

· **파워포인트 vs 6페이지 메모**

주제 : 원격 근무의 장단점

[파워포인트(PPT) 형식 예시]

Slide 1 : 원격 근무의 장점
· 유연한 근무시간
· 출퇴근 스트레스 감소
· 생산성 향상 가능성

Slide 2 : 원격 근무의 단점
· 협업 저하
· 소통의 어려움
· 소속감 부족

Slide 3 : 결론
· 업무 특성에 따라 유연하게 적용 필요
· 하이브리드 모델 고려

[아마존식 6페이지 내러티브 메모 예시]

1. 서론

COVID-19 이후 확산된 원격 근무는 업무의 효율성과 직원 만족도에 영향을 미치는 중요한 변화다. 이 문서는 원격 근무의 효과를 장점과 리스크 관점에서 정리하고, 적용 가능성에 대해 논의한다.

2. 원격 근무의 주요 장점
· 시간 자율성의 증대 : 직원들은 업무 집중 시간에 맞춰 일할 수 있으며, 이는 자기 주도성과 몰입도를 높임
· 이동 시간 제거 : 하루 평균 2시간의 출퇴근이 사라지며, 일과 삶의 균형에 긍정적
· 일부 직무에서의 생산성 향상 : 특히 개발, 디자인, 콘텐츠 작성 분야에서 고립된 환경이 몰입도에 도움을 줌

3. 원격 근무의 단점 및 리스크

의사소통의 단절 가능성 : Slack, Zoom 등 도구의 존재에도 불구하고, 비언어적 커뮤니케이션이 줄어 조직 문화 약화

신입사원의 온보딩(On-boarding) 문제 : 조직 이해도 부족 및 멘토링 한계

성과 평가의 왜곡 가능성 : 실시간 관찰이 불가능하여 결과 중심 평가가 강화되며, 이는 장기적으로 불공정 인식을 유도할 수 있음

4. 결론 및 제안

모든 직무에 일률적 원격 근무는 적합하지 않으며, 하이브리드 형태가 현실적인 대안

팀 단위가 아닌 '업무 단위'로 전환 필요.

예 : 리서치, 분석, 문서 작성은 재택. 회의, 협업은 오피스.

일반적인 파워포인트 회의 자료는 핵심 요점만을 슬라이드에 나열하는 방식이기 때문에, 겉보기에는 간결하고 직관적으로 보일 수 있지만 실제로는 중요한 맥락이 생략되기 쉽습니다. 발표자의 말에 의존해야 하며, 듣는 사람마다 해석의 방향이 달라질 수 있고, 문장의 여백이나 도식 속 의미를 임의로 추측하게 되면서 오해가 생기기도 합니다. 결과적으로 같은 자료를 두고도 서로 다른 판단을 하거나, 결론이 얕은 수준에서 머무르는 경우가 많습니다.

반면, 아마존의 '6페이지 메모' 방식은 서술형 글쓰기를 기반으로 합니다. 이 문서는 단순히 정보를 나열하는 것이 아니라, 문제의 배경, 현황, 핵심 쟁점, 대안, 데이터 기반의 근거, 결론에 이르는 전개 과정 전체를 하나의 이야기처럼 풀어낸 문서입니다. 참석자 모두가 사전에 이 문서를 읽음으로써 공통된 이해 기반 위에서 회의를 시작할 수 있고, 토론은 정보 공유가 아닌 논리 검증과 의사 결정에 집중됩니다.

이 차이는 마치 수학에서 단순히 '공식'만 제시받는 것과, 그 공식이 왜 성립하는지를 직접 증명하며 이해하는 과정의 차이와 같습니다. 공식은 외형적인 결과를 보여 주지만, 증명은 그 결과를 정말로 납득하고 응용 가능하게 만드는 힘을 길러 줍니다. 파워포인트가 결과만 보여 주는 형식이라면, 6페이지 메모는 그 결과에 이르는 사고의 흐름 전체를 구조화한 형태입니다.

그래서 아마존의 회의는 단순한 정보 전달이 아니라 깊이 있는 사고를 전제로 한 판단의 장이 됩니다. 그 결과, 회의의 깊이는 물론, 의사 결정의 질과 속도 또한 본질적으로 달라질 수밖에 없습니다.

요약하자면, 겉만 보는 회의에서 본질을 들여다보는 회의로의 전환, 그것이 바로 6페이지 메모 방식의 힘입니다.

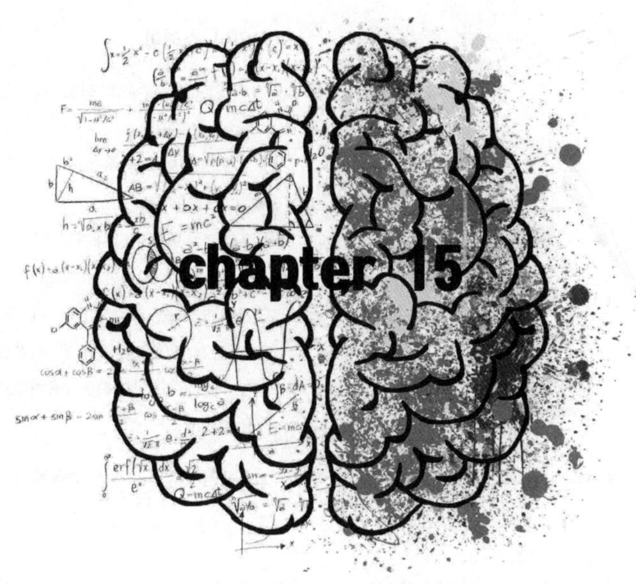

[목표 설정과 멘탈]

목표 설정은 오타니처럼

오타니 쇼헤이

- 전무후무 50-50 : MLB 역사상 최초 한 시즌 50홈런-50도루 달성 (2024)
- MVP 4회 수상 : MLB 역사상 유일의 3회 만장일치 MVP 선정 (2021, 2023, 2025)
- 양대 리그 멀티 MVP : 아메리칸·내셔널 리그 모두에서 MVP를 2회 이상 수상한 유일한 선수
- 2년 연속 월드 시리즈 우승 : LA 다저스의 중심 타자 및 투수로서 2024~2025년 연속 우승 견인
- 압도적인 실력으로 메이저리그 기록을 새롭게 쓰고 있는 전설적인 선수!

오타니 쇼헤이는 일본 출신의 야구 선수로, 메이저 리그(MLB)에서 독보적인 업적을 쌓고 있다.

오타니 쇼헤이는 메이저 리그(MLB)에서 투수와 타자를 겸업하며 활약하는 일본 출신의 야구 선수로, 그의 뛰어난 실력과 독특한 커리어 경로는 전 세계적으로 큰 주목을 받고 있습니다. 그는 투수로서 강력한 구위를 자랑하면서도, 타자로서도 뛰어난 장타력을 보여 줍니다.

오타니의 성공은 그가 목표를 설정하고 이를 체계적으로 실현해 나가는 방식에서 중요한 통찰을 제공합니다. 이와 관련하여, 만다라트(Mandarat Chart)는 그의 목표 설정 및 달성을 도운 도구로 잘 알려져 있습니다.

[오타니 쇼헤이가 하나마키히가시고교 1학년때 세운 목표 달성표]

몸 관리	영양제 먹기	FSQ 90kg	인스텝 개선	몸통 강화	축 흔들지 않기	각도를 만든다.	위에서부터 공을 던진다.	손목 강화
유연성	몸 만들기	RSQ 130kg	릴리즈 포인트 안정	제구	불안정 없애기	힘 모으기	구위	하반신 주도
스테미너	가동역	식사 저녁 7숟갈 아침3숟갈	하체 강화	몸을 열지 않기	멘탈을 컨트롤	볼을 앞에서 릴리즈	회전수 증가	가동력
뚜렷한 목표·목적	일희일비 하지 않기	머리는 차갑게 심장은 뜨겁게	몸 만들기	제구	구위	축을 돌리기	하체 강화	체중 증가
핀치에 강하게	멘탈	분위기에 휩쓸리지 않기	멘탈	8구단 드래프트 1순위	스피드 160km/h	몸통 강화	스피드 160km/h	어깨 주변 강화
마음의 파도를 만들지 않기	승리에 대한 집념	동료를 배려하는 마음	인간성	운	변화구	가동력	라이너 캐치볼	피칭 늘리기
감성	사랑받는 사람	계획성	인사하기	쓰레기 줍기	부실 청소	카운트볼 늘리기	포크볼 완성	슬라이더 구위
배려	인간성	감사	물건을 소중히 쓰자	운	심판을 대하는 태도	늦게 낙차가 있는 커브	변화구	좌타자 결정구
예의	신뢰받는 사람	지속력	긍정적 사고	응원받는 사람	책읽기	직구와 같은 폼으로 던지기	스트라이크 볼을 던질 때 제구	거리를 상상하기

만다라트란?

일본의 마츠무라 야스오가 개발한 목표 설정 및 문제 해결 도구로, 중심 목표를 설정한 후 이를 달성하기 위해 필요한 세부 목표를 8개의 블록으로 나누고, 각 세부 목표를 다시 세분화하는 3x3 매트릭스 형태의 도식입니다. 큰 그림에서 시작하여 점진적으로 구체적인 실행 방안으로 확대할 수 있도록 도와줍니다.

만다라트 작성법

  만다라트는 3×3 구조를 기본으로 한 목표 설계 도구로, 가운데에는 핵심 목표를 두고 주변 8칸에 이를 이루기 위한 세부 목표를 배치하며, 다시 9×9로 확장해 각 목표를 실행 과제로 구체화합니다. 이 방식은 큰 목표에서 출발해 작은 행동으로 내려오는 줌아웃-줌인 사고를 자연스럽게 연결해 줍니다. 실제로 오타니 쇼헤이는 고교 시절 만다라트를 활용해 최종 목표를 설정하고, 이를 체력·기술·멘탈 등 세부 목표와 일상적 실천 과제로 나누어 매일 점검하며 실행했습니다. 그 결과 막연한 꿈이 아니라, 측정 가능하고 지속 가능한 계획으로 목표를 관리할 수 있었습니다. 만다라트는 목표의 현실성과 실행력을 높이고, 큰 비전을 구체적인 행동으로 전환해 어떤 목표든 단계적으로 달성하도록 돕는 효과적인 사고 도구입니다.

여러분이 플로우섬에 가기 위해 최종 목표를 향해 올바른 방향으로 나아가는 것도 중요하지만, 현재 어떻게 노를 저어야 하는지도 신중하게 고려해야 합니다. 예를 들어 물의 흐름, 바람의 방향 등 주변 환경을 분석하고, 이에 맞춰 적절한 전략을 세우는 것이 필요합니다. 이처럼 큰 목표를 생각하면서도 현재의 세부적인 부분을 철저히 관리하는 것이 중요합니다. 이를 효과적으로 실천하는 방법이 바로 줌인과 줌아웃 사고를 동시에 적용하는 만다라트 기법입니다. 만다라트 기법을 활용하면 장기적인 목표를 명확히 설정하는 동시에, 이를 달성하기 위한 구체적인 실행 계획까지 세밀하게 관리할 수 있습니다. 따라서 여러분이 공부 목표를 체계적으로 세우고, 꾸준히 실천하는데 큰 도움이 될 것입니다.

만다라트를 공부 목표에 적용해 보기

오타니 쇼헤이의 만다라트 활용 사례를 공부에 적용하면, 목표를 체계적으로 세우고 실행 가능한 계획으로 바꾸는 방법을 배울 수 있습니다. 먼저 '수능 1등급'이나 '영어 회화 완성'처럼 최종 목표를 설정하는 줌아웃 단계에서 큰 그림을 그린 뒤, 이를 국어·수학·영어 등 과목별 세부 목표로 나누는 줌인 단계로 내려옵니다. 이후 각 세부 목표를 다시 하루 단위의 구체적인 행동 계획으로 쪼개 만다라트 형태로 시각화하면, 막연한 목표는 "오늘 할 수 있는 공부"로 바뀝니다. 이 과정에서 작은 목표를 하나씩 달성하며 성취감을 유지할 수 있고, 정기적으로 다시 줌아웃해 전체 진도와 방향을 점검함으로써 흔들림 없이 학습을 이어갈 수 있습니다. 결국 만다라트와 줌인-줌아웃 사고는 공부를 더 현실적이고 효율적이며, 지속 가능한 목표 지향적 학습으로 만들어 줍니다.

이젠 실천입니다.

생각하고 고민한 끝에 마침내 결론에 도달했다면,

이제는 행동으로 옮겨야 할 시간입니다.

머릿속에서 아무리 멋진 계획을 세워도

실천하지 않으면 세상은 단 한 발짝도 움직이지 않습니다.

생각만으로는 아무 일도 일어나지 않기 때문입니다.

물론 시작에는 두려움도 따르고,

실천의 과정에서 크고 작은 시행착오도 있을 수 있습니다.

하지만 그 모든 경험은 피드백이자 성장의 재료입니다.

실수를 겪고, 다시 고치고, 점차 다듬는 과정을 통해

여러분의 여정은 더욱 단단하고 완성도 있게 발전해 나갈 것입니다.

배는 항구에 정박해 있으면 안전할지 몰라도,

그 본래의 목적은 바다를 항해하는데 있습니다.

마찬가지로, 여러분의 인생도

행동이라는 물살을 타지 않으면 결코 앞으로 나아갈 수 없습니다.

이제 결심했다면,

여러분만의 긴 여정, 진짜 인생 항해를 시작해 보세요.

노는 여러분의 손에 쥐어져 있습니다.

스포츠에 구조화 원리를 적용하다.

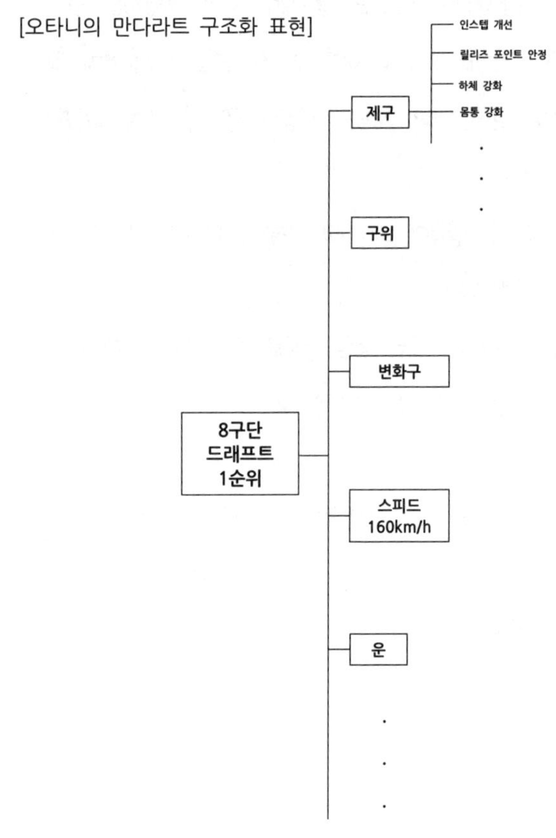

[오타니의 만다라트 구조화 표현]

또 다른 예로 김연아 선수가 표현력 강화를 위해 전문 안무가 데이비드 윌슨 코치를 따로 영입한 것은 단순한 감정 훈련이 아니었어요.

자신의 연기를 구조화해 약점을 정확히 진단하고, 그중 '표현·연기' 요소를 별도로 강화한 대표적인 사례예요.

피겨라는 종합 예술 속에서 연기라는 다른 분야를 의도적으로 융합한 것이고,

스포츠 × 연기 × 예술을 결합해 반복을 통해 하나의 융합된 틀을 만들어 낸 과정이라고 할 수 있어요.

단점을 구조화해 성장한 한 선수의 이야기

어느 국제 스포츠 종목에서 활약하던 한 젊은 선수는 늘 "재능 있는 유망주"라는 평가를 받았지만, 결정적인 순간마다 흔들리는 약점 때문에 세계 정상과는 늘 한 걸음씩 차이가 있었다.

그 선수는 어느 날,

자신에게 필요한 것은 더 많은 훈련량이 아니라 '단점의 구조를 정확히 파악하는 과정'임을 깨닫게 되었다. 그래서 그는 모든 경기 영상을 다시 보며 자신이 흔들리는 순간의 패턴을 분석했다.

그 결과 그는 단점이 단순한 기술 부족이 아니라

– 특정 상황에서의 리듬 붕괴

– 긴 랠리 이후의 체력 흐름

– 초반 긴장으로 인한 움직임 경직

같은 구조적 문제의 연결이라는 사실을 발견했다.

그는 단점을 '하나의 기술'이 아니라

하나의 구조로 보기 시작했다.

그리고 그 구조를 뜯어고치기 위해

루틴을 바꾸고, 체력 훈련을 재설계하고,

심리·호흡·타이밍까지 모두 다시 정렬해 나갔다.

얼마 지나지 않아, 그 선수는 경기에서 이전보다 훨씬 안정적이고 견고한 플레이를 보여 줬다. 실력이 갑자기 늘어난 것이 아니라, 약점의 구조를 정확히 이해하고 다듬은 결과였다. 사람들은 "어느 순간부터 실력이 월등히 좋아졌다."고 말했지만,

그 변화의 핵심은 단 하나였다.

자신의 단점을 구조로 바라보고, 그 구조를 재설계한 것.

[본문에 실린 사례는 특정 선수의 이야기를 바탕으로 집필 과정에서 일부 재구성되었으며, 사용된 삽화는 특정 인물과 직접적인 관련이 없는 범용 이미지입니다.]

구조화로 균형을 맞추다.

필수 영양소는 많이 먹는 것이 아니라, 서로 균형 있게 연결될 때 생명을 유지합니다. 탄수화물은 에너지를, 단백질은 조직과 회복을, 지방은 호르몬과 장기 보호를 맡고, 비타민과 미네랄은 전체 기능을 조절하며, 물은 모든 시스템을 지탱하는 기반이 됩니다. 이 중 하나라도 무너지면 신체 전체가 흔들립니다. 경영도 동일합니다. 재무 구조는 혈액처럼 조직을 순환시키고, 전략은 방향을 정하는 뇌이며, 인재와 조직은 움직임을 만드는 근육입니다. 프로세스는 골격처럼 조직을 지탱하고, 제품과 서비스는 기업 존재의 핵심 장기이며, 문화는 위기를 막는 면역 체계입니다. 어느 하나라도 빠지면 전체 시스템이 작동하지 않듯, 건강과 경영 모두 핵심은 부분이 아닌 구조적 균형에 있습니다.

경영은 '영양소 균형'과 동일하게 작동해요.

하나라도 부족하면 전체 밸런스가 붕괴되는 구조예요.

이것이 바로 스포츠의 구조화와 같은 원리예요.

양궁에서 앵커(궁사가 현을 당긴 뒤, 화살을 쏘기 직전에 몸에 고정하는 지점) 동작 하나가 제대로 이뤄지지 않으면 전체가 무너지듯, 경영도 필수 구조 하나가 결핍되면 전체 성과가 흔들리게 돼요.

멘탈 균형, 자기 암시 vs 점검형 셀프 질문

균형은 삶의 안정을 주기 때문에 행복으로 가는 길을 열어 줘요. 앞에서도 말했듯이, 자존감과 자기 연민을 균형 있게 사용하는 것은 멘탈을 안정적으로 유지하는데 큰 도움이 돼요.

예를 들어, 박지성 선수는 경기장에 들어설 때 "이 경기장에서 내가 최고의 선수다."라는 자기 암시로 자존감을 끌어올리며 경기에 임하죠. 그리고 손흥민 선수는 자책골을 넣은 상황에서도 인터뷰에서 "자책골은 경기의 일부다. 언제든 일어날 수 있는 일이다."라며 자기 연민을 통해 자신을 객관적으로 바라보고 스스로 다독여요. 이처럼 자존감과 자기 연민의 균형은 자신감과 회복 탄력성을 높여 멘탈을 건강하게 유지하도록 도와줘요.

그런데 자기 암시의 경우 멘탈을 유지하기 위해 통할 때도 있지만 그렇지 않은 경우가 있어 지금부터 그 얘기를 해보려고 해요.

자기 암시가 좋다고 해서 저는 시험 직전에 "나는 할 수 있어."

"이번에는 반드시 잘 볼 거야." 이렇게 자기 암시를 했는데 효과가 없고 오히려 생각만 많아지고 심장 박동수만 올라갔어요.

자기 암시는 장시간에 걸친 경기나 마라톤처럼 긴 호흡의 퍼포먼스에는 효과적이에요. 하지만 수능·내신·면접·자격증 시험처럼 짧은 시간 안에 정밀한 집중력을 폭발시켜야 하는 상황에서는 오히려 생각의 잡음을 늘릴 수도 있어요.

이런 단기 집중형 시험은 양궁이나 사격처럼 정밀한 스포츠와 구조적으로 비슷하게 닮아 있어요.

그럼 양궁이나 사격 같은 종목에서는 자기 암시 대신 사용하는 다른 방법이 있나요?

사격·양궁처럼 미세한 움직임이 승패를 가르는 정밀 스포츠에서는 복잡한 사고보다 단순한 셀프 질문이 훨씬 유리해요.

이때 사용하는 질문은 거창한 사고를 유도하는 것이 아니라, 기술을 즉시 점검해 주는 '체크 리스트형 질문·큐(cue) 질문·키워드 질문'에 가까워요.

예를 들면 이런 식이죠. "호흡은 일정한가?", "중심축은 흔들리지 않는가?", "그립 압력은 일정한가?"

이런 질문은 생각을 복잡하게 만들지 않고, 동작의 핵심 포인트를 정확하게 '스위치처럼' 눌러 주는 역할을 해요.

즉, 집중력을 흐리지 않으면서 필요한 감각만 즉각 활성화시키는 정밀 퍼포먼스용 셀프 질문이라고 보면 됩니다. 아래는 대한민국 대표 사격 선수 진종오 선수의 인터뷰를 재구성한 내용입니다.

세계 최고 사격 선수의 훈련

국가대표 사격 선수는 남다른 집중력을 철저한 훈련에서 끌어올린다.

그는 실제 사격이 아닌 맨손으로 표적을 겨누며 감각을 익히는 이미지 트레이닝을 반복하고, 연간 수만 발에 이르는 훈련량으로 몸이 자동 으로 정확한 자세를 찾아가도록 만든다.

경기 중 "실수했다."고 느껴도 10점이 나올 때가 있는데, 이는 반복 훈련을 통해 근육과 감각이 정확한 동작 패턴을 이미 학습했기 때문이다.

실수가 발생했을 때 그가 취하는 전략도 명확하다.

크게 숨을 고르고 눈을 감은 뒤, 자신의 동작을 처음부터 끝까지 차분하게 되짚으며 어떤 단계에서 흐트러졌는지를 빠르게 점검한다.

이 짧은 자기 분석 과정이 다음 발에서 다시 최상의 집중을 회복하게 만드는 핵심이다.

결국 집중력은 위기 순간에도 스스로를 진단하고 바로 잡는 능력, 그리고 그 기반이 되는 압도적인 반복 훈련에서 비롯된다.

자기 암시는 본질적으로 '주입식'이기 때문에 시간이 걸려요. 결국 말로 설정한 나와 실제 능력의 나 사이의 간극을 스스로 납득해야 하거든요. 그런데 이 둘 사이의 불일치(인지적 부조화)가 크면, 뇌는 그 말을 쉽게 받아들이지 않아요. 그러면 효과가 나타나기까지 더 오래 걸릴 수밖에 없죠.

그래서 찰나의 순간을 다투는 시험·경기·정밀 퍼포먼스에서는 자기 암시가 적합하지 않아요. 그럴 시간이 없기 때문이에요. 이런 상황에서는 '나는 잘할 수 있어.' 같은 감정적 언어보다, 즉시 뇌를 작동시키는 점검형 셀프 질문으로 가야 해요.

예를 들어 "호흡은 안정됐나?", "출제자의 의도는 뭐지?", "다음 한 발에서 내가 확인해야 할 건 무엇이지?"

이런 질문이 바로 뇌의 스위치를 켜고, 지금 필요한 동작과 집중을 즉각 불러올 수 있어요.

왜 그동안 효과가 없었는지 이제야 알 것 같아요. 공부한 양은 적은데, 그 촉박한 시간 안에서 "나는 할 수 있어."라는 자기 암시만 반복하니 뇌가 금방 알아차린 거죠. 뇌는 저에 대해 너무 많은 걸 알고 있는 거 같아요.

그런데 선생님이 알려 준 점검형 셀프 질문을 보니까, 이게 마치 비행기 기장이 비행 전에 하나하나 확인하는 체크 리스트와 정말 비슷하다는 걸 느꼈어요.

감정으로 몰아붙이는 게 아니라, 현재 상태를 점검하고 절차를 하나씩 확인하면서 안정된 퍼포먼스를 만들어 가는 방식 같아요.

스포츠 과학에서는 이미 잘 알려진 사실이 있어요.

바로 외부 초점(External Focus)은 정밀도를 높이고,

내부 초점(Internal Focus)은 오히려 기술을 불안정하게 만든다는

점이에요.

"나는 할 수 있어." 같은 말은 겉보기에는 긍정적이지만, 실제로는 내

부 초점(내적 상태로 시선을 돌리는 초점)이라서 미세한 움직임의 안정

성을 해칠 수 있어요.

반면 "호흡은 일정한가?" 같은 질문은 외부 초점(동작의 구조와 결과

에 초점을 두는 외부적·기술적 초점)이라 안정성과 정확도를 높여 줘요.

특히 축구나 야구처럼 자유롭게 움직이는 종목에서는 내부 초점이 들어

와도 비교적 치명적이지 않아요. 상황이 계속 바뀌고 움직임이 복잡해

서, 약간의 내적 초점이 경기력 전체를 망가뜨릴 정도는 아니거든요.

하지만 사격·양궁처럼 1mm의 흔들림도 치명적인 정밀 종목에서는 이

야기가 완전히 달라져요.

이 종목들은 내부 초점이 스며드는 순간 기술이 무너질 위험이 커지고,

자기 암시는 내부 초점을 높이는 대표적인 요소예요. 그래서 이런 종목

일수록 외부 초점 유지가 성과의 필수 조건이 되는 거죠.

그리고 선생님, 연간 수만 발을 쏘는 훈련량이라니 정말 대단한 것 같아요.

똑같은 동작을 수없이 반복한다는 게 결코 쉬운 일이 아닌데, 선수들은 그걸 묵묵히 해내다니 대단해요.

그렇게 반복을 쌓아 두니까, 스스로 "아차!" 싶었던 순간에도 총구는 이미 10점을 향해 정확히 정렬되어 있는 거겠죠.

공부든 운동이든 반복은 실수를 이기는 힘을 만들어 준다는 걸 다시 느끼게 돼요.

선생님이 봤을 때 공부와 스포츠 모두 효율적 반복이 중요해요. 구조적으로 정리된 다음에 반복해야 비로소 효율이 생기니까요. 단계를 나눠 점검한다는 것은 이미 각 단계별 구조가 머릿속에 정리돼 있다는 의미이고, 그 구조를 반복해 어떤 상황에서도 같은 동작이 나오도록 만드는 과정이죠.

자기 암시는 "말을 반복해 스스로를 설득하는 과정"이기 때문에 뇌의 작업 기억(working memory)을 일정 부분 사용해요. 반면 양궁·사격 유형은 시각 정보, 근육 감각, 미세 떨림, 호흡 조절을 모두 무의식적 자동화에 맡겨야 하기 때문에, 작업 기억을 거의 '0'에 가깝게 유지해야만 해요.

정말 열심히 공부한 친구들은 시험지를 보자마자 답을 미리 알고 있던 사람처럼 체크해 나가더라고요. 이게 바로 반복의 차이겠죠. 저도 작업 기억이 0에 가까이 되도록 열심히 반복해야겠어요.

세상의 이치는 비슷한 것 같아요. 스포츠에서도 동작 하나하나를 분석한다고 해서 최상의 퍼포먼스가 나오는 건 아니거든요. 분석은 필요하지만, 거기서 멈추면 오히려 몸이 굳어버리죠. 그래서 분석이 끝났다면, 그 내용을 덩어리화해 나만의 공식으로 만드는 도식화 과정이 필요해요.

예를 들어 골프 스윙은 분석하면 끝이 없어요. 하지만 스윙 순간에 이론을 떠올리는 순간, 몸은 말을 듣지 않아요. 그래서 필요한 건 계산이 아니라 압축이에요. 수많은 디테일을 하나의 감각으로 묶는 거죠.

복잡한 이론은 [왼쪽 벽 - 회전]이라는 공식 하나로 정리돼요. 왼쪽에 단단한 벽이 있다고 상상하고, 그 벽을 무너지지 않게 둔 채 몸만 제자리에서 돌리는 감각이에요. 이 하나로 생각은 사라지고, 스윙은 자연스러워져요. 그 다음은…

반복이요. 쇠를 반복해서 오래 두드려야 더 단단해지니까요. 오타니 선수가 잘할 수 있었던 이유도 만다라트라는 좋은 틀을 갖고 있고 그걸 반복했기 때문인 거 같아요.

운동은 뇌를 거치지 않고 바로 퍼포먼스로 나오기 위해서 작업 기억이 0에 가깝게 반복하는 것이 중요해요. 그러면 스키마가 형성되어 불확실한 상황 속에서 감각적으로 대처할 수 있는 거죠.

· 정밀 종목(사격·양궁)에서의 셀프 질문 루틴

셀프 질문은 뇌가 즉시 반응하도록 만드는 기술입니다.

그래서 전 세계적으로 '셀프 질문 기반 루틴(Self-questioning routine)'이 공식 훈련 시스템에 포함되어 있습니다.

이 루틴에는 항상 점검 질문(Check Questions)이 들어갑니다.

예시 질문 : "내 호흡은 일정한가?"

"릴리즈 감각은 자연스러운가?"

"조준점을 보고 있는가?"

정밀 종목은 '외부 초점(External Focus)'일수록 성과가 높습니다.

즉, 질문은 뇌를 외부의 구조로 즉시 돌려 집중력을 유지하게 합니다.

반면, 자기 암시는 내부 독백(Internal Dialogue)을 증가시켜 미세한 긴장이나 떨림을 유발할 수 있습니다.

따라서 셀프 질문은 감정이 아닌 기술 구조를 활성화하는 보다 즉각적이고 실용적인 방법입니다.

멘탈이 무너지는 순간을 멘탈을 끌어올리는 기회로 바꾸다.

시험이 양궁이나 사격처럼 정밀한 스포츠와 구조적으로 비슷하다고는 하지만, 사실 시험은 그처럼 찰나 단위까지 생각을 배제하고 무의식적 반사 동작이 나올 정도의 퍼포먼스를 요구하지는 않아요. 45분이라는 시간이 주어지고 그 안에서 어려운 문제를 만나면 고민하는 과정이 필요하기 때문에 작업 기억을 사용할 수밖에 없죠. 그렇다고 축구나 야구처럼 몸을 움직이며 하는 활동도 아니기 때문에 또 다른 접근이 필요해요.

앞에서 말했듯이, 서로 다른 틀을 연결하면 새로운 길이 보이듯이 여기서도 마찬가지예요.

서로 달라 보이는 두 가지 틀을 연결해 보는 거죠.

바로 자기 암시와 셀프 질문을 혼합한 방식이에요.

예를 들어 시험 도중 갑자기 어려운 문제가 등장해 멘탈이 흔들리는 상황이라면,

"우등생이라면 이 상황에서 어떤 마음가짐으로 문제를 풀어 갈까?"

혹은 '배울 만한 친구'가 있다면 그 친구의 이름을 넣어 "○○라면 어떻게 할까?"라고 스스로에게 물어보는 방식이죠.

1. "시험은 양궁/사격도 아니고, 축구/야구도 아니다."

시험은 무의식적 자동화(사격/양궁형) + 의식적 사고·문제 해결(축구
/야구형)이 절반씩 요구되는 하이브리드 과제입니다.
45분 동안 난이도 변화가 있고, 작업 기억도 쓰긴 하지만, 그렇다고
운동처럼 온몸을 움직여 리듬을 타는 방식도 아닙니다.

2. "서로 다른 틀을 연결하면 새로운 길이 보인다."

· 자기 암시 → 감정 안정(정서 조절)
작업 기억을 조금 쓰긴 하지만, 멘탈이 흔들릴 때 정서적 안정을
주는데 효과적입니다.
· 셀프 질문 → 사고 구조 전환(인지 조절)
"○○라면 어떻게 할까?"라는 질문은 뇌를 즉시 전략 모드, 구조적
사고 모드로 전환시킵니다.
➡ 두 가지를 합치면 감정이 안정되고 사고가 구조화되어 멘탈
붕괴를 방지하는 제 3의 효과적인 전략이 됩니다.

3. "우등생이라면 어떻게 할까?" 질문은 과학적으로도 검증된 전략

이건 *프로토타입 스위칭(proto-self switching)이라고 부르는 기법
과 같습니다.
자신보다 더 안정적인 '모델 인물'을 떠올리고 그 상태로 사고하는 것
이 기법은 불안 감소, 의사 결정 속도 증가, 전략적 사고 회복, 과도한
자기 초점 감소라는 효과가 있어 실제로 연구도 많습니다.
즉, 내가 아닌 '베스트 버전의 나'로 사고하게 만드는 방식입니다.

선생님, 셀프 질문은 마치 '주파수'같아요.

"메시라면 이 상황에서 어떻게 움직일까?"라고 스스로에게 묻는 순간,

내 사고가 메시가 가진 구조적 틀과 사고방식의 주파수에 정확히 맞춰지며 연결되는 느낌이 들어요.

셀프 질문은 단순히 어떤 상황을 넘기기 위한 기술이 아니라, 내가 닮고 싶은 멘토의 태도 또는 목표에 구조를 평소부터 채택하는 과정이에요.

예를 들어 "메시는 어떤 마음가짐으로 훈련에 임했을까?",

"전교 1등은 지금 이 순간 어떤 선택을 할까?"

이렇게 한 장면이 아니라 전체 삶의 구조에 그들의 기준을 가져오는 질문을 던지면, 어느 순간 내가 그들과 비슷한 사고방식과 선택의 패턴을 갖게 되고 자연스럽게 한 단계 성장한 자신을 발견하게 될 거예요. 여기에 나만의 방식을 더하면, 결국 누구도 복제할 수 없는 '세상에 단 하나뿐인 결과'가 탄생해요.

아래는 프로야구 멘탈 코치의 인터뷰 내용을 재구성한 내용입니다.

프로 스포츠 멘탈 코치가 말하는

강한 멘탈의 비밀 : "스스로에게 끊임없이 질문하라."

프로 스포츠 현장의 멘탈 코치는

"어떤 상황에서도 스스로에게 질문을 던지는 사람이 가장 안정된 멘탈을 유지한다."고 말한다.

즉, 강한 멘탈은 타고나는 재능이 아니라 순간마다 자기 상태를 점검하는 질문의 힘에서 비롯된다.

실제로 멘탈이 강한 선수들은

경기가 잘 풀리지 않을 때도 감정을 외면하지 않는다.

"지금 나는 어떤 상태인가?"

"왜 이런 감정이 들었지?"

"이 상황을 회복하려면 무엇을 할까?"

이런 질문으로 자신을 들여다보고 행동 기준을 다시 세운다.

이 과정에서 감정은 정리되고 멘탈은 안정감을 되찾는다.

반면 멘탈이 흔들리는 선수들은

"생각하기 싫다.", "몰라요."라며 질문을 피한다.

그 순간부터 감정 조절 능력은 급격히 떨어지고,

좋은 결과가 나와도 원인 분석이 없어 성장이 반복되기 어렵다.

멘탈 코치들은 말한다.

셀프 질문은 감정·목표·행동을 재정렬하는 가장 실질적인 도구라고.

좋을 때도, 흔들릴 때도 자신을 잃지 않게 해 주는 내적 나침반이다.

결국 강한 멘탈은

극적인 파이팅이나 강철 같은 의지가 아니라,

자기 자신을 외면하지 않고 질문을 통해 계속 연결하려는 태도에서 만들어지는 힘이다.

448

한 정신 건강 의학과 교수는 멘탈이 강한 사람들의 공통점을 이렇게 설명해요.

이들은 스트레스를 만나도 피하거나 감정을 덮어두지 않고, "지금 내게 어떤 스트레스가 오고 있는가?"를 먼저 정확히 알아차리려 해요.

오히려 많은 사람들은 스트레스의 정체를 모른 체 그냥 피해 다니거나 모르는 척 지나가곤 해요.

하지만 전문가들은 스트레스의 원인을 분명히 인식하는 순간, 문제의 절반은 이미 해결된 것이나 마찬가지라고 말해요.

결국 스트레스를 정면으로 바라보고 알아차리려는 태도가 멘탈을 회복시키는 가장 중요한 출발점이에요.

셀프 질문을 하면 구조가 보이는 이유

1. '관계'를 만들기 때문에

셀프 질문은 대개 원인-결과, 전체-부분, 과거-미래 같은 논리적 관계를 요구합니다.

　예 : "나는 지금 무엇에 상처받았고, 그건 나의 어떤 신념과 충돌하는가?"

뇌는 이 질문에 답하기 위해 정보 사이의 연결점을 찾습니다.

그 과정에서 구조(=관계망)가 형성됩니다.

2. 전두엽이 활성화되기 때문에(고차 사고 담당 영역)

셀프 질문은 뇌의 전전두엽(prefrontal cortex)을 자극합니다.
이 부위는 추론, 계획, 통찰, 의미 해석 등을 담당합니다.
즉, 질문은 단순 정보 반응이 아닌 구조적 사고를 위한 인지 전환
스위치 역할을 합니다.

3. '스키마'를 다시 짜도록 유도하기 때문

사람은 기존에 머릿속에 갖고 있는 스키마(인지 틀)에 따라 세상을
해석합니다.
셀프 질문은 기존 틀을 '깨뜨리거나', '확장'하거나, '재조립'하도록
유도합니다.

· 사회생활에서 셀프 질문 활용법

1. 업무 스트레스·감정 흔들림 상황

 상황 : 실수·지적·압박으로 불안할 때
  지금 내가 통제할 수 있는 것은 무엇이지?
  지금 감정 말고, 사실만 보면 무엇인가?
  이 상황에서 내가 취해야 할 '작은 한 걸음'은 무엇이지?
  내가 노련한 전문가라면 지금 어떻게 수습할까?
   → 감정 폭주를 막고 즉시 현실로 복귀함.

2. 누군가와 갈등이 생겼을 때

 이 갈등의 '원인 구조'는 무엇인가?
 이 사람이 지금 진짜 원하는 것은 무엇이지?
 내가 먼저 바꿀 수 있는 행동은 무엇인가?
 관계 고수라면 여기서 어떤 말을 먼저 꺼낼까?
  → 감정이 아니라 문제 구조로 접근하게 됨.

3. 상사·동료와 커뮤니케이션이 어려울 때

 이 대화의 목적은 무엇이지?
 상대의 입장에서 보면 어떤 문제가 보일까?
 어떤 말부터 하는 게 효과적이지?
 뛰어난 협상가는 어떤 톤으로 시작할까?
  → 전략적인 대화 가능.

멘탈 설계 3단계 모델

1단계 : 자존감으로 시작하는 '용기의 발화점'

'나는 할 수 있어.'라는 자존감의 불씨를 켜는 것이에요. 이 문장은 두려움을 지우는 말이 아니라, 시작할 수 있는 최소한의 용기를 만들어 주는 심리적 시동 버튼이에요.

2단계 : 자기 연민으로 회복하는 '감정의 안전장치'

두 번째 단계인 자기 연민이 필요해요.
"넘어질 수도 있어."
"괜찮아. 누구나 이 과정을 겪어."
자기 연민은 나를 약하게 만드는 게 아니라,
무너졌을 때 다시 일어설 수 있는 회복성을
높이는 멘탈의 충격 흡수 장치예요.

3단계 : 셀프 질문으로 완성되는 '구조적 안정 단계'

"어떻게 하면 넘어지지 않을까?"
"균형을 유지하려면 어디에 힘을 줘야 하지?"
"페달을 언제 밟아야 안정적일까?"
멘탈이 진짜 강해지는 순간은
바로 이 구조적 접근이 자리 잡을 때예요.
감정이 아닌 구조로 멘탈을 관리하는 단계죠.

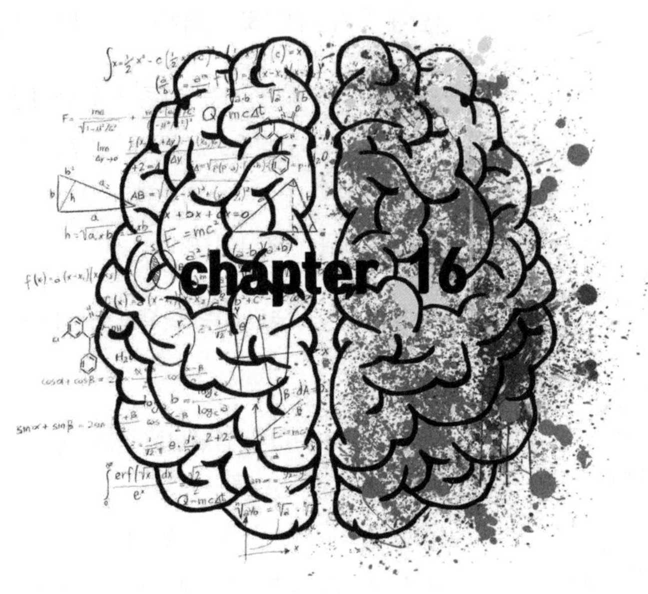

[슬럼프에도 종류가 있다.]

뇌는 '의미'를 회복하면 슬럼프가 사라진다.

선생님 말씀을 듣고 보니, 슬럼프가 오는 이유가 단순히 힘들어서가 아니라 제가 왜 이 길을 가는지 의미를 잃었기 때문이라는 걸 깨달았어요.

플로우섬 이야기처럼, 목적을 분명히 알고 있는 팀은 파도가 높아도 쉽게 지치지 않잖아요.

그런데 이유를 모르는 팀은 같은 거리를 가면서도 훨씬 빨리 지치고 소진되죠.

저도 공부할 때 왜 해야 하는지, 이 과정에서 무엇을 얻고 싶은지 스스로에게 묻지 않으면 금방 의욕이 떨어지고 슬럼프가 찾아왔던 것 같아요.

결국 의미를 잃으면 슬럼프가 오고, 의미를 되찾으면 다시 힘이 난다는 걸 다시 한번 확실히 느꼈어요.

선생님, 그럼 질문을 통해 의미 부여를 했던 것처럼 슬럼프도 셀프 질문을 통해 극복해 나가면 되지 않을까요?

의미가 사라지면 아무리 쉬운 일도 버겁게 느껴지고, 해야 한다는 압박만 커지며 행동 에너지는 급격히 줄어듭니다. 뇌는 감정만 증폭시키고 앞으로 나아갈 이유를 찾지 못하는데, 이것이 슬럼프의 가장 근본적인 원인입니다. 중요한 점은 의미가 '기억'이 아니라 '해석'이라는 사실입니다. 지금 하고 있는 일에 새로운 해석을 붙여 주는 순간, 뇌는 다시 방향을 회복합니다. 이를 가능하게 하는 가장 단순한 방법이 질문입니다. "나는 왜 이 일을 시작했지?"라는 질문은 목적을 복구해 동기를 되살리고, "이 과정에서 내가 얻는 것은 무엇일까?"라는 질문은 현재의 행동에 성장의 의미를 부여합니다. 질문이 들어오는 순간 감정 회로는 가라앉고, 사고를 담당하는 전전두엽과 동기 회로가 활성화되며, 멈췄던 에너지가 다시 흐르기 시작합니다. 의미를 되찾는 출발점은 거창한 변화가 아니라, 스스로에게 던지는 한 문장의 질문입니다.

마인드 리셋(Mind Reset) 버튼을 누르자.

방 안이 어두우면 우리는 자연스럽게 커튼을 걷거나 스위치를 켜서
빛을 들이죠.
공기가 탁해지면 창문을 열어 신선한 바람을 들이고요.
우리의 마음도 이와 똑같아요.
하지만 마음속에서 부정적인 생각이 조금씩 올라오고,
감정이 어두운 방향으로 기울고 있다는 신호가 나타나도
우리는 종종 그 변화를 가볍게 넘기거나 모른 척해 버립니다.
그러다 보면 어느 순간, 마음 전체가
부정적인 감정과 자기 비난으로 가득 차버리기도 하죠.
그래서 마음에도 즉시 '환기'하고 불을 켜는 습관이 필요해요.
조금이라도 마음이 흐려지는 조짐이 보이면
마인드 리셋을 통해 한 번 멈추고, 들여다보고, 다시 정돈해야 합니다.
어둠이 짙어지고 공기가 완전히 나빠질 때까지
기다릴 필요도, 기다려서도 안 돼요.
작게 환기해도 마음은 다시 숨을 쉬어요.
작게 불을 켜도 마음은 다시 밝아져요.
그렇게 마음을 돌보는 작은 행동들이 쌓이다 보면
언제든 넓어지고, 환해지고,
긍정적인 생각으로 자연스럽게 채워진 마음을 만나게 될 거예요.

슬럼프가 의미 상실만으로 오는 건 아닌 이유

선생님, 제가 최근에 슬럼프를 겪으면서 이상한 느낌을 받았어요.

보통 슬럼프는 "의미를 잃어서 온다."고 하잖아요?

근데 제 경우는 꼭 의미가 사라진 것만 같지 않아서요.

예를 들면, 중간고사 준비할 때 왜 공부해야 하는지에 대한 목적은 분명히 있었어요.

성적도 올리고 싶었고, 장래 희망도 있어서 의미 자체는 분명했다고 생각해요.

그런데도 진도가 안 나가고 집중이 안되고 자꾸 피곤하고, 평소보다 훨씬 빨리 지쳐 버리더라고요.

또 영어 단어 외울 때는 "이걸 왜 외워야 하는지"는 명확했는데도 단어가 자꾸 머리에 안 들어오니까 점점 의욕이 떨어져서 슬럼프처럼 느껴졌어요. 그래서 궁금해졌어요.

슬럼프가 꼭 의미 상실 때문에만 오는 건 아닌가요?

목적은 분명히 있었는데도 슬럼프가 오는 경우엔 어떤 이유가 있는 걸까요?

슬럼프가 '하나의 원인'이 아니라 여러 요인이 겹쳐 만들어지는 복합 현상이기 때문이에요. 즉, 의미 상실은 가장 근본적인 원인이지만, 그 외에도 뇌·감정·환경이 동시에 영향을 줍니다. 그래서 의미를 잃어서 오기도 하지만, 의미 외에도 아래 같은 이유들이 겹치면 쉽게 슬럼프가 와요.

1) 과부하(Overload)

할 일이 너무 많아 뇌가 감당할 여유를 잃는 상태.

일의 의미는 알지만, 에너지가 소모되어 힘이 빠지는 경우입니다.

→ 의미는 유지됐는데 '체력과 정신력'이 버티지 못해 무너지는
   슬럼프

2) 구조적 혼란(Structure Breakdown)

무엇부터 해야 할지 순서가 흐트러지는 경우.

정확히 말하면 의미는 있는데 방법이 안 보이는 상태입니다.

→ 구조가 없으면 뇌는 쉽게 피로를 느끼고 '막힘'을 슬럼프로 해석
   합니다.

3) 기술 부족(Skill Gap)

의미도 알고, 의지도 있지만 지식을 적용할 '기술'이 모자라서 자꾸
실패하는 경우.

실패가 반복되면 결국 슬럼프로 전환됩니다.

→ "왜 안 되지?"가 반복되면 의욕이 자연스럽게 떨어지는 메커니즘

4) 감정 소진(Emotional Burnout)

인간관계·평가 스트레스·비교·압박 등으로 감정 회복력이 떨어진 상태.

공부·일의 의미는 유지했지만 감정 에너지 탱크가 바닥나서 슬럼프가
찾아오는 유형입니다.

5) 환경적 영향(Environmental Pressure)

잡음, 방해, 불규칙한 수면, 스마트폰 노출 등 외부 요인이 주는
피로가 누적된 상태.

→ 의미와 기술이 있어도 '환경 자체가 뇌의 집중 자원을 빼앗는'
   상황입니다.

셀프 질문을 통해 의미·구조·감정·행동을 다시 정렬해서 방향 찾기

의미 상실 → "왜 이걸 하려고 했지?"

구조 혼란 → "지금 가장 중요한 20%는?"

기술 부족 → "내가 정확히 모르는 부분은 어디지?"

감정 소진 → "지금 내 감정 말고, 사실은 무엇이지?"

과부하 → "지금 당장 줄일 수 있는 건?"

운동선수에게 가장 많이 찾아오는 목표 상실 후 슬럼프

추천 목표 단계

전국 상위 1% → 수능 기준 **등급 1컷** 정도 (전국 4~5만 명 이내)

전국 상위 0.5% → 더 정교한 실력 다지기 (전국 약 2만 명 이내)

전국 상위 0.1% → 의대·SKY 최상위권 (전국 약 4~5천 명 이내)

전국 상위 0.01% → 수능 만점권 도전 (전국 4~500명 이내)

그래서 2002년 당시 히딩크 감독님이 4강에 올라갔을 때 "난 아직도 배가 고프다."라고 말씀하셨는데 선수들을 독려하기 위함이었네요.

대한민국의 세계적인 골프 선수는 각종 메이저 대회 우승 후 갑자기 슬럼프가 찾아왔는데 이유는 쉼 없이 골프만을 위해 달려오다 보니 쉬는 방법을 몰라 찾아온 슬럼프였어요. 이와 비슷한 예로 수능 만점자가 한 인터뷰에서 어느 날 갑자기 공부가 안돼서 아예 며칠을 책을 보지 않고 쉬었더니 그 이후로 공부를 잘해 나갈 수 있었다는 내용이었어요. 선수든 학생이건 하루도 쉬지 않고 운동과 공부를 할 순 없어요. 그렇게 하면 중간에 부상이나 슬럼프가 찾아올 수 있는데 근육도 수축이 됐으면 이완을 시켜야 하듯 잘 쉬는 것도 오랜 기간 잘 해내기 위한 전략이 됩니다.

한계 없이 성장하는 방법

> 가장 먼저, 그리고 가장 위대한 승리는 자신을 이기는 것이다.
>
> 플라톤(Plato)

부담을 이겨 내는 유일한 방법, 자기 자신과의 싸움

피겨 여왕 김연아 선수는 올림픽이라는 극한의 부담 속에서도 흔들리지 않았다. 그 비결을 묻자 그녀는 외부의 기대나 평가가 아니라, 자기 자신과의 싸움에 집중했다고 말한다.

김연아 선수는 "올림픽 이전에 이미 많은 경기를 치렀고, 좋은 성적도 냈다."고 돌아보며 그동안 쌓아 온 노력과 과정이 하루아침에 무너지지는 않을 것이라고 스스로를 지지했다.

이 말은 결과보다 준비 과정에 대한 확고한 신뢰가 그녀의 중심을 잡아 주었음을 보여 준다.

또한 그녀는 "남들이 뭐라 하든 저는 그렇게 저를 생각하지 않을 것"이라며 자신의 가치를 외부 평가에 맡기지 않겠다는 분명한 기준을 세웠다.

메달을 따지 못하더라도 "세상이 무너질 만큼 큰 일은 아니다."라고 말할 수 있었던 이유도 이미 스스로에게 부끄럽지 않을 만큼 준비했기 때문이다.

김연아 선수의 결론은 담담하다.

"하늘이 정해주는 것이라 생각하고, 늘 하던 대로 하자."

부담을 이겨 내는 유일한 방법은 결국 특별한 기술이 아니다.

자기 자신에게 떳떳할 만큼 열심히 했다는 분명한 증거, 그것이 흔들리지 않는 마음을 만드는 가장 강력한 힘이다.

[본문에 실린 사례는 특정 선수의 이야기를 바탕으로 집필 과정에서 일부 재구성되었으며, 사용된 삽화는 특정 인물과 직접적인 관련이 없는 범용 이미지입니다.]

정상에 머무르는 사람들의 비밀

우리는 승리를 쫓다 보면 이길 때도 있고 질 때도 있습니다.

하지만 승리만을 목표로 삼는다면 그 결과는 상대의 실력, 경기 환경, 운과 같은 외부 요인에 의해 좌우될 수 있습니다.

그래서 그는 깨달았습니다.

"내 성취를 남이 결정하게 둘 수는 없다."

그가 붙잡은 기준은 어제보다 나은 오늘이었습니다.

최선을 다해 준비했다면 그것만으로도 성공이며, 조금이라도 성장했다면 이미 이긴 것이라고 생각했습니다.

결국 그를 움직이는 가장 강한 힘은 외부가 아니라 내면에서 솟아나는 동기였습니다.

· 페이커, 천재를 넘어 오래 살아남은 선수

페이커(Faker, 이상혁)는 e스포츠 역사상 가장 상징적인 선수입니다. 데뷔 초부터 압도적인 실력으로 '천재', 'GOAT'라는 수식어를 얻었고, 세계 최고 무대에서 수차례 정상에 오르며 이미 완성된 선수처럼 보였습니다.

그러나 그의 진짜 이야기는 승리의 순간이 아니라, 연패와 공백의 시간 이후에 본격적으로 시작됩니다.

몇 년간 이어진 좌절과 흔들림 시간이 흐르며 게임의 메타는 바뀌고 팀은 재편되었으며, 페이커는 더 이상 언제나 1위 자리에 있는 선수가 아니게 되었습니다.

국제 대회에서의 연패, 결승에서의 패배, "이제는 예전 같지 않다."는 평가가 반복되던 시기도 있었습니다.

그럼에도 페이커는 쉽게 흔들리지 않았습니다.

팀이 바뀌고, 포지션이 조정되며, 플레이 스타일의 변화를 요구받는 상황에서도 그는 외부의 평가나 결과보다 자기 자신에게 집중하는 선택을 이어갔습니다.

· 다시 정상에 오를 수 있었던 이유

페이커는 연패의 시간 동안 자신의 플레이를 집요하게 돌아보았고, 팀을 위해 역할을 조정하며, 과거의 명성을 지키기보다 지금 팀에 필요한 선수가 되는 길을 택했습니다.

그 과정은 결코 화려하지 않았지만, 하루하루 자기 자신과의 싸움에서 물러서지 않는 선택의 연속이었습니다.

페이커가 다시 정상에 설 수 있었던 이유는 타고난 재능 때문만은 아닙니다.

연패의 시간 속에서도 자기 자신에게 떳떳할 만큼 준비했고, 끝까지 자신을 통제하며 성장했기 때문입니다.

그리고 마침내 그는 첫 우승 이후 7년 만에, 연패와 공백의 시간을 모두 견딘 끝에 다시 정상에 올랐습니다.

이제 페이커는 단순히 가장 잘했던 선수가 아니라, 가장 오래 자기 자신과의 싸움에서 이겨 낸 선수로 기억됩니다.

오타니 선수도 보면 정말 대단하다고 느껴지는 게 운까지 컨트롤하려고 했다는 점이에요. 일반인은 생각조차 하지 못하는 부분까지 보려는 시선, 그걸 행동으로 옮기는 건 정말 쉽지 않은 일인데 말이죠. 결국, 외부의 틀과 내부의 틀을 균형 있게 바라보는 관점이 얼마나 중요한지 다시 한번 느끼게 돼요.

정확한 관찰이에요.

정말 위대한 사람들은 단순히 실력만 좋은 게 아니라 운까지 내 편으로 만들려고 하는 태도를 가지고 있어요.

그건 외부 요인에 의존하지 않고 내부의 기준과 준비를 통해 운의 흐름까지 바꾸려는 자세예요.

바로 그 부분이 평범함과 탁월함을 나누는 차이라고 생각해요.

스스로를 끝없이 다듬고 균형을 잡아가며 결국 행운조차 끌어당기는 힘을 만들게 되는 거죠.

467

> 자기 통제는 결국 자기 자신과의 승부다.
>
> 최 작가

연습이 필요해

처음부터 잘하는 사람은 없습니다.

자전거를 처음 배울 때처럼, 여러 번 넘어지며 배우는 것이 당연합니다.

하지만 그때마다 다시 일어섰기 때문에 결국 앞으로 나아갈 수 있었습니다.

공부든, 일이든, 도전이든 마찬가지입니다.

한 번 실패했다고 주저앉으면, 그 순간이 끝이 되어버립니다.

도전하지 않으면 아무 일도 일어나지 않습니다.

움직여야 길이 보이고, 넘어져야 다시 일어설 수 있습니다.

중요한 것은 넘어졌을 때, 왜 넘어진 것인지 돌아보고, 다시 일어설 힘을 남겨두는 것입니다. 그 순간은 끝이 아니라 더 나은 방향을 생각하고, 자신을 단단하게 만드는 기회가 됩니다. 그래서 우리는 전부를 한 번에 쏟아 붓기보다는 조금은 여유를 남겨두고, 계속 도전할 수 있는 환경을 스스로 만들어야 합니다.

포기하고 싶은 순간에도 "지금은 단지 연습 중일 뿐"이라는 사실을 기억해야 합니다.

도전하는 사람에게만 변화가 찾아오고, 오늘은 비록 넘어질 수 있어도, 내일은 반드시 더 멀리 나아갈 수 있습니다.

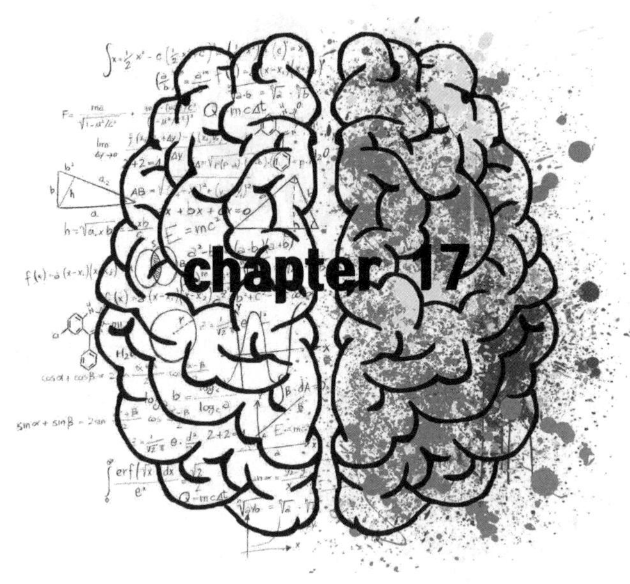

[성장의 틀]

심상이 운명을 바꾼다.

일체유심조(一切唯心造)

불교에서 말하는 "일체유심조(一切唯心造)", 즉 "모든 것은 오직 마음이 만든다."는 뜻입니다. 우리의 운명, 삶의 방향, 행복과 불행은 외부 요인보다 마음의 태도에 의해 결정된다는 것입니다.

이와 관련한 또 다른 내용으로 "수상(手相)보다는 족상(足相)이, 족상보다는 관상(觀相)이, 관상보다는 골상(骨相)이 더 중요하지만, 이 모든 상(相)들은 심상(心相)만 못하다."는 말이 있습니다.

이는 외적인 조건보다 내면의 상태, 즉 '마음가짐'이 운명을 결정짓는 데 더 중요한 요소임을 의미합니다.

성경 구절과 가르침을 살펴보면

"사람은 그 마음에 생각하는 대로 된다." 잠언 23:7 (KJV)

"For as he thinketh in his heart, so is he."

(그가 그의 마음속에 생각하는 대로, 그는 그러한 존재가 된다.)

이는 마음속에서 품고 있는 생각이 곧 그 사람의 운명을 결정한다는 의미입니다. 긍정적인 마음을 가지면 긍정적인 삶을 살게 되고, 부정적인 마음을 가지면 그에 따른 삶을 살게 된다는 내용입니다.

이는 곧, 우리의 운명은 타고난 조건이나 환경이 아니라, 우리가 어떻게 생각하고 어떤 태도를 가지느냐에 따라 달라질 수 있음을 시사합니다. 긍정적인 마음가짐과 꾸준한 노력이 있다면, 운명은 얼마든지 바꿀 수 있습니다.

· **정해진 그릇을 넓히는 노력**

"이미 그릇의 크기는 정해져 있다."는 말이 있습니다. 이는 우리의 타고난 성향과 환경이 어느 정도 운명을 결정짓는다는 뜻일 것입니다. 하지만 그릇을 넓히려는 노력 없이 단지 크기가 정해졌다고 단정지어 버린다면, 성장의 기회는 사라지고 맙니다.

우리는 꾸준한 노력과 의지로 자신의 틀을 깨고, 그릇을 넓힐 수 있습니다. 지능이 유전적으로 어느 정도 결정된다고 해도, 지속적인 학습과 경험이 지적 능력을 키울 수 있습니다.

꿈을 현실로 만들어 나가는 여정

〈 시크릿 〉에서는 이루고 싶은 꿈을 계속 그리고 상상하면 현실이 된다고 말해요.

이 말이 완전히 틀렸다고 보지는 않아요.

다만 그것이 작동하는 이유는 우주적 끌어당김 때문이라기보다는, 무의식이 특정 목표에 지속적으로 집중할 때 그 목표를 향해 가는 생각과 선택을 스스로 연결하기 때문이라고 보는 편이 더 현실적이라고 생각해요.

선생님, 마음속에서 계속해서 꿈을 그리는 과정이 결국 심상을 만들어 가는 과정이 아닐까요? 그런데 이렇게 상상만으로 모두가 성공하는 것은 아닌 것 같아요.

아주 중요한 포인트를 짚었어요. 꿈을 계속 그리면 심상이 만들어지는 건 맞아요.

심상이 만들어지면 무의식은 그 목표를 '중요한 일'로 인식하고, 관련된 정보와 기회를 더 잘 포착하도록 도와줘요.

그래서 상상은 분명 출발점이 될 수 있어요. 그런데 많은 사람이 여기서 멈춰요.

심상은 방향을 만들지만, 현실은 '구조'가 있어야 움직여요.

473

목표를 이루는 사람들은 공통적으로 상상을 '계획'으로, 계획을 '습관'으로, 습관을 '실행'으로 바꾸는 틀을 갖고 있어요.

예를 들어 "성공하고 싶다."는 이미지만 반복하면 마음은 뜨거워질 수 있지만, "오늘 무엇을, 얼마나, 어떤 순서로, 어떤 기준으로 반복할지"가 없으면 행동이 이어지기 어렵지요. 그래서 중요한 건 상상을 더 크게 하는 게 아니라, 상상을 현실로 옮겨주는 구체적인 구조를 세우는 일이에요.

즉, 심상은 '나침반'이고 구조는 '지도'예요. 나침반만 있으면 방향은 알지만, 어디서부터 어떻게 걸어가야 할지 막막해지기 쉬워요. 구조가 갖춰질 때 비로소 상상이 매일의 선택과 행동으로 연결되고, 그때부터 현실이 조금씩 바뀌기 시작해요.

선생님, 오타니 선수가 만다라트를 활용해 목표를 세분화하고 단계적으로 실천 계획을 만든 것처럼, 우리도 목표를 구조화해서 구체적인 계획을 세운다면 훨씬 현실적인 성과를 만들 수 있지 않을까요?

네, 맞아요. 만다라트 방식처럼 목표를 구조화하는 접근이라고 볼 수 있어요.

다만 이 책에서 강조하는 건 단순히 목표를 세우는 것에 그치지 않고, 셀프 질문을 통해 스스로 구조를 만들어 가는 과정이에요.

질문이 곧 생각의 방향을 만들고, 그 방향이 구조를 형성하게 되죠.

네, 맞아요. 결국 셀프 질문이 구조를 만들어 내는 힘이
되는 것 같아요.

말씀처럼 질문을 던지는 순간, 기존에 없던 길이 하나씩
열리고, 새로운 길을 만들어 가는 거죠.

만약 천만 관객을 목표로 하는 영화감독이 있다고 해 볼게요.

그 감독은 목표를 이루기 위해 시나리오, 배우 캐스팅, 연출 톤, 편
집과 음악, 개봉 시점과 마케팅 등 여러 요소를 구조화하며 준비
해 나갈 수 있어요.

하지만 이 중에서 랜드마크처럼 가장 중요한 축은 이미 정해져
있어요.

바로 시나리오예요.

아무리 훌륭한 배우를 섭외하고 멋진 연출과 화려한 마케팅을 준비
해도 시나리오라는 중심 구조가 무너지면 모든 것이 흔들리게 돼요.

그래서 구조화 과정에서는 단순히 많은 요소를 나열하는 것이 아
니라 가장 먼저 잡아야 할 것의 우선순위를 명확히 정하고, 그
핵심을 기준으로 나머지 작업을 진행하는 것이 무엇보다 중요해요.

자, 그렇다면 이 구조화 과정이 끝난 뒤에는 무엇을 어떻게 해
나가야 할까요?

혹시 핵심은 결국 '반복'이 아닐까요?

구조화를 통해 머릿속에 지도를 만들었다면,

그 다음은 반복을 통해 더 이상 지도가 없어도 길을 찾아갈 수 있게 되는 과정,

그리고 그 반복이 완전한 그릇, 즉 단단한 '틀'을 완성해 주는 과정 아닐까요?

단단한 틀을 만드는 과정은 역시 반복밖에 없어요.

수없는 반복 속에서 우리는 시행착오를 겪고, 그 과정에서 무의식은 조금씩 시행착오를 줄여 가죠. 이렇게 반복이 쌓이면 머릿속에는 점점 더 효율적인 '지도'가 만들어져요.

결국 실수를 통해 실수를 잡아가는 과정인 거죠.

목표를 이루기 위해 스스로에게 던지는 셀프 질문과 구조화 과정 또한 시행착오를 최소화하려는 노력이라고 볼 수 있어요. 그렇다고 시행착오를 완전히 없앨 수는 없죠. 그래서 우리는 반복을 통해 스스로의 시행착오를 통과하며, 그 속에서 방향을 수정하고 결국 목표를 향해 올바른 길을 찾아가게 되는 거죠.

반복을 통해 단단한 연결 고리를 만들어 완벽한 틀을 만들어 가는 것처럼 말이죠.

선생님, 결국 '반복한다.'는 것은 단순히 같은 행동을 되풀이한다는 뜻을 넘어, 습관을 만든다는 것이 아닐까요?

반복이 연결 고리를 단단하게 만들어 틀을 완성해 가듯이, 습관 역시 반복을 통해 몸과 마음에 새겨지는 구조라고 볼 수 있을 것 같아요. 어느 순간 의식적으로 노력하지 않아도 자연스럽게 그 방향으로 움직이게 되는 상태, 바로 그 지점이 습관이자 반복의 진짜 힘이겠죠.

그래서 목표를 향해 꾸준히 걸어가는 사람과 그렇지 못한 사람의 차이는 재능보다도 '반복을 습관으로 만들어 냈느냐'에 달려 있는 것 같아요. 반복이 습관이 되고, 그 습관이 단단한 틀을 만들며, 결국 그 틀이 길을 잃지 않게 안내해 주는 지도가 되는 거죠.

그런데 사실 좋은 습관을 만든다는 건, 웬만한 자기 통제력 없이는 쉽지 않은 일이에요.

결국 어제의 나보다 한 단계 더 성장한 나를 만들기 위해서는, 스스로를 다스리고 통제하는 과정이 반드시 필요하다는 말이죠.

그래서 많은 자기 계발서에서 침구 정리나 정리정돈 같은 사소해 보이는 행동을 강조했던 이유도 여기에 있어요. 그것은 단순히 생활 습관을 위한 조언이 아니라, 자기 통제력을 키우는 가장 기본적이고 확실한 출발점이기 때문이에요.

우리가 흔히 듣는 "내가 통제할 수 있는 부분에 집중하자."라는 문장도 같은 맥락이에요.

즉, 내가 주도할 수 있는 영역부터 다스리는 것, 그곳에서부터 진짜 성장은 시작된다는 의미죠.

오타니 선수의 고등학교 시절 감독이 "쓰레기를 줍는 것은 행운을 줍는 것이다."라고 가르쳤다는 이야기도 같은 맥락이라고 생각해요. 쓰레기를 줍는 행동은 겉으로 보이는 것 이상의 의미, 즉 단순히 도덕적인 행동을 실천하는 차원을 넘어, 스스로를 통제하고 다스리는 힘을 기르는 첫 단계인 거 같아요.

또 다른 예로 김연아 선수에게 훈련할 때 무슨 생각을 하느냐고 물었을 때, 그녀는 짧게 "그냥 해요."라고 답했어요.

하지만 이 말 속에는 아주 깊은 의미가 담겨 있어요.

수많은 유혹을 이겨내고, 힘든 훈련의 고통을 견디며, 생각보다 먼저 몸이 움직이도록 만드는 힘, 그건 바로 자기 통제가 만들어낸 '습관화된 행동'이라는 뜻이죠.

결국 우리가 지금까지 나눈 모든 이야기의 결론은 하나로 모여요.

그 핵심은 바로 좋은 습관이에요.

작은 행동 하나가 또 다른 행동과 연결되고, 그 연결이 매일 반복되면

그건 어느 순간 거대한 통제력과 성취로 이어지는 기반이 됩니다.

앞으로는 환경 탓을 하지 않으려고 해요.

유전자 탓, 누구 탓… 끝없이 외부만 바라보며 책임을 돌렸던 제 자신을 돌아보게 되네요. 이제는 정말 제가 통제할 수 있는 부분에 집중하는 것이 맞다는 걸 조금씩 깨닫고 있어요.

그리고 쉽지 않겠지만, 제가 화가 나거나 스트레스를 받을 때, 주어진 일이 버겁게 느껴질 때마다 그 순간을 흔들리는 시간이 아니라 스스로를 통제하며 심상을 넓힐 수 있는 기회로 삼아 보려고 해요. 감정에 끌려가기보다 한 걸음 물러서서 나를 바라보고, 이 상황이 나를 더 단단하게 만들 재료라고 받아들이며, 지금의 불편함을 성장의 방향으로 전환할 생각이에요.

정말 좋은 생각이에요.

자, 생각해 보면 구조화를 하는 이유도 결국 '통제'하기 위해서예요. 옷이 너무 많으면 통제를 위해 옷장을 정리하고, 배워야 할 정보가 너무 많으면 통제를 위해 구조화 및 도식화를 통해 지식을 정리하죠. 이런 과정을 보면 구조화는 삶 전반에 적용되는 하나의 진리처럼 느껴져요.

많아지고 복잡해질수록, 우리는 정리하고 구조화함으로써 다시 통제권을 되찾게 되니까요.

작은 성공이 큰 통제력을 만든다.

 행동 경제학에서는 작은 성공이 큰 통제력을 만든다고 말합니다. 이를 스몰 윈(Small Win) 효과라고 합니다. 그래서 침구를 정리하거나 책상을 치우는 작은 행동이 중요한 이유도 분명합니다. 빠르게 완성할 수 있고, 즉각적인 성공 경험을 주며, "나는 할 수 있다."는 자기 효능감을 높여 더 큰 행동을 이끌어 내기 때문입니다.

 이 작은 성공들은 곧 기반 습관(Foundation Habit)을 형성합니다. 기반 습관은 마음·환경·집중·정신의 구조를 잡아 주는 기초 공사로, 뇌에게 "나는 나를 통제하는 사람이다."라는 정체성을 만들어 줍니다. 이 정체성이 자리 잡으면 자연스럽게 더 높은 수준의 행동, 즉 작업 습관으로 이어집니다.

 작업 습관(Work Habit)은 실제 공부·일·창작·연구의 성과를 만들어 내는 실전 습관입니다. 집중, 문제 해결, 딥 워크 같은 패턴이 여기에 포함되며, 이는 결국 그 사람의 실제 능력과 속도, 성과를 결정합니다. 아무리 지식이 많아도 작업 습관이 없다면 성과는 결코 높아지지 않습니다.

 결국 작은 성공이 기반 습관을 만들고, 기반 습관이 작업 습관을 가능하게 하며, 작업 습관이 성과를 만들어 내는 선순환이 형성되는 것입니다.

습관이 운명을 바꾼다?

미국의 철학자이자 심리학자인 윌리엄 제임스는 이런 내면의 힘을 다음과 같이 설명했습니다. 그는 "생각이 바뀌면 행동이 변하고, 행동이 바뀌면 습관이 변하며, 습관이 바뀌면 성격이 변하고, 성격이 바뀌면 인생이 변한다."고 말했습니다. 우리의 삶은 단순히 외부의 조건에 따라 결정되는 것이 아니라, 우리가 가진 생각과 그것이 만들어 내는 행동에 의해 새롭게 만들어질 수 있다는 것입니다.

아리스토텔레스는 "사람은 반복적으로 행하는 것에 따라 판명되는 존재이다. 따라서 우수성이란 단순한 하나의 행동이 아닌 바로 습관이다."라고 말하며 습관의 중요성을 강조했습니다. 이는 우리의 일상이 반복되는 행동으로 이루어지며, 그 반복이 결국 우리의 본질과 운명을 결정짓는다는 것을 의미합니다.

마가렛 대처 또한 "습관을 조심하라. 그것은 운명이 된다."고 경고했습니다.

우리의 사소한 습관이 모여 삶의 방향을 결정짓고, 나아가 우리가 어떤 사람으로 살아갈지를 좌우하기 때문입니다.

우리는 모두 성장하고 변화하기 위한 과정을 필요로 합니다. 앞서 말했듯, 쇠를 단단히 두드리기 전에 주형(틀)에 대한 깊은 생각과 고민이 선행되어야 합니다. 올바른 방향성과 비전을 세운 후, 그것을 실현하기 위해 쇠를 반복적으로 두드리는 노력이 반드시 따라야 합니다. 이 반복적인 행동이 습관으로 자리 잡을 때, 우리의 운명은 서서히 바뀌기 시작합니다.

긍정적이고 효율적인 생각과 고민이 행동으로 이어지고, 그 행동이 반복되면서 습관으로 정착되면, 우리의 운명은 더 나은 방향으로 전환됩니다. 현재 여러분은 삶에서 각자 심상의 그릇을 가지고 있습니다. 이제는 그 그릇을 더욱 크게 키우기 위해 고민하고 행동해야 할 때입니다. 단순히 마음으로만 머물지 않고, 더 나은 결과를 위해 매 순간 반복적인 노력을 통해 자신의 한계를 뛰어넘으세요.

 더 큰 심상의 그릇을 갖추기 위해 필요한 것은 지속적인 자기 성찰과 행동입니다. 그 행동이 쌓여 습관이 되고, 결국 운명을 변화시키는 원동력이 될 것입니다. 긍정적이고 강력한 심상을 바탕으로 지속적인 노력을 한다면, 여러분의 그릇은 점점 커질 것이고, 그 크기만큼 더 큰 인물로 성장할 수 있을 것입니다. 운명은 외부의 조건이 아니라, 여러분 내면의 심상에서 시작된다는 사실을 항상 기억하세요.

시스템(틀)으로 성장한다.

회사를 운영하는데 있어 가장 중요한 요소 중 하나는 효율적인 시스템을 구축하는 것입니다. 단기적인 성과에 집중하는 것도 중요하지만, 장기적인 성장을 위해서는 체계적인 경영 시스템이 필수적입니다.

예를 들어, 성공적인 기업들은 몇 개년 계획을 세워 목표를 설정하고, 이를 달성하기 위한 세부 전략을 마련합니다. 이러한 계획이 있으면 방향성을 잃지 않고 지속적인 성장이 가능합니다.

또한, 회사 운영 중에는 예상치 못한 문제들이 발생하기 마련입니다. 이때 중요한 것은 좋은 의견을 수렴하고, 이를 바탕으로 최적의 결정을 내리는 것입니다. 특정 개인의 판단에 의존하기보다 의사 결정 프로세스를 체계화하면, 더 객관적이고 합리적인 해결책을 찾을 수 있습니다.

결국, 회사가 장기적으로 성장하기 위해서는 개인의 역량보다 시스템이 뒷받침되어야 합니다. 효율적인 경영 시스템이 구축된 기업은 위기 상황에서도 흔들리지 않고 꾸준히 발전할 수 있습니다.

· **시스템(틀)이 성장의 핵심이다.**

회사가 성장하기 위해 시스템을 만든다는 것은 곧 습관화한다는 것과 같습니다. 회의를 자주 하는 이유도 단순한 절차가 아니라, 올바른 방향으로 가고 있는지 점검하고 시행착오를 최소화하기 위해서입니다.

비슷한 출발선을 가진 기업이라도, 시간이 지나면서 시행착오를 어떻게 관리하느냐에 따라 전혀 다른 길을 가게 됩니다. 심지어 대기업조차 방향을 잘못 설정하면 갑작스러운 위기에 처할 수 있습니다. 그렇기 때문에 좋은 의견을 수렴하고, 문제점을 빠르게 찾아내며, 지속적으로 검증하는 과정이 필수적입니다. 결국, 끊임없이 배우려는 자세가 기업의 성장과 생존을 결정합니다.

이러한 태도는 개인에게도 동일하게 적용됩니다. 자신이 이미 충분히 배웠다고 생각하는 순간, 성장도 멈추게 됩니다. 항상 겸손한 자세로 더 배우고, 시행착오를 줄이기 위해 깊이 생각하고 고민하는 습관을 가져야 합니다. 꾸준한 학습과 자기 점검이야말로, 회사와 개인 모두를 성장시키는 핵심 시스템입니다.

· 개인도 시스템(틀)을 활용하면 더 크게 성장할 수 있다.

 많은 사람들이 목표를 세우지만, 꾸준히 이루는 사람과 그렇지 못한 사람의 차이는 시스템이 있느냐 없느냐에서 갈립니다. 단순한 의지만으로 성장하는 것은 어렵지만, 효율적인 시스템을 활용하면 더 안정적이고 지속적인 성장이 가능합니다.

 예를 들어, 회사가 몇 개년 계획을 세우고 목표를 단계별로 실행하는 것처럼, 개인도 장기적인 목표를 설정하고, 이를 이루기 위한 작은 습관과 루틴을 만들어야 합니다. 목표를 향해 가는 과정에서 예상치 못한 문제가 발생할 수 있지만, 좋은 피드백을 받고 유연하게 개선하는 시스템을 갖춘다면 더 효과적으로 해결할 수 있습니다.

 또한, 결정을 미리 구조화하는 것도 중요합니다. 운동, 공부, 업무 등의 영역에서 매번 "할까 말까"를 고민하기보다, 자동적으로 실행할 수 있는 시스템을 만들어야 합니다. 예를 들어, 매일 아침 같은 시간에 운동을 하도록 정해 놓거나, 학습 시간을 일정하게 배정하는 것입니다.

 즉, 의지만으로 성장하려 하기보다, 목표를 달성하기 쉬운 환경과 시스템을 구축하는 것이 더 효과적입니다. 작은 습관이 쌓이면 어느 순간 성장의 임계점을 넘어서고, 운명까지 바꿀 수 있는 큰 변화로 이어질 수 있습니다. 개인의 성장을 위해서도 체계적인 시스템이 반드시 필요합니다.

운명을 바꾸는 성장의 틀

변화는 하루아침에 이루어지지 않습니다. 하지만 꾸준한 노력과 시스템적인 접근을 통해 우리는 스스로의 운명을 개척할 수 있습니다. 이를 체계적인 과정으로 정리하면 다음과 같은 흐름으로 발전할 수 있습니다.

1. 내외적 긍정적 방향 선택 → 방향 설정

- 변화의 출발점은 생각과 태도에서 시작됩니다.

- "나는 지금보다 더 나은 사람이 될 수 있다."라는 확신을 가지는 것이 중요합니다.

- 현재의 삶을 분석하고, 바꾸고 싶은 요소를 명확히 정의합니다.

- 예시 : 매일 1%씩 긍정적인 변화를 만들겠다는 결심을 하는 것

2. 목적지 도착을 위한 끊임없는 생각과 고민 → 목표 설정

- 막연한 바람이 아닌, 명확한 목표를 설정해야 합니다.

- "어떤 모습의 사람이 되고 싶은가?"를 구체적으로 정리합니다.

- 목표 설정 후, 끊임없이 방법을 고민하고 실행 전략을 모색합니다.

- 예시 : "건강한 몸을 만들겠다." → 운동 계획을 세우고 영양 섭취 방법을 고민

3. 효율적 시스템(구조) 만들기 → 실행 구조화

- 변화는 의지만으로 지속되지 않습니다. 효율적인 시스템을 만들

어야 합니다.

- 목표를 이루기 위한 구체적인 방법과 환경을 구축합니다.

- 불필요한 결정을 줄이고, 자동적으로 성장할 수 있도록 시스템을 설계합니다.

- 예시 : 운동을 습관화하기 위해 아침에 운동복을 침대 옆에 두기

4. 반복적 행동 → 작은 실천 지속

- 꾸준한 반복이 습관을 만듭니다.

- 처음에는 변화가 미미하게 보일 수 있지만, 중요한 것은 지속성입니다.

- 예시 : 하루 10분씩 독서하는 습관을 만들고, 매일 조금씩 실행

5. 습관화(틀 완성) → 무의식적인 실행

- 반복적 행동이 자연스러운 습관으로 자리 잡으면, 변화가 쉬워집니다.

- 작은 성취들이 쌓이면서, 점점 더 성장하는 속도가 빨라집니다.

- 예시 : 처음에는 억지로 하던 운동이, 어느 순간 당연한 일상이 됨

6. 임계점 도달 → 질적 변화의 순간

- 어느 순간 작은 변화들이 모여 큰 변화를 만듭니다.

- 처음에는 미약했던 노력이 폭발적인 성장을 이루는 시점이 옵니다.

- 예시 : 1년 동안 꾸준히 공부한 사람이 어느 날 시험을 쉽게 통과하게 됨.

7. 운명 변화 → 새로운 나의 탄생

- 과거의 자신과는 완전히 다른 새로운 모습으로 변화합니다.

- 변화된 습관과 태도가 새로운 기회를 만들고, 삶의 방향을 완전히 바꿉니다.

- 예시 : 꾸준한 노력이 쌓여 원하는 직업을 가지게 되거나, 건강한 몸을 갖게 됨

정리

[운명을 바꾸는 성장 프로세스]

내외적 긍정적 방향 선택 → 목적지 도착을 위한 끊임없는

생각과 고민 → 효율적 시스템(구조) 만들기 → 반복적 행동 →

습관화(틀 완성) → 임계점 도달 → 운명 변화

이 과정을 통해 우리는 스스로 운명을 개척할 수 있습니다. 하루에 1%씩의 작은 변화가 결국 완전히 새로운 삶을 만들어 내는 것입니다.

내가 면접관이라면

모든 사람이 처음부터 회사를 운영하거나 경영자가 될 수는 없습니다. 대부분은 어딘가에서 직장 생활을 하며 배우고 성장해 가는 과정을 거쳐야 하죠.

그렇다면 내가 면접관이라면, 어떤 사람을 뽑을까요?

가장 먼저 눈에 들어오는 것은 객관적인 기준입니다.

그중 하나가 바로 학업 성적일 거예요. 왜냐하면 성적이 좋다는 것은 단순히 머리가 좋다는 의미가 아니라, 성실하게 노력해 온 시간과 태도가 담겨 있기 때문입니다.

여러분도 경험해 봤겠지만, 좋은 성적을 얻으려면 꾸준한 노력과 자기 관리가 필수입니다. 그건 바로 책임감 있고 신뢰할 수 있는 사람이라는 중요한 신호이기도 하죠.

그래서 우리는 지금 학생이라는 역할을 맡은 이상, 학창 시절 동안 공부에 최선을 다하는 것이 결국 자기 자신을 위한 준비입니다. 성실함은 성적이라는 형태로 드러나기도 하고, 그 자체로 앞으로의 인생에서 신뢰를 얻는 첫걸음이 됩니다.

결국, 내가 면접관이라면 묻고 싶을 거예요. "당신은 지금 주어진 역할에 얼마나 최선을 다해왔나요?"

그 대답이 여러분의 지금까지의 노력 속에 담겨 있어야 합니다.

결과에 대한 집착에서 벗어날 때,
비로소 진정한 성장이 시작된다.

운을 잡는 사람은 누구일까?

사례 1.

토스(Toss) : "여덟 번 넘어진 사람이 아홉 번째 문을 두드린 이유"

토스는 처음부터 '혁신적인 성공 기업'이 아니었다.

출범 이전까지

- 사업 아이디어 거절

- 규제 문제로 반복된 좌절

- 투자 유치 실패

- 8번이 넘는 좌절의 기록

일반적인 기준으로 보면 이미 '운이 없다.'고 말하고 포기할 상황이었다. 하지만 토스가 통제한 것은 결과가 아니라 과정이었다.

- 규제를 이해하고 다시 설계

- 고객 경험을 개선하며 계속 시도

- 실패할 때마다 구조를 점검하고 재도전

그래서 9번째 시도에서 비로소 세상이 문을 열었고, 사람들은 그제야 "운이 좋았다."고 말한다.

사례 2.

J.K. 롤링 : "쓰는 것을 멈추지 않았던 사람"

해리 포터가 세상에 나오기 전, 롤링의 현실은 '운 좋은 작가'와는 거리가 멀었다.

- 이혼
- 실업
- 생활고
- 아이를 키우며 불안한 삶
- 출판사 10곳 이상 거절

여기서 멈추었다면 결론은 단순했다.

"나는 재능이 없다.", "운이 없다."

그러나 그녀가 끝까지 통제한 단 한 가지가 있었다.

- 매일 일정 시간 글을 쓰는 습관
- 이야기를 포기하지 않는 태도
- 거절당해도 다시 보내는 루틴

출판이라는 '운'은 그녀가 글을 멈추지 않았기 때문에 도착할 자리를 찾을 수 있었다.

사례 3.

마이클 조던 : "실패를 관리한 사람"

마이클 조던은 고등학교 시절 농구부 탈락이라는 실패를 경험했다.

그는 이렇게 말한다.

"나는 실패를 받아들일 수 있었기 때문에 성공할 수 있었다."

조던이 통제하지 못하는 것은 분명했다.

- 경기 결과

- 상대 팀의 전략

- 심판 판정

하지만 그가 통제한 것은 분명했다.

- 슛 성공률을 높이기 위한 반복 연습

- 실패 장면을 되돌아보는 피드백 습관

- 컨디션이 나빠도 유지되는 연습 루틴

그래서 그의 커리어는 우연한 행운 위에 세워진 것이 아니라, 운이 머물 수 있는 단단한 바닥 위에 세워졌다.

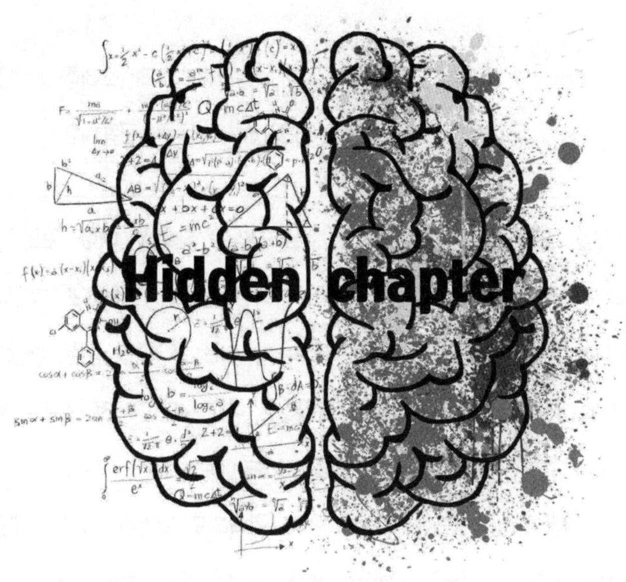

[초등학생 자녀를 둔 학부모를 위한 챕터]

교육의 방향을 결정짓는 초등 시기

수학에서의 주입식 교육은 독(毒)이다.

선생님, 거의 대부분의 수업이 주입식 교육으로 이뤄지는데 왜 그러한 방식은 독이 되는지 궁금하고 그럼 어떻게 교육해야 하는지 궁금해요.

공부를 잘하려면 가장 중요한 것은 '배우는 내용에 대한 깊은 생각과 고민'이에요. 학습 과정에서 이러한 습관이 형성되면 자연스럽게 학문에 대한 호기심이 자라나고, 이는 곧 학습 능력 향상으로 이어집니다. 호기심이 많은 학생들은 수업 시간에 적극적으로 질문하며, 이를 통해 더 깊이 있는 이해를 하게 돼요. 하지만 이러한 자질이 선천적으로 갖춰져 있지 않더라도 걱정할 필요는 없습니다. 스스로 사고하는 습관을 기르는 방법이 있기 때문이에요.

그래서 앞서 알려 주셨던 방법이 '셀프 질문법'이고 이렇게 자기 자신에게 끊임없이 질문을 던지면서 학습 내용을 탐구하면, 자연스럽게 사고력이 길러지고 학습 능력도 향상된다는 말씀!

잘 기억하고 있군요. 초등 시기에는 꼭 셀프 질문법이 아니더라도, 스스로 생각하는 습관을 기를 수 있도록 방향을 유도하는 것만으로도 자연스럽게 학문에 대한 호기심을 키울 수 있어요. 그런데 여기서 잠깐! 만약 이러한 시기에 주입식 교육이 이루어진다면 어떻게 될까요?

주입식 교육은 일방적으로 설명하는 수업이기 때문에 사고력을 저해할 거 같아요. 특히 초등학교 시기는 학습 습관을 형성하는 중요한 시기인데 주입식 교육이 습관화되면 학생들은 스스로 사고하는 능력을 키울 기회를 잃게 될 거 같아요.

중학교와 고등학교 때도 학업에 호기심을 갖고 생각과 고민하는 습관은 중요하지만 학년이 올라갈수록 학습 내용이 방대해지고 정보 처리 능력이 요구되므로, 학습 방식의 적절한 조화가 필요해요. 초등학교에서는 공부하는 내용이 그렇게까지 많지 않으므로 무엇보다도 '생각하는 습관'을 기르기에 정말 좋은 시기입니다. 스스로 고민하고 탐구하는 경험을 제공하는 수업이야말로 학생들에게 가장 도움이 되는 수업입니다.

선생님, 그럼 초등학교에서 수학 공부는 어떻게 진행하는 것이 좋을지 구체적으로 알려 주세요.

생각할 수 있는 단계로 유도하기

먼저 개념을 공부하게 되는데, 이 과정에서 스스로 학습하는 습관뿐만 아니라 자신의 생각을 정리하고 표현하는 능력까지 기를 수 있어요.

초등학생 때 두 가지를 함께 키운다면 더할 나위 없이 좋을 거 같아요.

보통 개념을 공부할 때 선생님 설명을 듣고 수동적으로 공부하는 경우가 많은데 그렇게 되면 스스로 공부하고 생각하는 습관을 형성하는데 어려움이 있을 수 있어요. 그래서 개념 공부할 때 스스로 공부하는 시간을 주고 공부한 내용을 설명하도록 하는 게 중요해요.

정말 좋은 방법인 것 같아요. 다른 사람에게 설명할 수 있다는 것은 그만큼 내용을 완벽하게 이해했다는 뜻이고, 그 과정에서 많은 생각과 고민을 하게 될 거예요. 또한, 설명하기 위해서는 스스로 내용을 체계적으로 정리해야 하기 때문에 자신의 의견을 논리적으로 표현하는 능력도 함께 키울 수 있을 것 같아요.
선생님, 그런데 '생각할 수 있는 단계로 유도하기'라는 말은 무엇을 의미하나요?

다음 문제를 통해 접근하는 과정을 설명해 보려 해요. 중요한 건 이때 학생에게 문제를 풀어 답을 내라고 하는 것이 아니라 이 문제에 대해 설명해 달라고 합니다. 즉, 이 문제는 어떤 문제이고 어떻게 접근할지에 대해 물어봅니다.

어느 도로의 한쪽 편에 나무 46그루를 같은 간격으로 심었습니다. 도로의 길이는 1.8km이며, 처음과 끝에도 나무를 심었다면 나무 사이의 거리는 몇 km일까요? (단, 나무의 두께는 고려하지 않습니다.)

문제 풀기 전에 항상 문제 이해가 우선이에요. 대부분의 학생이 문제를 보면 바로 푸는 경향이 있어요. 습관적으로 바로 풀게 되면 생각하는 과정을 생략하고 바로 계산 과정으로 넘어가는 상황이 됩니다. 나중에 틀린 문제를 확인해 보면 문제에 대한 이해가 부족해서 틀린 경우를 많이 보게 돼요.

앞에서도 얘기했듯 계산력과 수학 실력은 다른 영역으로 수학 문제 풀 때 답 맞는 것에만 집중하게 되면 계산에만 비중을 두어 생각하는 영역이 멀어지고 암기가 편하게 느껴질 수 있습니다. 그래서 (계산력=수학 실력)이라는 걸 하루 빨리 벗어나야 합니다. 계산력은 체력으로 당연히 수학할 때 갖고 있어야 할 능력이에요. 이것이 없다면 수학을 시작하는 것 자체가 무리가 됩니다. 그래서 초등 시기에는 고등 시기와 달리 계산력 연습을 평소에 꾸준히 해두는 것이 중요한데, 이는 작업 기억의 부담을 줄여 주기 때문입니다.

위 문제를 어떻게 이해했고 어떻게 접근할 것인지 물어보면, 대부분의 학생들은 46그루에서 사고가 멈추게 됩니다. 이는 숫자가 지나치게 커졌기 때문으로, 실제로는 3~5그루일 때의 간격을 물어보면 해결의 실마리를 찾을 수 있습니다. 즉, 생각할 수 있는 단계로 유도하는 것입니다. 그럼 학생들은 직접 그려 보며 3그루일 때 2간격, 4그루일 때 3간격, 5그루일 때 4간격 이렇게 찾아낼 수 있고 추론을 통해 46그루일 때 45간격이라는 걸 찾아낼 수 있습니다. 추론 능력은 주어진 정보와 논리적 사고를 바탕으로 새로운 사실을 도출하거나 결론을 이끌어 내는 과정으로 수학을 잘하기 위해서 요구되는 중요한 능력 중 하나입니다. 이는 문제 풀 때만이 아니라 개념을 공부할 때도 적용하면 돼요.

선생님, 그런데 이렇게 수업하려면 한 학생에게 집중해야 하고 선생님이 많은 부분을 알고 계셔야 할 거 같아요. 

사교육에서도 플립 러닝 형식의 수업이 진행된다고 말씀드렸는데 그 수업에서 가장 많이 나오는 불만 중 하나가 한 학생에게 주어지는 시간이 충분하지 않다는 거예요. 그래서 초등 시기 가장 좋은 방법은 학부모가 직접 가르쳐 주는 거예요. 다행히 초등 시기는 사춘기 전으로 학부모가 직접 가르치며 학습 습관을 갖추기에 좋은 시기입니다.

tip을 더 드리자면 단순 계산 문제와 생각을 요구하는 문제가 보이는데 생각을 요구하는 문제는 위처럼 *추론할 수 있도록 생각 단계로 유도하고 답을 내지 않고 넘어갑니다. 그리고 단순 계산 문제와 함께 숙제를 내주면 두 가지 효과가 있습니다. 어떻게 푸는지 길을 알고 있기 때문에 생각하는 문제에 대한 두려움이 없어지고 풀고 싶어 하여 수학에 대한 흥미가 올라갑니다. 그리고 막상 틀리게 되면 본인의 실수한 부분을 확실하게 알고 넘어가는 효과도 볼 수 있어요.

추[推밀 추]론[論논할 논]

推(추) : '밀다.', '떠밀다.', '앞으로 나아가게 하다.'라는 의미

論(론) : '말하다.', '논하다.', '따지다.', '이치를 밝히다.'라는 의미

"근거를 밀어 올려 논리로 결론을 만들어 내는 사고 작용"이라는 뜻이에요.

교육의 방향성이 시간에 비례해 커다란 차이를 만든다.

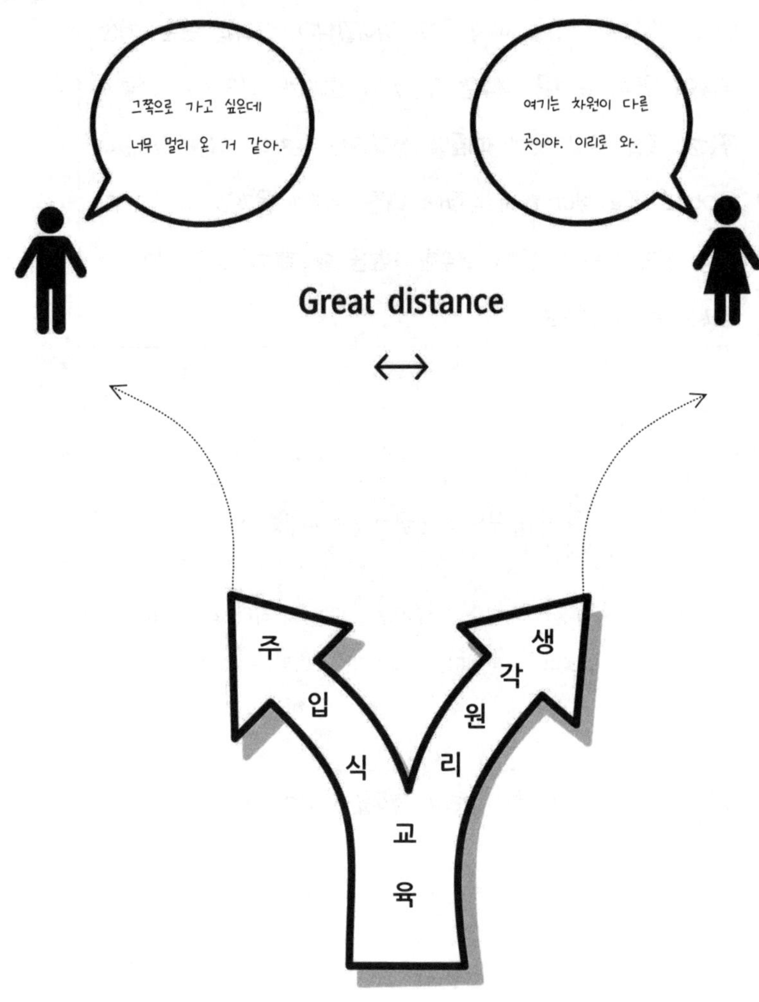

어떤 도구를 만들 때 가장 먼저 해야 할 일은 주형(틀)을 구상하는 것입니다. 주형이 잘못되면 아무리 좋은 재료와 기술을 사용해도 원하는 결과물을 얻을 수 없습니다. 이는 우리의 사고방식과 목표 설정에도 그대로 적용됩니다. 올바른 방향을 설정하지 않으면 아무리 노력해도 원하는 성과를 이루기 어렵습니다.

우리의 '생각의 주형'은 정보를 받아들이고 해석하는 방식, 문제를 해결하는 접근법, 목표를 설정하는 기준 등을 포함합니다. 이는 마치 나침반과 같아, 정확한 방향을 제시할 때 비로소 원하는 목적지에 도달할 수 있습니다. 같은 교육을 받더라도 결과가 달라지는 이유는 단순한 지식 습득의 차이가 아니라, 방향 설정과 꾸준한 노력의 차이 때문입니다. 나침반이 올바른 길을 안내하고, 엔진이 움직이는 힘을 제공하듯이, 명확한 목표 설정과 꾸준한 노력은 성공을 이루는 필수 요소입니다.

목표를 설정할 때는 단순한 바람이나 희망이 아니라, 명확한 방향성 과 실현 가능한 계획이 필요합니다. 행동하기 전에 깊이 고민하여 자신의 목표와 가치에 맞는 방향을 설정해야 하며, 이는 마치 나침반 이 정확한 방향을 가리키도록 신중하게 조정하는 과정과 같습니다. 신중하게 설정된 목표는 어떤 어려움 속에서도 흔들리지 않는 추진력 을 줍니다. 방향이 분명하면, 역경 속에서도 꾸준히 나아갈 수 있는 힘을 얻을 수 있습니다.

목표를 설정했다면 이제는 꾸준한 실행이 필요합니다. 엔진이 동력을 공급해야 차가 움직이듯, 지속적인 노력이 있어야 성과를 얻을 수 있습니다. 한 번의 큰 도약보다, 작은 노력을 지속적으로 반복하는 것이 중요합니다. 당장 눈에 띄는 변화가 없더라도, 꾸준한 실천은 서서히 강한 추진력을 만듭니다.

물이 99도까지는 끓지 않다가 100도에서 갑자기 끓기 시작하듯, 지속적인 노력은 어느 순간 임계점을 넘어 폭발적인 성장을 이끕니다. 포기하지 않고 꾸준히 나아가면, 예상치 못한 순간에 목표에 도달할 수 있습니다.

어떤 목표든 포기하지 않는 마음과 긍정적인 태도가 연료가 되어야 합니다. 지속적인 노력과 함께 자신을 믿고 나아가는 태도가 필요하며, 마치 엔진이 연료를 공급받아 계속 움직이듯, 긍정적인 마인드는 우리의 지속적인 성장을 가능하게 합니다. 꾸준히 반복하다 보면, 어느 순간 스스로 성장한 모습을 발견할 수 있습니다. 작은 성취를 기록하며 자신감을 쌓아가는 것이 중요합니다.

성공은 단순히 지식을 많이 아는 것에서 오는 것이 아닙니다. 올바른 방향을 설정하고, 꾸준히 노력하는 과정 속에서 성장과 발전이 이루어집니다. 나침반이 올바른 목표를 제시하고, 엔진이 지속적으로 동력을 공급하며, 연료(긍정적인 마음가짐)가 끊임없는 추진력을 유지해 줍니다. 올바른 생각의 주형을 설정하고, 꾸준한 노력을 실천하면 우리는 목표를 달성할 수 있습니다. 이 과정에서 우리는 단순한 성과를 넘어서 더 성숙하고 발전된 존재로 성장할 것입니다.

다음 조건을 만족하는 입체도형의 이름을 써 보세요.

• 밑면은 다각형이고, 옆면은 모두 직사각형입니다.

• 모서리는 24개입니다.

위 문제를 보고 어떻게 접근해야 할지 어려워합니다. 추론 능력을 키워 주고 생각할 수 있는 단계로 유도하기 위해서 학생들에게 삼각기둥, 사각기둥을 그려 보라고 합니다. 한번 그려 보고 각각의 모서리 개수를 구해 볼게요.

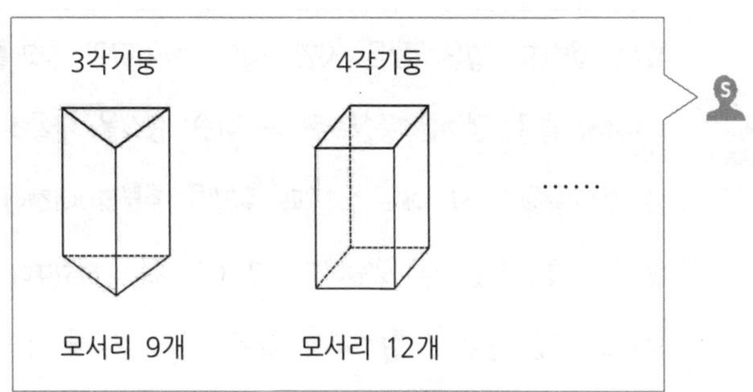

그 다음은 규칙성을 찾아볼게요.

이렇게 접근하면 시간이 지나도 잊어버리지 않고 본인 스스로 규칙성을 찾아 공식을 만들어 낼 수 있어요. 이것이 바로 추론 능력입니다. 그런데 교재에는 아래 표로 나오기도 하는데 일부 학원이나 학부모님께서는 암기하도록 시키는 경우도 있어요. 왜냐하면 암기해야 효과가 바로 나오기 때문이에요.

입체도형	꼭짓점의 수(개)	면의 수(개)	모서리의 수(개)
□각기둥	□$\times 2$	□$+2$	□$\times 3$
△각뿔	△$+1$	△$+1$	△$\times 2$

특히, 학원의 경우 짧은 시간 내에 가시적인 성과를 내야 하기 때문에, 종종 암기를 중심으로 한 학습 방식을 활용하게 됩니다. 물론 중·고등학교 시기에는 개념과 원리를 충분히 이해한 후 암기하는 방식이 효과적일 수 있습니다. 그러나 초등 시기부터 이러한 암기 위주의 학습 습관이 형성되면, 학년이 올라갈수록 논리적 사고와 추론을 바탕으로 한 문제 해결 능력을 기르는데 어려움을 겪을 수 있습니다. 따라서 개념을 이해하고 스스로 사고하는 학습 태도를 길러주는 것이 장기적으로 더욱 중요한 교육 방식입니다.

덩어리가 이해되지 않으면, 쪼개라.

선생님, "덩어리가 이해되지 않으면, 쪼개라."는 말씀은 어떤 의미인가요?

생각할 수 있는 단계로 유도한다는 말인데, 하나의 '큰 덩어리 문제'가 한 번에 이해되지 않을 때 그것을 더 작은 단위로 나누어 차근차근 살펴보면 훨씬 이해하기 쉬워진다는 뜻이에요. 결국 문제라는 것은 누군가가 이미 구조화해 놓은 하나의 큰 덩어리일 뿐이에요. 그래서 이 덩어리를 다시 분해하고, 나만의 방식으로 다시 구조화해 가며 이해한다면 훨씬 깊고 확실하게 문제를 파악할 수 있게 돼요.

아, 그러니까 문제를 그냥 "어렵다."라고만 생각할 게 아니라, 제가 이해할 수 있는 작은 단계로 쪼개 보라는 말씀이네요. 그러면 문제 속 구조가 보이고, 제 방식대로 다시 정리하면서 이해가 더 잘 되는 거군요. 앞으로는 어려운 문제가 나오면 겁먹기 전에 먼저 나눠 보는 연습부터 해 볼게요.

생각해 보니 대부분 그런 것 같아요. 자동차도 문제가 생기면 전체 구조만 봐서는 원인을 찾기 어렵잖아요. 그래서 분해해서 문제를 찾고, 고친 뒤 다시 조립하잖아요. 그것과 비슷한 거 같아요.

아주 좋은 비유예요. 기존 구조에서 한계를 느끼거나 문제가 생기면, 그 구조를 분해해서 들여다보고 잘못된 부분을 찾아 고치거나 더 크게 업그레이드를 하면 돼요. 또는 새로운 변화를 위해 다른 요소를 연결해서 전혀 다른 구조를 만들어 낼 수도 있고요.

선생님, 이제 조금 세상의 이치가 보이는 것 같아요. 운동에서도 선수들이 슬럼프가 오면 기본기로 돌아가 하나하나 점검하는 이유가, 기존에 잘못 굳어진 구조가 없는지 다시 확인하는 과정이라는 걸 알겠어요. 사격처럼 순간 판단과 조정이 중요한 종목에서도 빠르게 점검하고 수정해 나가는 것도 같은 원리겠죠?

정말 예리한 관찰이에요. 우리가 사회 구조나 제품을 볼 때도 "왜 이렇게 비효율적이지?"라고 느낄 때가 있죠. 그건 시간이 흐르면서 시대와 환경이 변하고, 그에 맞는 효율성과 요구가 달라지기 때문이에요. 이럴 때 '덩어리 쪼개기'가 큰 힘을 발휘해요. 기존의 낡은 구조를 분해해 다시 바라보고, 그 안에 숨겨져 있던 문제를 발견할 수 있게 해 주죠. 그리고 그 과정을 통해 더 효율적이고, 더 혁신적인 새로운 구조와 결과물을 만들어 낼 수 있어요.

새 부품이 아닌 새 구조로 : 삼성전자의 '설계 본질' 혁신

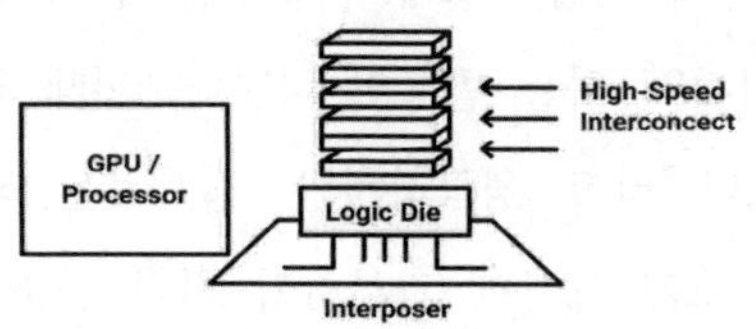

아키텍처의 거장 짐 켈러는 혁신의 본질을 다르게 정의합니다.

"더 붙이는 게 아니라, 구조를 새로 만들어야 한다."

지속 가능한 성장은 새 부품이 아니라, 완전히 새로운 구조에서 나온다는 통찰입니다.

최근 삼성전자가 겪은 위기와 반등은 이 철학을 잘 보여 주는 사례입니다. 한때 삼성은 HBM(고대역폭 메모리) 주도권을 놓치고, 시스템 반도체 발열 문제와 파운드리 부진까지 겹치며 삼중고를 겪었습니다. 기존의 성공 방정식 위에 신기술을 덧씌우는 방식으로는 구조적 한계를 넘기 어려웠던 것입니다.

이 전환점에서 삼성은 '업그레이드'가 아닌 '재설계'를 선택했습니다. 2024년 5월 부임한 전영현 부회장은 단기 성과보다 "기본부터 다시 하라."는 메시지를 던지며, 디램(DRAM) 설계 구조를 처음부터 다시 짜기 시작했습니다. 문제의 원인을 개별 부품의 성능 부족이 아니라, 오랜 시간 누적되며 낡고 복잡해진 구조 그 자체로 본 판단이었습니다. 그래서 기존의 틀을 과감히 해체했습니다.

그 결과는 분명했습니다. 설계 구조가 본연의 효율을 되찾자, 폭증하는 AI 수요 속에서 디램 가격 상승이라는 호황을 온전히 흡수할 수 있는 체력이 만들어졌습니다. 이는 위기 앞에서 기존 틀을 고수하는 대신, 구조를 버리고 본질로 돌아간 리더십의 선택이 만들어 낸 성과였습니다.

결국 혁신이란, 낡은 시스템에 새 부품을 덧붙이는 기술이 아닙니다.

복잡함을 걷어내고, 문제의 근본이 되는 구조를 새로 짓는 용기에서 시작됩니다.

1. 왜 '쪼개기'가 필요한가 : 뇌의 한계에서 출발하다.

인간의 작업 기억은 한 번에 다룰 수 있는 정보량이 매우 제한적이
다. 그래서 한 문장에 개념이 5개, 6개씩 섞여 있으면 문장을 끝까지
읽고도 "뭐라는 거지?" 하는 반응이 나온다. 이때 많은 사람은 "나는
머리가 나쁜가 보다."라고 생각하지만, 실제로는 뇌가 나쁘다기보다
처리 단위가 너무 크기 때문에 과부하가 걸린 것뿐이다. 그래서 이해
하는 과정은 결국 이렇게 정리할 수 있다.
 (1) 덩어리를 인식한다. - "아, 지금 이걸 이해 못 하고 있구나."
 (2) 쪼갠다. - 개념, 조건, 단계, 전제들을 더 작은 단위로 나눈다.
 (3) 각 조각을 이해한다. - 조각 하나하나를 "아, 이건 이런 뜻이구나"
    수준까지 낮춘다.
 (4) 다시 연결한다. - 쪼개진 조각들을 순서와 인과 관계에 따라
    재구성한다.
이 네 단계가 반복될 때, 처음에는 암호처럼 느껴지던 개념이 어느
순간 "아, 별거 아니네."로 바뀐다. 이전에는 거대한 벽으로 보이던 것
이, 사실은 벽돌 여러 장의 조합에 불과했다는 사실을 발견하는 순간
이다.

2. 일론 머스크의 '원자 단위 사고'와 첫 원리(First Principles)

일론 머스크의 사고법은 흔히 '퍼스트 프린시플(First Principles
Thinking)'로 알려져 있다.
겉모습만 보면 "원자 단위로 쪼갠다."는 표현이 다소 과장처럼 들릴
수도 있지만, 그 핵심은 명확하다. 남들이 당연하게 받아들이는 관습,
통념, 상식의 덩어리를 그대로 믿지 않는다. 그 덩어리를 가장 기초적인

원리와 사실 수준까지 분해한다.

 그 최소 단위에서 다시 직접 계산해 보고, 조합해서 새로운 해법을 만든다.

 예를 들어, 로켓 발사가 왜 그렇게 비싼지 고민할 때 "로켓은 원래 비싸다."라는 덩어리로 받아들이지 않고, 로켓을 이루는 재료(알루미늄, 티타늄, 연료 등)를 분해하고 각 재료의 원가와 가공 비용을 다시 계산하며 "이 정도 구성이라면 실제로는 이 가격보다 훨씬 싸게 만들 수 있어야 하지 않나?"라는 질문을 던진다.

 즉, '비싸다.'는 평가도 하나의 덩어리일 뿐이고, 머스크는 그 덩어리를 쪼개 "정말 그래야만 하는가?"라는 근본 질문을 던지는 것이다.

 우리가 공부나 문제 해결을 할 때 적용할 수 있는 원리도 똑같다.

 남들이 이미 만들어 놓은 '덩어리 설명'을 그대로 외우는 것이 아니라, 그 설명을 다시 쪼개서 내 머릿속에서 직접 조립해 보는 것이다.

3. 추론 기반 학습 : 정답이 아니라 '과정'을 이해하는 힘

"덩어리를 쪼개라."는 말은 단순히 분해만 이야기하는 것이 아니다.
쪼갠 다음에 반드시 따라와야 하는 것이 바로 추론이다.

- 수학 문제라면 :

  주어진 조건들을 한 줄씩 끊어 읽고, 각각이 의미하는 바를 그림이나 식으로 바꾸고, 그 사이의 관계를 찾아 "그래서 다음은 뭐지?"를 스스로 묻는 과정이다.

- 개념 학습이라면 :

  정의를 문장째로 외우지 말고, 정의 속에 들어 있는 단어들을 하나씩 풀어서 "왜 이런 조건이 꼭 필요하지?"를 고민하는 과정이다.

결국, '쪼개기 → 질문하기 → 연결하기'라는 삼단 구조가 만들어진다. 이 구조를 반복할수록, 지식은 더 이상 외워야 하는 문장이 아니라 스스로 만들어 낼 수 있는 구조물이 된다.

4. '쪼개기'는 AI 시대의 핵심 역량이다.

AI가 발달할수록, 표면적인 정답은 점점 더 빨리 얻을 수 있게 된다.
하지만 문제의 본질을 파악하고, 새로운 조합을 만들어 내는 능력은 여전히 인간의 몫이다.
AI는 덩어리로 정리된 지식을 잘 검색해 준다.
그러나 어떤 덩어리를 어디까지 쪼갤지, 무엇을 핵심 축으로 삼을지는 여전히 사용자의 사고력에 달려 있다.
그래서 AI 시대에 진짜 중요한 것은 "정답을 얼마나 빨리 찾느냐"가 아니라, "덩어리를 얼마나 잘 쪼개고, 그 조각들을 어떻게 새롭게 조립하느냐"이다.

당신의 맥락의 틀은 무엇인가요?

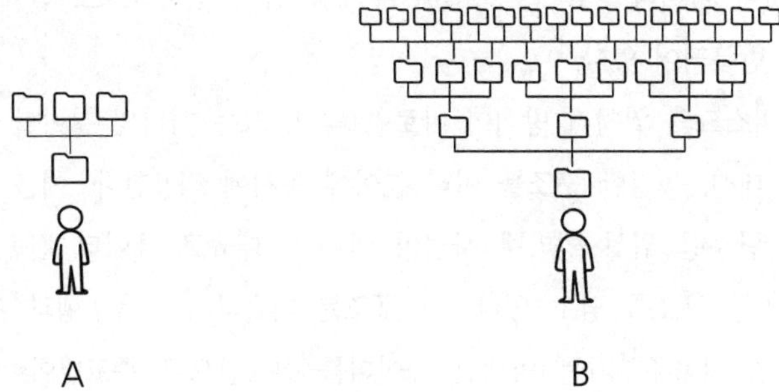

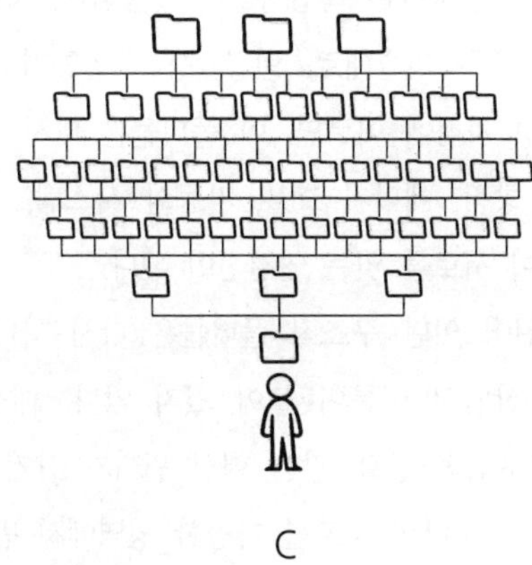

하나의 구조적 폴더에서 출발한 생각은 점점 가지를 뻗어 여러 개의 구조적 폴더를 만들어 낸다. 겉으로 보기에는 각 폴더가 서로 다른 분야처럼 보인다. 어떤 폴더는 자동차, 어떤 폴더는 우주, 또 어떤 폴더는 인터넷이나 인공지능을 담고 있는 것처럼 보인다. 하지만 이 폴더들은 서로 완전히 분리된 것이 아니다. 각각은 독립된 주제를 담고 있지만, 그 안에는 공통된 구조가 반복되어 있다.

일론 머스크의 일처리 방식이 바로 그렇다. 그는 하나의 분야를 끝까지 파고드는 대신, 동일한 구조를 여러 분야에 동시에 적용한다. 예를 들어 스타링크는 단순한 위성 인터넷 사업이 아니라, 대규모 데이터 전송과 저지연 통신이라는 구조를 담고 있다. 이 구조는 테슬라의 자율주행과 자연스럽게 연결된다. 자율주행차는 방대한 데이터를 실시간으로 주고받아야 하고, 안정적인 통신망은 그 판단의 정확도를 높여 준다. 겉으로는 전혀 다른 사업처럼 보이지만, 실제로는 같은 구조적 폴더 안에 들어 있는 셈이다.

이처럼 각각의 폴더는 한동안은 독립적으로 확장된다. 자동차 기술은 자동차대로, 우주 기술은 우주 기술대로, 인공지능은 인공지능대로 구조화되며 깊어진다. 그러나 일정 지점에 이르면, 이 폴더들은 다시 서로 연결되기 시작한다. 데이터 처리 방식, 에너지 효율, 자동화 시스템, 인공지능 판단 구조 같은 공통 요소들이 서로를 잇는 연결선이 된다.

결국 여러 개로 나뉘어 있던 구조적 폴더들은 다시 하나로 합쳐진다. 그 최종 폴더에는 특정 산업의 이름이 붙어 있지 않다. 대신 '시스템 사고', '데이터 기반 판단', '구조적 연결' 같은 핵심 원리가 담겨 있다. 그는 여러 일을 하는 것이 아니라, 하나의 구조를 다양한 영역에서 반복하고 확장하고 다시 통합하고 있는 것이다.

그래서 중요한 것은 분야의 개수가 아니다. 중요한 것은 그 분야들이 서로 연결될 수 있는 구조를 가지고 있는가이다. 하나의 구조에서 출발해 여러 구조로 확장되고, 다시 하나의 구조로 수렴하는 사고. 이것이 단순한 멀티태스킹이 아니라, 진짜 구조화된 일처리 방식이다.

초등 시기 암기식 수학 공부는 항생제 오남용과 같다.

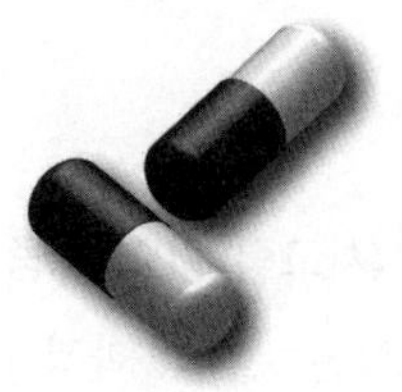

초등 시기의 수학 학습에서 암기식 공부는 마치 항생제의 오남용과 같습니다. 항생제는 단기적으로는 병을 빠르게 치료하는데 효과적이지만, 남용하면 면역력이 약해지고 약이 듣지 않는 내성이 생기듯이, 수학에서도 암기에 의존한 공부는 단기적으로 성적을 올리는데 도움이 될 수 있지만 장기적으로는 사고력과 문제 해결 능력을 저하시킬 수 있습니다.

수학은 단순한 공식 암기가 아니라 개념을 이해하고 이를 바탕으로 새로운 문제를 해결하는 과정이 중요합니다. 하지만 암기 위주의 학습 방식에 익숙해지면, 처음 보는 유형의 문제가 나왔을 때 스스로 해결하는 힘이 부족해지고, 더 복잡한 사고가 필요한 중·고등학교 과정에서 큰 어려움을 겪게 됩니다.

초등 시기는 수학의 기초를 다지는 가장 중요한 시기입니다. 이 시기에 무조건적인 암기에 의존하는 것은 근본적인 학습 능력을 약화시키고, 결국 응용력과 창의적인 사고를 발휘하는데 장애가 될 수 있습니다. 따라서 단순한 암기가 아니라 개념을 충분히 이해하고 논리적으로 사고하는 학습 태도를 길러야 합니다. 그래야만 학년이 올라갈수록 다양한 수학적 개념을 유기적으로 연결하고, 새로운 문제에 대한 해결력을 키울 수 있습니다.

너무 이른 시기에 선행을 하게 되면

산술적 사고로 생각하는 기회를 잃을 수 있다.

초등 수학 vs 중·고등 수학 (사고력 함양의 중요성)

초등 수학과 중·고등 수학은 풀이 과정에서 큰 차이를 보입니다. 초등 수학은 산술적인 방법을 통해 중간 과정을 이해할 수 있도록 돕는 반면, 중·고등 수학은 대수적인 방법을 통해 효율성을 강조하며 편리하게 문제를 풀이하는데 초점을 맞추고 있습니다.

선행 학습의 함정 (대수적 편리함에 가려진 사고력 저하)

너무 이른 선행 학습은 대수적 수학의 편리함에만 익숙해져, 한창 사고력을 키워야 할 시기에 중간 과정을 놓쳐 생각하는 능력을 저하시킬 수 있습니다. 예를 들어, 초등 수학이 수직선 등을 통해 수의 원리를 시각화한다면, 중·고등 수학은 표나 식을 통해 이를 구조화합니다. 즉, 다양한 접근법을 통해 여러 가지로 생각하는 방법을 터득해야 하는 중요한 시기에 대수적인 편리함에만 매몰될 경우 사고력 발달에 저해를 가져올 수 있습니다.

다양한 접근법을 통한 사고력 확장

수학은 단순히 정답을 맞추는 것이 중요한 것이 아니라, 다양한 접근법을 통해 문제를 해결하는 과정을 통해 사고력을 키우는 것이 중요합니다. 초등 수학에서는 수직선, 그림, 구체물 등 다양한 방법을 통해 수학적 개념을 이해하고, 중·고등 수학에서는 이를 바탕으로 대수적인 방법을 활용하여 효율적으로 문제를 해결하는 능력을 키워야 합니다.

오리와 고양이가 총 10마리가 있다. 오리와 고양이 다리 수의 합이
32개라면 오리와 고양이는 각각 몇 마리인지 구하시오.

$\triangle$ = 오리 수, $\square$ = 고양이 수라 놓으면

$\triangle + \square = 10$, $(\triangle \times 2) + (\square \times 4) = 32$ 이므로

이것을 수직선으로 표현하면

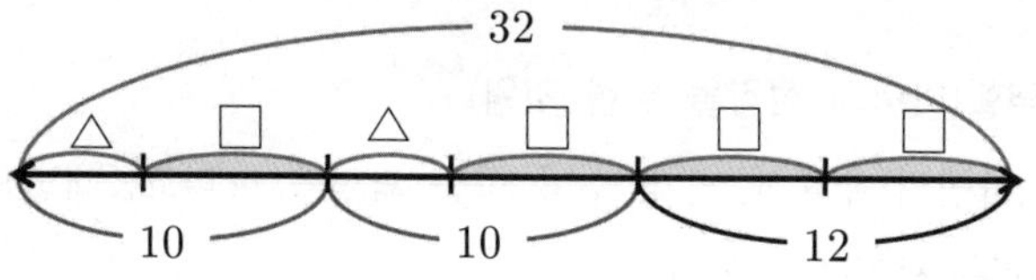

거꾸로 계산하면 $\square = 12 \div 2$, $\square = 6$,

$\triangle + \square = 10$ 이므로 $\triangle = 10 - 6 = 4$,

따라서 오리는 4마리, 고양이는 6마리가 된다.

연립방정식을 세워 가감법을 이용하면 쉽게 해결된다.

$$\begin{cases} x+y=10 & \cdots ① \\ 2x+4y=32 & \cdots ② \end{cases} \text{에서}$$

$① \times 2 = 2x + 2y = 20 \cdots ①'$ 라 놓으면

$② - ①'$ 를 계산하면 $2y = 12$ 이고 $\therefore y = 6$

이것을 ① 식에 대입하면 $\therefore x = 4$

따라서 오리는 4마리, 고양이는 6마리가 된다.

시기별 적절한 학습 방법의 중요성

초등 시기에는 다양한 방법을 통해 수학적 개념을 이해하고 사고력을 키우는데 집중해야 하며, 중·고등 시기에는 이를 바탕으로 대수적인 방법을 활용하여 효율적으로 문제를 해결하는 능력을 키워야 합니다. 너무 이른 선행 학습은 사고력 발달을 저해할 수 있으므로, 아이의 발달 단계에 맞는 적절한 학습 방법을 선택하는 것이 중요합니다.

학부모의 역할(아이의 성장을 위한 지원)

학부모는 아이의 수준에 맞게 수학 학습 과정을 살피고, 개념 이해와 사고력 성장을 지원해야 합니다.

수학은 지식을 외우는 것이 아니라 생각하는 힘을 기르는 과정입니다. 초등 시기에는 사고력에, 중·고등 시기에는 문제 해결 능력에 집중하며, 아이가 수학을 즐길 수 있도록 격려하는 것이 중요합니다.

선행은 나쁘다? vs 선행은 무조건 해야 한다.

· 선행 학습, 조심스럽지만 필요한 선택

선행 학습은 미리 개념을 익혀 고등 수학의 많은 내용을 수월하게 받아들이도록 돕는 방법입니다. 그러나 너무 이르면 공식 풀이에 치우쳐 사고력을 기를 중요한 시기를 놓칠 수 있습니다.

초등·중등 시기에는 다양한 접근으로 생각하는 힘을 키우는 것이 우선이며, 선행은 속도보다 이해에 초점을 맞춰야 합니다. 수준에 맞게 기본 구조를 익히고 반복한다면, 선행 학습은 고등 수학을 위한 안정적인 기반이 됩니다.

사랑 표현의 중요성

  부모의 사랑은 자녀에게 세상에서 가장 든든한 버팀목입니다. 하지만 많은 부모님들이 자녀에게 사랑을 표현하는 데 어려움을 느끼고, 오히려 공부에 대한 요구만을 강조하는 경우가 있습니다. 이러한 상황은 자녀로 하여금 부모님의 사랑을 오해하게 만들고, 특히 사춘기 시기에는 감정의 골이 깊어져 더욱 심각한 갈등으로 이어질 수 있습니다.

  자녀는 부모의 따뜻한 말 한마디와 짧은 포옹만으로도 큰 힘을 얻습니다. 반대로 무관심이나 반복되는 질책은 자녀의 마음에 깊은 상처를 남깁니다. 사춘기에 접어들수록 정서적 불안감은 커지고, 부모의 사랑에 대한 갈증 또한 커지게 됩니다. 이때 사랑받고 있다는 확신이 부족해지면 자녀는 부모와의 소통을 피하고 반항적인 태도를 보이거나, 심한 경우 불안과 우울로 이어지기도 합니다. 부모가 뒤늦게 이를 깨닫고 후회하더라도, 이미 닫힌 자녀의 마음을 다시 여는 일은 쉽지 않습니다.

  사랑 표현은 단순한 감정의 문제가 아니라 연습이 필요한 소통의 기술입니다. 꾸준한 사랑 표현은 자녀의 자존감을 높이고, 건강한 성장의 토대가 됩니다. "사랑해", "고마워"와 같은 따뜻한 말 한마디, 포옹이나 쓰다듬는 손길, 함께 보내는 시간, 자녀의 이야기에 귀 기울이는 태도, 그리고 작은 노력에 대한 칭찬과 격려는 모두 강력한 사랑의 표현입니다.

  사랑을 표현하는 일은 어렵거나 쑥스러운 일이 아닙니다. 자녀를 향한 진심을 말과 행동으로 전하는 것, 그 작은 실천이 자녀의 행복은 물론 가족 전체의 관계를 회복하는 첫걸음이 됩니다. 오늘부터 한 가지라도 실천해 보는 것은 어떨까요?

epilogue

인생에서 그 무엇과도 바꿀 수 없는 자원이 있다면, 그것은 단연 시간이다. 누구에게나 공평하게 주어지지만, 어떻게 사용하느냐에 따라 전혀 다른 인생을 만들어 내는 결정적 자원이다. 시간을 가장 효율적으로 쓰는 방법은 의외로 단순하다. 시행착오를 줄이고, 그 과정을 스스로 통제할 수 있는 사람으로 성장하는 것이다.

주변을 보면 나이와 상관없이 흔들리지 않고 자기 길을 걷는 사람들이 있다. 워런 버핏의 평생 파트너이자, 버크셔 해서웨이의 부회장이었던 찰리 멍거가 대표적이다. 그는 단기 성과나 시장의 소음보다, 장기적으로 올바른 판단을 내리는 사고 체계를 만드는데 평생을 바쳤다. 하루 대부분을 공부에 쓰며 '사고의 구조화'에 집중했고, 시장의 변동성 앞에서도 감정에 휘둘리지 않는 강력한 자기 통제를 유지했다.

이 자기 통제는 단순히 욕망을 억누르는 행위가 아니다. 그것은 마음의 그릇을 넓히는 작업이다. 충동 대신 미래에 시간을 투자할수록, 우리 안에는 지식과 통찰이 머물 공간이 생긴다.

하지만 그릇을 넓히는 것만으로는 충분하지 않다. 이제는 무엇을, 어떻게 채울 것인가의 문제다. 여기서 멍거가 강조한 것이 바로 구조적 사고다.

멍거는 지식의 양보다 지식이 연결되는 방식을 더 중요하게 보았다. 그가 경계한 것은 무지가 아니라 지식의 고립, 이른바 '단일 전공의 덫'이다.

"당신이 가진 유일한 도구가 망치뿐이라면, 세상의 모든 문제는 못으로 보일 것이다."

하나의 관점으로 세상을 해석하는 순간, 사고는 왜곡되고 판단은 실패한다.

멍거에게 구조적 사고란 한 분야의 논리를 다른 분야와 가로질러 연결하는 능력이었다. 경제 문제를 경제학만으로 보지 않고, 심리학·수학·통계학·생물학의 원리를 함께 불러오는 사고방식이다. 진실은 언제나 학문의 중심이 아니라, 경계 사이에 존재한다고 그는 보았다.

이 연결의 힘을 설명하는 개념이 바로 루라팔루자 효과다. 여러 심리적 편향과 물리적·사회적 원리들이 같은 방향으로 동시에 작용할 때, 결과는 폭발적으로 커진다. 사회적 열풍, 투자 버블, 기업의 급성장과 몰락은 모두 단일 원인이 아니라 복합 구조의 산물이다. 구조적 사고란 바로 이 구조를 읽어내는 능력이다.

멍거는 이를 격자 구조(Latticework)로 비유했다. 지식은 개별 사실의 나열이 아니라, 서로를 지탱하는 그물망이다. 확률은 심리학의 판단 오류와 연결되고, 그것은 다시 회계 숫자의 착시를 설명하며, 나아가 기업의 경쟁 전략을 이해하게 만든다.

이렇게 연결된 지식은 쉽게 사라지지 않고, 새로운 문제 앞에서 자동으로 작동하는 판단 도구가 된다.

이제 우리는 여기에 AI라는 강력한 가속기를 더해 살고 있다. AI는 단순한 자동화 도구가 아니다. 우리의 질문을 확장하고, 이미 가진 지식을 더 깊이 연결하며, 사고의 속도와 범위를 비약적으로 넓혀 주는 지적 증폭기다.

결국 과제는 분명하다.

자기 통제를 통해 시간을 확보하고 마음의 그릇을 넓혀라.

배움과 연결을 통해 그 그릇에 본질적인 통찰을 채워라.

셀프 질문을 통해 서로 다른 지식을 연결해 새로운 구조를 만들어라.

그리고 AI를 활용해 그 구조를 더 넓은 세계로 확장하라.

셀프 질문은 연결을 낳고, 연결은 구조를 만들며, 구조는 시행착오를 줄인다.

본질에 집중하고 연결할 줄 아는 사람에게, 미래는 두려움이 아니라 기회의 장으로 열린다.

참고 문헌 |

웹사이트 및 기사

https://www.mathunion.org/imu-awards/fields-medal/fields-medal-2022

https://www.news1.kr/local/gwangju-jeonnam/3815759

https://www.donga.com/news/Economy/article/all/20220706/114309104/1

https://blog.naver.com/holazuni/223733332593

https://www.skyedaily.com/news/news_spot.html?ID=83061

http://www.ttimes.co.kr/view.html?no=2019030610377723292&BC

https://www.sisajournal.com/news/articleView.html?idxno=194691

https://www.mk.co.kr/news/culture/11193106

https://news.sbs.co.kr/news/endPage.do?news_id=N1005002035

https://www.brainyquote.com/quotes/elon_musk_567271

https://todaystory-1.tistory.com/667

https://www.joongang.co.kr/article/25217005

https://www.seoul.co.kr/news/life/HanKang-nobel-Prize/2024/12/12/20241
212012004

유튜브 영상

https://www.youtube.com/watch?v=Hf8J7WmVSsU

https://www.youtube.com/watch?v=NQbpAcY12S0&list=WL&index=5

https://www.youtube.com/shorts/4yCqxBPtNG8

https://www.youtube.com/shorts/NrSlSIqAI3o

https://www.youtube.com/watch?v=c01BlUDIlK4

https://www.youtube.com/shorts/T9T8EYfPzhs

https://www.youtube.com/watch?v=x9QZuHRJkIg&list=WL

https://www.youtube.com/watch?v=MYHx0Xzf9Bo&list=WL&index=16

https://www.youtube.com/shorts/qT-IjoK3qBY

https://youtube.com/watch?v=xYFSNUTbKIw&si=S-itO9ndvTNNW3qJ

https://www.youtube.com/watch?v=bE9F9Dve0Xc

학술 논문 및 서적

Bruner, J. S. (1960). The Process of Education. Harvard University Press

Kornell, N., & Vaughn, K. E. (2016). 회상 시도가 학습에 미치는 영향: 고찰과 종합. J. T. Wixted (편), 『기억의 인지심리학』(2권, 697-713쪽). Academic Press.

Feynman, R. P. (1985). 당신 거 참 재미있군요, 파인만 씨! (Surely You're Joking, Mr. Feynman!). W. W. Norton & Company.

머독(Murdock, B. B.). (1962). 자유 회상의 직렬 위치 효과. 『실험심리학 저널』, 64(5), 482-488. https://doi.org/10.1037/h0045106

배들리(Baddeley, A. D.). (1997). 『인간 기억: 이론과 실제』. 런던: Psychology Press.

에빙하우스(Ebbinghaus, H.). (1913). 『기억: 실험심리학에의 공헌』(Ruger, H. A. & Bussenius, C. E. 번역). 뉴욕: 컬럼비아대학교 출판부. (원저 1885 출판)버뱅크, L. (1926). 『인간 식물 훈련(The Training of the Human Plant)』. 뉴욕: 센추리 출판사.

IKEA. (2018). 『식물 괴롭히기 캠페인: 학교 실험』. IKEA Global. https://www.ikea.com

NASA. (1973). 『우주 환경에서의 소리가 식물 성장에 미치는 영향』. NASA 기술 보고서.

백스터(Backster, C.). (2003). 『기본 지각: 식물, 살아있는 음식, 인간 세포와의 생체 소통』. 화이트 로즈 밀레니엄 프레스.

보스(Bose, J. C.). (1926). 『식물의 신경 기구』. 런던: 롱맨스, 그린 앤 컴퍼니.

탐킨스, P., & 버드, C. (1973). 『식물의 비밀 생활』. 뉴욕: 하퍼 & 로우.

아인슈타인(Einstein, A.). (1943년 3월). 청년들에게 주는 노인의 조언: "거룩한 호기심을 절대 잃지 말라." 『라이프 매거진(Life Magazine)』.

Sweller, J. (1988). 문제 해결 과정에서의 인지 부하: 학습에 미치는 영향. 『Cognitive Science』, 12(2), 257-285.

Sweller, J., Ayres, P., & Kalyuga, S. (2011). 『인지 부하 이론(Cognitive Load Theory)』. 스프링거(Springer).

The Independent. (2021년 5월 27일). "Friends가 영어를 배우는 데 큰 도움이 되었다"

바틀렛(Bartlett, F. C.). (1932). 『기억하기: 실험 및 사회심리학적 연구(Remembering: A Study in Experimental and Social Psychology)』. 케임브리지: 케임브리지대학교출판부.

루멜하트(Rumelhart, D. E.). (1980). 스키마: 인지의 구성 단위. R. J. Spiro, B. C. Bruce, & W. F. Brewer (편), 『읽기 이해의 이론적 쟁점(Theoretical Issues in Reading Comprehension)』(pp. 33-58). 힐즈데일: 로렌스 얼바움.

머스크(Musk, E.). (2018년 4월 16일). "과도한 자동화는 실수였고, 인간이 과소평가되었다." 가디언(The Guardian).

버그먼, J., & 샘, A. (2012). 『플립 유어 클래스룸(Flip Your Classroom)』. ISTE.

Lage, M. J., Platt, G. J., & Treglia, M. (2000). 교실 뒤집기: 포괄적 학습 환경으로 가는 길. 『The Journal of Economic Education』, 31(1), 30-43.

Fulton, K. (2012). 플립드 러닝을 해야 하는 10가지 이유. 『Phi Delta Kappan』, 94(2), 20-24.

권혁일, 정진희. (2014). 플립드 러닝(Flipped Learning)의 개념과 적용. 『멀티미디어 언어교육』, 17(3), 133-162.

김병민, 전용주. (2016). 플립드 러닝의 대학 수업 적용 효과. 『교육공학연구』, 32(4), 771-794.

울산과학기술원 뉴스센터. (2014). UNIST, 국내 최초 플립드 러닝 도입. 울산과학기술원 보도자료.

파인만(Feynman, R. P.). (1985). 『파인만 씨, 농담도 잘하시네(Surely You're Joking, Mr. Feynman!)』. 뉴욕: W. W. Norton & Company.

레벤슨(Levenson, T.). (2016). 『파인만 학습법: 무엇이든 더 빨리, 더 잘 배우는 법』. 『디 애틀랜틱(The Atlantic)』.

파인만(Feynman, R. P.). (1949). 양자 전자기학의 시공간적 접근. 『Physical Review』, 76(6), 769-789. https://doi.org/10.1103/PhysRev.76.769

베조스(Bezos, J.). (2017). 『주주에게 보내는 2017년 서한』. 아마존(Amazon.com, Inc.). https://www.sec.gov/Archives/edgar/data/1018724/000119312518121161/d456916dex991.htm

로스만(Rossman, J.). (2019). 『아마존처럼 생각하라(Think Like Amazon)』. 뉴욕: 맥그로힐에듀케이션.

이미지 출처

https://pixabay.com/ko/

인공 지능 도구

OpenAI.(2025).ChatGPT (버전 4)[AI 모델].OpenAI.

https://openai.com/chatgpt

Google. (2024). Gemini (Flash 2.0) [Large language model].

https://gemini.google.com/